本成果受到中国人民大学 2019 年度"中央高校建设世界一流大学（学科）和特色发展引导专项资金"支持。

Supported by 2019 fund for building world-class universities (disciplines) of Renmin University of China.

人大哲学文丛

第一辑

Illuminating the Daodejing and Its Intentionality

道德经明意

温海明 / 著

中国社会科学出版社

图书在版编目(CIP)数据

道德经明意 / 温海明著 . —北京：中国社会科学出版社，2019.9
(2022.8 重印)

(人大哲学文丛)
ISBN 978-7-5203-4803-4

Ⅰ.①道… Ⅱ.①温… Ⅲ.①道家②《道德经》—研究
Ⅳ.①B223.15

中国版本图书馆 CIP 数据核字(2019)第 158270 号

出 版 人	赵剑英
责任编辑	朱华彬
责任校对	周 昊
责任印制	张雪娇

出　　版	中国社会科学出版社
社　　址	北京鼓楼西大街甲 158 号
邮　　编	100720
网　　址	http://www.csspw.cn
发 行 部	010-84083685
门 市 部	010-84029450
经　　销	新华书店及其他书店

印刷装订	北京君升印刷有限公司
版　　次	2019 年 9 月第 1 版
印　　次	2022 年 8 月第 2 次印刷

开　　本	660×960　1/16
印　　张	24.5
插　　页	2
字　　数	329 千字
定　　价	97.00 元

凡购买中国社会科学出版社图书，如有质量问题请与本社营销中心联系调换
电话：010-84083683
版权所有　侵权必究

中国人民大学哲学文丛编委会

编委会主任：郝立新
编委会顾问：陈先达　张立文　刘大椿　郭　湛
编委会成员(以姓氏笔画为序)：
　　　　　马俊峰　王宇洁　王伯鲁　牛宏宝
　　　　　刘晓力　刘敬鲁　李秋零　李　萍
　　　　　张文喜　张风雷　张志伟　罗安宪
　　　　　段忠桥　姚新中　徐　飞　曹　刚
　　　　　曹　峰　焦国成　雷思温　臧峰宇

总　序

中国人民大学哲学院创办于 1956 年，它的前身可追溯至 1937 年创建的陕北公学的哲学教育。1950 年中国人民大学命名组建了马列主义基础教研室哲学组，被誉为新中国哲学教育的"工作母机"。中国人民大学哲学院是国内哲学院系中规模最大、学科配备齐全、人才培养体系完善的哲学院系，是国家文科基础学科（哲学）人才培养和科学研究的重要基地，也是中国人民大学"双一流"建设的重点单位。人大哲学院为新中国哲学发展和哲学思想研究的进步做出了不可磨灭的贡献，始终站在哲学发展的前沿。

人大哲学院拥有年龄梯队完整、学科齐全、实力出众的学术共同体。在人大哲学院的发展历程中，一代代学者兢兢业业，勤勉求实，贡献了一大批精品学术著作和科研成果，它们不但在学术界赢得了极高的声誉，同时也获得了积极的社会反响，成绩有目共睹。

近年来，随着哲学院人才队伍的充实完善与学科建设水平的逐步提升，优秀的学术新著不断涌现，并期待着与学界和读者见面。为展现人大哲学院近年来在各个专业方向中取得的丰硕成果，哲学院策划了这套《中国人民大学哲学文丛》，借助中国社会科学出版社这一优秀的学术出版平台，以丛书的形式陆续出版这些优秀的学术新著。

《文丛》所收录的著作都经过了严格的学术审查和遴选。作者们来自哲学院的各个研究方向，并以中青年学者为创作主体。

他们既有各相关领域颇具影响力的专家和学者，同时也有正在崭露头角的学界新秀。这些著作集中反映了人大哲学院的研究传统、学术实力和前沿进展。

哲学作为一门重要的人文基础学科，不但对人类永恒的经典思想问题进行着深入研究，同时也一直积极而热烈地回应着国家发展与时代变迁所提出的新问题、新挑战。当前，中国社会的发展日新月异，这既为中国学术思想的推进提供了难得的机遇，也为此提出了诸多新的理论问题。而与国际学术界交流与合作的日趋深入，则为中国学术的发展与进步贡献了有益的参照和经验。人大哲学院不但始终坚持对经典哲学著作和哲学问题的持续研究和推进，并积极展开与国际学术界的对话与合作，与此同时也保持着对中国社会现实的关注和思考。因此，我们一方面需要坚守已有的研究传统，另一方面还要对新的思想问题和社会形势贡献自己的回答。鉴于此，《文丛》所收录的作品既有传统的哲学史研究，以及与对经典著作的整理与诠释工作，同时也有结合当前中国社会状况而进行的理论研究与前沿探索。相信《文丛》的出版不但能够全面展现人大哲学院的最新学术研究成果，同时也有助于推进中国哲学研究的发展与进步。

《文丛》的出版受到了中国人民大学中央高校建设世界一流大学（学科）和特色发展引导专项资金支持，在此深表感谢。

中国人民大学哲学文丛编委会
2019 年 3 月 1 日

序

安乐哲（Roger T. Ames）

非常开心能为海明的《道德经明意》写序，此刻我的内心充满了身为人师方可体会到的欣悦之情。我想先说说我和这位学生的一些往事。

我和海明结识于20世纪90年代后期。那时我住在北大勺园五号楼的公寓。有一天，我的老朋友汤一介和陈来带着他们的这名得意门生，来我住处一同讨论他未来的学业规划。那时，我看着站在我面前的海明，他的态度十分恭顺，甚至有点腼腆和紧张，但从他年轻而坚毅的眼神里，我能清楚看出他的志向所在，并预感他在不远的将来会在比较哲学领域取得杰出成就。在随后的几年里，我看着海明在夏威夷大学刻苦攻读比较哲学课程，获得哲学博士学位，并在各个方面都取得了比大多数学生更优异的成绩。对于我指导的博士生们，我一向鼓励他们以出版一部著作的标准来写作博士论文，在这一点上，海明同样没有让我失望。毕业后不久，他就出版了首部专著《儒家实用主义：个人经验与世界情境交融的艺术》（*Confucian Pragmatism as the Art of Contextualizing Personal Experience and World*, 2009），这是英语世界第一本研究"儒家实用主义"的专业著作，它令人信服地论证了：在世界上诸多不同的实用主义传统中，儒家哲学是自成体系且极具中国特色的"儒家实用主义"。

海明的博士经历有着特定的时代境遇。在短短一代人的时间里，中国快速崛起并在世界经济、政治秩序中发挥重要影响，使得整个国际社会大为震撼，也自然引起了美国学术界对于中国文化的强烈兴趣。海明获得博士学位的专业——中西比较哲学——是美国的新兴专业，当时在美国高校有较多的空缺教职，夏威夷大学比较哲学专业的求职成功率能高达八九成。在思考中国哲学的前景时，我的中国哲学启蒙老师劳思光先生总是教导我说：我们不要只在中国视野下谈中国哲学，我们要在世界哲学的背景下来谈中国哲学。对海明来说，当时不得不做出职业选择，那也是他人生的十字路口。他应该选择留在美国吗？他可以在美国一流的大学里获取一个安稳的教职，然后随着中国在世界上变得越来越重要，在那里尽力推动西方对中国哲学的兴趣，或是应该在当时那个重要的历史关头回到自己的祖国，以培养下一代国际化的中国学者为己任，将中国哲学推向世界，进而产生更大的影响？历史已经告诉了我们他当年的决定：海明毅然决然地回到中国，努力在中国学术界推动中国哲学的国际化。从海明目前出版的诸多论著中，我欣慰地看到他这些年的学术成长和日渐丰厚的学术成就，感受到他愈益坚定的学术自信。毫无疑问，海明在专业上正朝着成为当代最多产、最具原创性的思想家之一的方向大步前进。

从作者经历转回本书创作，我们需要先从海明具有原创性和气度宏伟、视野广阔的"意哲学"（philosophy of intentionality）背景来了解这部《道德经明意》。在过去的十年里，海明从《周易明意》开始，将"意哲学"当作一种解释策略广泛应用于对中国传统哲学经典的解读之中。海明对包括《道德经》在内的经典文本的解释特色在于进行持续不断的哲学反思，即从品味原始文本的精微之处出发体悟出"意哲学"的"意"味和"意"义。在从哲学层面深入讨论他对《道德经》的解读之前，我想先回顾一下海明对《道德经》文本流传和版本重建所提出的一些论断。在我们这个时代，新出土的文献是中国哲学领域最热门的研究方向之一。此种情形下，《道德经》的重要性在多个方面凸显出来。首先，在不同时间和地点新发现早期版本的《道德经》，是所有中国哲学经典文献中出现频率最高的。这一事实说明《道德经》在中国古代哲学形成时期占有重要文化地位。其次，在当代，《道德经》英译本数量也远超其他经典译本，反映出它在世界哲学经典中也占有特殊地位。

但正如海明所说，最近在考古发掘中发现的《道德经》出土文本，会打乱传世文本的系统，因而必须在一些重要的方面予以辨析。经典文本一直处于层累和演变过程之中，我们所恢复的所谓最早版本未必是最完整、最权威可靠的；相反，以出土文献为依据修改通行本所得到的新版本层出不穷，恰恰反映出建立所谓原始文本的研究思路有待商榷。而且我们必须考虑的事实是，千百年来历代注家共同使用的《道德经》通行本，才是对中国文化生命的演进和发展产生最大影响的版本。海明充分利用当前所有文献的综合方法无疑是从事研究最明智的选择。海明认为《道德经》成书于战国中前期，而《道德经》大量韵文的押韵形式正合乎当时的风格，恰好可以佐证他的观点。

正如海明指出，无论汉语学界还是海外学界，真正对《道德经》进行哲学解读的著作其实很少，而且深度远远不够。他本人解释该复杂文本并重建其意义的方法，是诉诸有创生力的图像而非概念结构或形式定义，从而做到以忠实于文本自身为前提。我们都知道，"道"只能通过描述性的称呼或模糊性、绰号化的"字之"方式来表达，却无法给它一个确定的"名"，否则就给它的无限性先行设置了界限。"道"的不同面向的含义可以通过"谓之"表达出来，但无法把"道"断言或者指称为意义确定的"之谓"。诚如海明所言，"意"之义仅在依境而生（*in situ*）和原初自生（*ab initio*）的本体状态中呈现，当然我可能会加上"在关联中"（*in medias res*）的意义敞开方式，总之我们不应该从一个根本性的源头（primordial source）开始去示现其本原性的启示意味。

不过，海明显然用他的洞见揭示并推进了"意"的深义，书中随文解悟出的"自然之意"可以说渊源深厚、形式繁复，而"意"或多或少都带有某种意向性（intentionality）或目的性（purpose）的意味。当然，"意"的字义非常复杂。它最早出现在周代的青铜器上，字形为🈂️，声旁为"言"，含义是"通过言语表达出来的意义"。直到战国时期，它才与"心"一起出现，字形为🈂️，指意图、决心、预期、期待、抱负、怀疑、回忆等不同心理活动，即"思意"——思想和感觉（thinking and feeling）。《说文解字》以"意"与"志"互训，将"意"理解为"志向"，即有意图的、有目的的、有抱负的。海明将"意"的这两种内涵关联起来进行演绎，推进至"道"和古希腊"逻各斯"（logos）天然同构、共同传达的"言说""行走"和"意图"等意义之间交融激荡、互为创发而源源不绝的深"意"。无独有偶，在《易传》"书不尽言，言不尽意"中，我们也能找到类似的"言"说与"意"义之间彼此证发、无穷无尽的关联关系。

古希腊"本体论思维（ontological thinking）"和《周易》"生生论"思维（zoetological thinking）之间最根本的区别之一在于，本体论把遍在的理念（eidos）和目的（telos）当作所有事物的形式和终极原因，即内在的设计与确定的目标使事物成为这样而非那样。这种目的论思维已经沉淀进了印欧语系，而且在常识中根深蒂固，导致欧美的语言总是在言说实体本体论（substance ontology）。这种思维是线性的、绝对的，逻辑上也是封闭的。这种理性的封闭逻辑与我们在中国过程宇宙论的意象思维（imagistic thinking）中发现的审美感受形成鲜明对比。在过程宇宙论中，"意（intentionality）"试图寻求的不是定义或终结，而是开放性、衍生性、延展性意义的不断敞开。当然，人类经验中一切有吸引力和重要的事件都寻求某种程度的完满，但如"1＋1＝2"那种理性命题的封闭与连续不断、生生不息的创造之间存在着根本区别，后者就像郭熙的《早春图》、苏东坡的《题西林壁》或者《道德经明意》所体现的思想——"自然之意"的意义生发状态那样。

海明将"自然之意（the intentionality of nature）"视为《道德经》的核心思想。在这一语境下，"自然"并不是西方《圣经》中的自然概念，即所谓必然被人所驯服和约束的、客体化的自然世界（objectified natural world），当然更不是目的论概念（teleological conception）意义上的"本性（nature）"。这一"本性"总是被隐秘置换到对中国哲学"人性"观念的理解上，即认定中国古典哲学中存在永恒不变的人的本质和普遍存在的"人性"，认为每个人不过是某种不变的、普遍的人类本质的现实重复。将"自然"翻译和理解为西方意义上的"大自然"和"自然界"等概念，其实是对"自然"本意的明显误读和歪曲，但这些概念随着日本人借用汉语来翻译西方哲学术语的过程渗透进了东亚语汇，从而使得亚洲语言亦步亦趋地带上了西方现代性价值观的色彩。

与此相反，海明将我们带回到了整体性的、生机洋溢的、丰富广阔的"自然"，也就是《道德经》五处提到的"自然"本"意"，如第二十五章"道法自然"。当然，海明也规避了"道是什么"这样一个可以定义，但是会限制这个变化万千的概念的"错误"问题，而选择借鉴德国著名哲学家谢林（Friedrich J. W. Schelling，1775—1854）的做法。谢林认可把"道"译成"门"（*Porte*）或与门有关的意象，如门道、敞开、进入之途等，并将"道"理解为"进入存有的大门的学说"。确如其言，在中国早期哲学文献中，为了将"自然"的"创生力（creativity）"表达为情境性的、兴发性的和叙事性的"生生"，在"依境而生（*in situ*）、原初自生（*ab initio*）、切中其间（*in medias res*）"等意义上使用"门"或"门道"等意象的例子比比皆是，例如：

1. 子曰："《易》，其至矣乎！夫《易》，圣人所以崇德而广业也。"知崇礼卑，崇效天，卑法地。天地设位，而《易》行乎其中矣。成性存存，道义之门。（《易传·系辞上》）
2. 子曰："谁能出不由户？何莫由斯道也？"（《论语·雍也》）
3. 两者同出异名，玄之又玄，众妙之门。（《道德经》第一章）

在中国哲学传统中，作为万物未分之总体的道，是意念、意向的持续交汇之处。从《道德经》第四十九章也可以找到对此道与圣人之间的类比："圣人无常心，以百姓之心为心。……圣人在天下也，歙歙焉为天下浑其心。"海明将这段话翻译为："圣人没有固定执着的心意，而是以百姓的心意作为自己的心意。……有道的圣人在其位，谨慎收歙自己的欲意，总是把天下的心意归于浑然一体，作为自己的心意。"就这点来说，"道法自然"的"自然"是所有意念汇聚之无边界的、未分化的场域（unbounded and unsummed field of all intentionality）。万物通过"玄意门"打开自身独一无二和连续不断的意向性（unique and insistent intentionality），仿佛"自然之意"从此意之"玄门（dark gateway）"之中不断涌现出来。

通过阅读海明的《道德经明意》，我很欣慰自己在教学和写作中的一些观点得到了回应，而且我自豪地发现海明认为它们具有价值。当然，更为重要的是，我看到海明以他新颖的洞见披荆斩棘地开辟着自己的哲学新路，而且在"世界哲学"的背景下，在这个"中国哲学"及其文本目前还在混乱的"世界哲学"概念和思维当中艰难挣扎的时代境遇里，海明已经系统而深刻地开出了一条全新解读中国哲学文本之"门道"。

目　　录

总　　序	……………………………………	（1）
序	……………………………………	（1）
导　　论	自然之意 ……………………………	（1）
第一章	道言超玄 ……………………………	（55）
第二章	意依境显 ……………………………	（66）
第三章	道术无分 ……………………………	（72）
第四章	道隐于存 ……………………………	（76）
第五章	意守无中 ……………………………	（81）
第六章	玄门生有 ……………………………	（85）
第七章	身意通道 ……………………………	（90）
第八章	道意善水 ……………………………	（93）
第九章	天道无争 ……………………………	（97）
第十章	抱柔雌明 ……………………………	（101）
第十一章	利有用无 ……………………………	（108）
第十二章	去欲取宁 ……………………………	（112）
第十三章	贵身无患 ……………………………	（116）
第十四章	隐显恍惚 ……………………………	（120）
第十五章	玄通道境 ……………………………	（124）
第十六章	静复道境 ……………………………	（130）

第十七章	太上自然	（135）
第十八章	道废仁伪	（138）
第十九章	绝文抱朴	（140）
第二十章	学道愚顽	（143）
第二十一章	恍惚窈冥	（147）
第二十二章	委曲不争	（151）
第二十三章	少言在道	（154）
第二十四章	自去矜伐	（158）
第二十五章	意在道先	（160）
第二十六章	重静为本	（167）
第二十七章	道意结心	（170）
第二十八章	朴散为器	（174）
第二十九章	为执失中	（178）
第三十章	不道非意	（182）
第三十一章	兵事哀丧	（185）
第三十二章	明名之止	（189）
第三十三章	自胜者强	（193）
第三十四章	生物不主	（197）
第三十五章	道意平泰	（201）
第三十六章	微明利器	（204）
第三十七章	无为而为	（207）
第三十八章	失道后德	（210）
第三十九章	贱为贵本	（216）
第四十章	反动弱用	（222）
第四十一章	大道隐希	（226）
第四十二章	阴阳损益	（230）
第四十三章	意柔至坚	（235）

第四十四章	爱身知止	(238)
第四十五章	清净正平	(241)
第四十六章	知足常足	(244)
第四十七章	离意无道	(247)
第四十八章	意为无为	(251)
第四十九章	浑孩天下	(254)
第五十章	摄生无死	(258)
第五十一章	长而不宰	(262)
第五十二章	持道养意	(266)
第五十三章	施为非道	(270)
第五十四章	抱道观德	(273)
第五十五章	守精强德	(277)
第五十六章	玄同大道	(281)
第五十七章	无为自化	(285)
第五十八章	方直不迷	(289)
第五十九章	啬精长生	(292)
第六十章	圣神交泽	(295)
第六十一章	国之谦下	(298)
第六十二章	道如神奥	(301)
第六十三章	图难于易	(305)
第六十四章	慎始无败	(309)
第六十五章	善道愚民	(312)
第六十六章	谷王善下	(315)
第六十七章	不肖三宝	(317)
第六十八章	用兵不争	(321)
第六十九章	哀慈者胜	(323)
第七十章	被褐怀玉	(326)

第七十一章　病病不病 …………………………（328）
第七十二章　爱民保身 …………………………（331）
第七十三章　天网不失 …………………………（334）
第七十四章　惧死伤己 …………………………（338）
第七十五章　勿以生为 …………………………（341）
第七十六章　强死柔生 …………………………（344）
第七十七章　损余补缺 …………………………（346）
第七十八章　弱水胜强 …………………………（350）
第七十九章　天与善人 …………………………（353）
第八十章　　小国寡民 …………………………（355）
第八十一章　天道生生 …………………………（359）

参考文献 ……………………………………………（362）
后　　记 ……………………………………………（367）
壬寅再记 ……………………………………………（371）

导论　自然之意

《道德经明意》对于意本论哲学体系来说，有天道对于自然一般的原初性奠基意义。这部书的哲学意义在于，它是自然之意的哲学言说。作为意哲学的奠基之作，《道德经明意》将阐述老子自然之意的哲学，以意本论为根基展开系统化建构。

本书在通行本的基础上，结合新出土文献和最新研究成果，从哲学的角度对《道德经》的文本加以调整和取舍，如从陈鼓应、刘笑敢等对文本的比较出发，根据自然之意哲学的内在逻辑来对文本做出合理取舍。可以说，文本的存在形态（从原文到译解）本来就应该是为了哲学思想系统服务的。历史上流传的和已出土的文献当中，哪些文本的表达方式能够最接近老子自然之意的意本论哲学系统，就合理地取用哪种表达方式。所谓文本的内在合理性当服从于老子哲学之意本论体系的一贯性，而所谓文本的权威性，最后要让位于文献内在的哲学义理的一致性，因为哲学思想系统的一致性是理解和表达老子哲学最核心的部分，也就是对道的意本论诠释。在这样的一致性面前，《道德经》的各种版本，不论是通行本、主要的传世版本还是最新的出土文献，都是辅助性的材料。本书在尽量保持通行本样态的基础上，选择了能够最合理表达老子哲学意本论核心思想的文本表达方式。

历代版本之所以如此纷繁多样，虽然原因众多，但其中的一大原因，便是历代注释者都在不断建构他们心中最合理的版本。本书对不同版本的文字在有所取舍时做必要的考辨，说明如此取舍的理由，并认为基于注释的取舍要服从义理一贯性的原则。

《老子》[1]的注本和翻译的版本非常之多，但注释的取舍应以是否能够表达老子"自然之意"意本论哲学理念这一核心思想为出发点。同样，古今中外的《老子》注释和翻译，如果不能够有助于说明"自然之意"的意本论哲学体系，则仅供参考。

翻译是在合理版本和注释基础上的哲学翻译，力求体现老子哲学的内在一致性，其中对于"自然之意"的相关思想，《道德经明意》认为老子有多方面相关理论思考，可以通过翻译把涉及"自然之意"的核心内容的面向具体表达出来。

注释部分尽量作哲学性的注释，引申探讨版本、文本考订、关键词辨析、概念的哲学理解等，并加入中英文文本翻译得失探讨。

"明意"通过建构老子"自然之意"的意本论哲学系统，来说明老子哲学的核心是贯通天道人事的自然之意，也就是心意发动合乎自然之道的哲学思想。

总之，老子"自然之意"哲学对于中国传统哲学具有奠基意味，这种奠基之意味通过老子"自然之意"哲学与其他哲学面向的关系建构起来。"自然之意"既有自然的意思，又有作为特定概念的"自然之意"，即老子自然处柔的智慧的哲学诠解。本书认为《道德经》的哲学是"意道自然"，即"自然之意"实为得道之言，并在此基础上对《道德经》做出系统化的哲学诠释和意本论的哲学建构。

一 老子其人

按照《史记》的观点，老子姓李名耳，字聃，曾担任过周朝"守藏室之史"，孔子曾经问礼于老子。疑古派怀疑否定《老子列传》，并把老莱子、太史儋（音 dān，同聃）与姓李名耳字聃的老子搅合起来，以致很多学者认为，历史上对应的真实人物，已经

---

[1] 《老子》又名《道德经》，本书为突出其哲学含义，多用《道德经》，但仅指专书之时，也用《老子》。

不能够仅仅通过历代的文字记述就推断其存在与否,以及到底是哪个人(李耳、老莱子、太史儋、詹何等)[1]。

陈鼓应、白奚认为,关于老子其人有四种观点:一、老子与孔子同时,略长于孔子,《老子》为老子本人自著,以高亨、吕振宇为代表;二、老子与孔子同时,但《老子》成于战国中期,以唐兰、郭沫若为代表;三、老子为战国时人,书也成于战国时期,以梁启超、罗根泽、冯友兰为代表;四、以顾颉刚和刘节为代表的学者认可第一种看法,但认为《老子》一书成于秦汉之间。[2]

丁四新认为,疑古派不去认真理解司马迁的本义,才会导致很多似是而非的误会。因为他已经明确指出,真正的老子与老莱子不容混淆,老子年长于孔子,老莱子"与孔子同时";尤其是老子"言道德之意",老莱子"言道家之用",根本不是同一个内容,也不在同一个层次上。[3]司马迁力图区分老子与太史儋,虽然他们都是周史官,但守藏室之史是主管藏书等贵重物品的官吏,而太史是群史之长,不仅仅要管理典籍,还要记载事言,参与朝政,精通天文地理术数等等。而《史记》记载的太史儋喜谈方怪,热衷预言,已丧失太史的本来面目。司马迁特地提醒后人,不可因为他们音通就混为一谈。

按照《史记》的记载,老子"修道德,其学以自隐无名为务",说明老子的学问之核心是"道"和"德",他虽然悟出了自然之"道",可是但求"自隐",属于隐者的学问。随着西周制度解体,老子看到周室衰微,现实黑暗,决定西出函谷关退隐。到函谷关的时候,被关令尹喜拦下来,对他说:"子将隐矣,强为我著书。"勉强老子写下"言道德之意五千余言",之后老子出关而去,"莫知其所终"。可见,司马迁也无法考证出来老

---

[1] 参董平《老子研读》,中华书局2015年版,第1—3页。
[2] 陈鼓应、白奚:《老子评传》,南京大学出版社2001年版,第2—3页。
[3] 丁四新:《郭店楚墓竹简思想研究》,东方出版社2000年版,第12—13页。

子最终去了哪里。

二 老子与孔子

《史记》中的《老子列传》《孔子世家》《仲尼弟子列传》皆载孔子入周拜见老子,可见司马迁对孔子见老子这一事件深信不疑,这与《礼记·曾子问》《孔子家语·观周》《庄子》相关记录可以对得上。《老子列传》说:"孔子去,谓弟子曰……吾今日见老子,其犹龙邪!"历史上虽有韩愈、崔述、叶适、梁启超、钱穆等否定孔老相见,但大部分学者肯定其合理性,如董平认为孔老之别"不足以否定孔子见老子作为一个事件的存在"。[1] 丁四新认为其真实性不容怀疑。[2] 陈鼓应、白奚认为,《论语》中有多处可以说明老子思想早于孔子思想,《老子》成书早于《论语》。[3]

孔子拜见老子,并不影响孔子本人和儒家思想的伟大,至于这一事件的判断,见于儒家、道家等不同类型的文献,所以更多的是论者对历史文献是否存有温情的敬意,和对儒家与道家是否持有平等宽厚的态度。在孔老是否相见这个问题上故作惊人之论,非要以此说明儒家早于道家,或者道家早于儒家,除了持偏站队、增加学术史的引述和讨论之外,对思想的研讨和儒道文化内涵的增进,毫无实际的意义。

三 书的性质:《老子》还是《道德经》

根据《史记》,关令尹喜勉强老子写下的内容就是"言道德之意",也就是跟"道"和"德"有关系的内容,虽然《道德经》之名最早起于汉景帝时期,但不等于这部书从汉景帝时期才以"道"与"德"为核心内容,而是从诞生之初,就是一部谈

---

[1] 董平:《老子研读》,中华书局2015年版,第7页。
[2] 丁四新:《郭店楚墓竹简思想研究》,东方出版社2000年版,第12页。
[3] 陈鼓应、白奚:《老子评传》,南京大学出版社2001年版,第5—6页。

论"道"和"德"的书,所以命名其为《老子》或《道德经》主要代表作者对这部书之思想内容的理解。无疑,从思想内容的要点来说,《道德经》更能把握此书的内涵。

也就是说,《道德经》是一部关于道与德的哲学书,今天对其哲学思想——自然之意的理解和发挥,仍然不可以脱离"道"和"德"的基本框架。此书文气连贯,前后呼应,层层递进,理论成系统,成一家之言(张季同),明确提及作者自称"我""吾","非由编纂而成,甚为明显"(徐复观)。可见,全书内容一贯,当为一人所著,个别字句为弟子或后学修改增删,也在情理之中。[1]陈鼓应、白奚认为,《道德经》当出自老聃一人之手笔,主要理由是:全书理论一贯;体裁一致;"吾""我"自称,不称"老子曰"。[2]

至于历史上说《道德经》是一部"兵书"(始自唐王真《道德经论兵要义述》),权谋之书(始自韩非《解老》《喻老》),虽然各有道理,但恰恰说明《道德经》哲学的丰富内涵,可以做各个角度的理解和引申。当然最广为世人接受的是庄子个体生命智慧的维度,以致后人以"老庄"并称。无论《道德经》历史上曾经被加以何种维度的解读,都不妨碍今天我们为其增加一个"自然之意"的解读维度,给出一种从该文本建构意本论的新见解。

四 《道德经》成书年代

学术界对《道德经》成书年代大概有三种意见:一、春秋末战国初,以马叙伦、唐兰、郭沫若、吕振羽为代表;二、战国后期,以清代汪中、近代梁启超、现代冯友兰、范文澜、罗根泽、侯外庐、杨荣国为代表;三、西汉初年,以顾颉刚、刘节为

---

[1] 参陈鼓应注译《老子今注今译》(参照简帛本最新修订版),商务印书馆2003年版,第13页。王岳川也持这种观点,参《道德经》(中英对照版),Arthur Waley译,外语教学与研究出版社1999年版,王岳川序,第8页。

[2] 陈鼓应、白奚:《老子评传》,南京大学出版社2001年版,第6—7页。

代表。吴根友认为,《道德经》成书于春秋末战国初,其中夹有战国中后期语句。[1]

按照《史记》的说法,《道德经》成书于老子出关之时,加上书中攻击儒家的内容,当是老子知悉孔子提倡的仁道学说已经有较大影响之后,所以《道德经》成书当在孔子之时,比儒家经典《论语》成书要早,当在春秋晚期。

宋代之后,有主张《老子》晚出,认为其成于战国中期甚至汉初黄老之学兴起之后。今天,根据出土文献的证据,可以有一定程度的解决。1973年12月,湖南长沙马王堆三号汉墓出土了帛书《老子》甲、乙本,据考证,甲本抄写于"汉高帝时期,即公元前二〇六至一九五年间",乙本抄写于"文帝时期,即公元前一七九至一六九年间"。[2] 1993年,湖北荆门郭店出土的竹简里有三种《老子》节抄本,说明《老子》要早于墓葬的年代(公元前278年)。帛书本和竹书本《老子》的出土,说明《老子》不可能成书于汉代,且在战国中晚期已经流行。陈鼓应、白奚认为,至迟在战国中期《老子》即已流行,《老子》晚出说不攻自破。[3] 应该还是董平的观点"《老子》一书成于春秋晚期而早于孔子的观点是可以接受的"[4]比较合理。

同样,丁四新认为,《老子》一书当遵从《史记》的传统看法,思想实质属于老子本人创造。原始形态的《老子》当在春秋末、战国初,为老子亲著(包括其弟子或时人的传真性记录),早于《论语》的制作。郭店简本三组未必是一个底本的摘抄本,更不是最原始、完整的《老子》本,更不可把简本之

---

[1] 参吴根友《道家思想及其现代诠释》,上海交通大学出版社2018年版,第10页。
[2] 《马王堆汉墓帛书(一)·出版前言》,文物出版社1980年版,第1页。
[3] 陈鼓应、白奚:《老子评传》,南京大学出版社2001年版,第9页。
[4] 董平:《老子研读》,中华书局2015年版,第8—9页。

外的内容都归于战国中期偏晚才被人编入。[1]简本《老子》证明前四世纪或之前已有成篇的《老子》书出现。至于简本《老子》甲乙丙三组是否有共同的原初底本则是一个很难证实的问题。[2]

可见，五千言的《老子》当在战国早期，迟至战国中期偏早的时候已形成。虽然简书三组是目前能看到的《老子》最原始本，但不能说简本《老子》一定优于其后诸本，正如很难说帛书本《老子》一定优于其后各通行本。在能够见到的《老子》抄本或传本中，帛甲的文本连缀与划分是划时代的，它奠定了此后《老子》诸本的基础。通行本正是在帛甲与帛乙的基础上再现文本内部的段落间隔，而进行81章次划分。[3]

五 《道德经》历代版本

就新出土的版本来说，丁四新认为，竹简《老子》甲乙丙三组从竹简形制上应该分属三书。他从文本历时性差异的角度分析和考察了甲乙丙三组文本的来源及其分组原因。从笔迹上看，他认为甲乙丙是由书法水平不同的三个抄手抄写的。从内容上看，郭店简本《老子》甲乙组很可能是两种不同的本子，渊源各异，甲组可能是更古更原始的传抄本。甲组与丙组相比起来，文本相异之处甚多，所以应该是两种相异的文本，而不是一个文本的两个抄本，甲组更古更原始，至少是公元前四世纪上半叶流行的，很可能在公元前400年前后，丙组与帛书《老子》抄作时代较接近。甲乙丙三组都不是原始抄本，真正的原始本应该向公元前5世纪去寻找。从语言变迁、文本比较来研究，可知甲组最早，乙组次之，丙组最晚。[4]

---

[1] 丁四新：《郭店楚墓竹简思想研究》，东方出版社2000年版，第39—40页。
[2] 丁四新：《郭店楚墓竹简思想研究》，东方出版社2000年版，第19页。
[3] 同上书，第41—46页。
[4] 同上书，第5—10页。

汉代的注本当中,"河上公本"和"严遵本"最重要。虽然其真实性与可靠性在学术上有争议,其书传承和版本流变相对复杂[1],但其内容影响深远。《河上公章句》演绎养生长寿之说,历来与王弼注被称为两个不同文本系统的源头,如朱谦之认为,河上公本"近民间系统",而王弼本"属文人系统"[2],高明也持此论。[3]董平认为,王弼本开启了"哲学的"路数或取向,注重《老子》思想内涵及其义理的阐释与发挥;河上公本开启了"宗教的"路数或取向,注重道教玄理的解释与发挥,夹杂着宗教的、术数的怪诞难稽之说。"这两种解释取向,基本上构成了历史上关于《老子》的两大解释体系。"[4]

河上公《老子河上公章句》、严遵《老子指归》和王弼《老子注》是早期注《老子》的重要著作,今天学者多注重王弼注和河上公章句,但对于严遵《老子指归》的重视程度相对不够。王弼注简洁明当,河上公注义理玄微,已多有公论。其实,严遵《老子指归》行文虽有汉赋特点,句句排比,看起来似乎铺张夸饰,但如果细细品味其思想内涵,可以发现该书通达道境,能够结合周易天道哲学思想,灵动通透,达性天之奥,可谓臻于自然通道之化境。按晋皇甫谧《高士传》:"严遵,字君平,蜀人也。隐居不仕,常卖卜于成都市,日得百钱以自给。卜迄,则闭市下帘,以著书为事。"严遵生活在西汉晚期,成都人,著名学者扬雄是他的学生。本姓庄,因班固著《汉书》避明帝讳,改名严遵,书中的"庄子曰"是他自言。严遵卖卜为生,通达易道,其所参悟的《老子》之道通贯天地,德遍万物,达阴阳之大道,参透太和之元气,于世间流变,有无限饱满之胸襟,俯仰古今,纵横上下,气度恢弘;而于性天之秘,倾囊而泄,无限畅达,通

---

[1] 参董平《老子研读》,中华书局2015年版,第30—32页。
[2] 朱谦之:《老子校释·序文》,中华书局1984年版,第1页。
[3] 高明:《帛书老子校注·序》,第3页。
[4] 董平:《老子研读》,中华书局2015年版,第34页。

于古意；其于道术，得韩非黄老之要，直探老子本旨；其于下经德道之论，所述细密透彻，博识宏辩，有神明气象，解说多为得道之言。

《道德经》历代版本很多。1927 年，王重民著《老子考》，收入敦煌写本、道观碑本、历代木刻本和排印本，存目 450 余种。1965 年，严灵峰收集历代《老子》传本，辑为《无求备斋老子集成》，初编影印 140 种，续编影印 198 种，补编影印 18 种，共 356 种。陈鼓应《老子今注今译》附录四《参考书目》列出历代相关书目，包括当代译注共 272 种。[1]

董平偏重"哲学的"解释路向，推重几部《老子》注释，认为苏辙（1039—1112 年）《道德经注》"呈现了一个相当宏大的思想空间"；范应元《老子道德经古本集注》，强调"洞达于'自然之道体'，则老子之说便原与儒家修齐治平之论不相违异"；林希逸（1193—1271 年）《老子鬳斋口义》能够落实到心领神会，与古人交接；吴澄（1249—1333 年）《道德真经注》有混融儒释道的思想倾向，倡三教同源之说；焦竑（1540—1620 年）《老子翼》取自韩非子以下直至明代诸注疏，加上自己所撰《焦氏笔乘》的见解，共 65 家，以实现儒释道三教在思想内容与义理上相互涵摄与融贯。[2]本书在参考历代哲学解释的基础上，多参考现当代各种哲学性译文和解读，折衷诸家之说，而成"自然之意"之系统解说。

六 《道德经》当代版本与文本重构

近些年来，由于多本《道德经》出土，相关研究著作和文章可谓汗牛充栋，研究者们多对通行本文字进行修改和考订，很多也确实持之有故，言之成理。很多当代注译《道德经》的作者以

---

[1] 陈鼓应注译：《老子今注今译》（参照简帛本最新修订版），商务印书馆 2003 年版，第 476—483 页。

[2] 董平：《老子研读》，中华书局 2015 年版，第 35—39 页。

新出土本为据，如李零重帛书本[1]，黄克剑重帛书乙本。[2]类似的，很多海外译者也以出土版本为参考，如安乐哲（Roger T. Ames）2003年的《道德经》译文参考刘殿爵1982年据马王堆帛书本的翻译，再对文本加以修改作为翻译的基础；[3]韩禄伯（Robert G. Henricks）1989年的译文（*Lao Tzu's Te-Tao Ching：A New Translation Based on the Recently Discovered Ma-Wang-Tui Texts*, New York：Ballantine, 1989）根据马王堆帛书本进行翻译，跟刘殿爵1982年翻译的帛书本一样，章次按照帛书本的次序。[4]韩禄伯在2000年的时候，又出版了他根据郭店本翻译的《道德经》。[5]

可见，出土文献带来中外《道德经》研究和翻译一片繁荣昌盛。总的来说，出土文献为确定传世文本有争议的地方提供了参考，为历代争辩不明的字句找到了更加合理的解释，澄清了很多文字学、文献学、学术史、思想史上争论不休的问题，说明出土文献有不可估量的学术价值。不过，在这种盛况背后，能够冷静区分传统文本和出土文献研究的见解乏善可陈，而且多数讨论缺乏慎之又慎的学理态度。不少学者认为，出土的文献版本就等于发现了《道德经》更古老的版本，就应该根据出土文献对通行本做尽可能多地修改，以回到所谓源文本，或者接近所谓的原始版本。以致很多学者认为：不按照出土文献修改通行本，就是完全忽视最新研究成果，没有以更加古老、更加标准、更有意义的版本为准。可是，这样建立所谓原

---

[1] 参李零《人往低处走：〈老子〉天下第一》，生活·读书·新知三联书店2014年版。

[2] 参黄克剑《老子疏解》，中华书局2017年版。

[3] 安乐哲、郝大维：《道不远人——比较哲学视域中的〈老子〉》，何金俐译，学苑出版社2004年版，第86页。

[4] Robert G. Henricks, *Lao Tzu's Tao Te Ching：A New Translation Based on the Recently Discovered Ma-Wang-Tui Texts*, New York：Ballantine, 1989, preface, p.15.

[5] Robert G. Henricks, *Lao Tzu's Tao Te Ching：A Translation of the Startling New Documents Found at Guodian*, New York：Columbia University Press, 2000.

始文本的努力能够实现吗？

  首先，出土文献是否等于出土了更加古老的版本？好像是，但却未必。为什么呢？出土的《道德经》版本，可能比王弼注释的版本更古老，甚至比河上公、严遵的注释本更古老，但王弼本，即王弼注释的《道德经》版本，难道就不是一个古老的版本吗？难道王弼本不是从《道德经》作者，如果是老子那里衍生出来的吗？只要王弼本也是一个建构中的版本，那么，王弼本就也有一个异常复杂的建构史和修改史，可是这已经不可考了，而且王弼或者河上公据以建构他们版本的所有文献可能比今天看到的出土文献更加古老，所以，我们未必有充足理由用当代的出土文献来把王弼本或者河上公本改得面目全非。

  其次，出土文献的版本就更加标准吗？这也是似是而非的。目前为止，除了传统的通行本延续千年以上，为历代大多数注释的基础版本，相对可以说较为标准之外，新出土文献的标准性显然是存疑的。在漫长的历史长河中，已经确定的标准版本，虽然不是没有文字上的问题，不是没有可以讨论、检讨与修改的地方，但一直都是学习者和研究者公认的版本。如果今天改以据出土文献为标准，大幅度、大范围地修改通行本《道德经》的文句，这种改动到面目全非基本接近于古史辨派的做法，可是，除了产生一个传统标准版本被修改后得到的古怪奇异的新版本，让作者觉得创造出了一个所谓新版本之外，其合理性和可行性其实都值得反思和推敲。建构的新版本让后来的研究者无所适从，不知道应该以通行本还是新版本为据，才能继续研究。此外，改出来的新版本不可能有学界公认的新标准版本的参考价值。可是，我们看到学界关于《道德经》的奇异版本越来越多，《道德经》至此已被改得面目全非，还有很多稀奇古怪的新本正在制造之中，连带国内外翻译界也不断制造出很多新奇的译本，好像学界研究《道德经》者尽以稀奇为务，而不去理解《道德经》的义理本旨。

  再次，出土文献是更有意义的版本吗？或者出土文献可以帮助我们建构更有意义的《道德经》版本吗?这也未必见得。出土文献固然有参考价值,但据出土文献改出来的奇异版本,对于《道德经》既已存在的义理系统和意义世界,如果不能说完全没有增加的话,说增加甚少绝不为过。[1]很多时候,出土文献改出来的奇字怪句,似乎激发了学术研究的繁荣,却无疑造成了中文《道德经》义理世界的衰弱,以致研究文字学的专家,认为不以古字为准,就是不识字,就不可以对《道德经》的义理做出正确的理解。在这种压力之下,很多研究解释《道德经》字句的学者皆要把出土文献的文字先过一遍,好像这样就建构了更有意义的版本。这种做法其实大有问题。有时候细致的考辨,尤其是引导修改通行本的考证,基本上无关宏旨,越说越繁,甚至故作惊人之语,其实结论可谓离题万里,不但没有建构出更有意义的版本,反而大大消解了传统版本的意义,使得《道德经》的哲理变得云里雾里。另外,借助出土文献修改通行本的所谓学术工作,也为随意裁剪文字而强加己意大开方便之门,使得《道德经》之为经典本身的意义世界变得更加扑朔迷离。

可见,基于出土文献的学术研究工作,虽然为建构更为古老、更为标准、更有意义的新版本提供了可能性,但过度依赖出土文献版本,甚至进而否定通行本价值的研究倾向,在某种程度上说,已经有点适得其反,与学术研究的初衷背道而驰。这一问题在汉语学界因为版本的文字差异不太大,所以很难讨论明白,反而借鉴英语学界的《道德经》翻译工作,可以帮助我们反思通行本与出土文献新建构的版本之间的距离,远比通常理解的要大。比如,1963 年,刘殿爵基于通行本翻译的《道德经》由企鹅出版公司(Penguin Books)出版了。1973 年 12 月,马王堆汉墓出土了帛书甲乙本,时间确证为西汉早期。

---

[1] 韩禄伯(Robert G. Henricks)在翻译序言中明确指出,除了一些微妙的差异,帛书本其实并没有新内容,哲学理解上更不可能有新意。参 Robert G. Henricks, *Lao Tzu's Tao Te Ching: A New Translation Based on the Recently Discovered Ma-Wang-Tui Texts*, New York: Ballantine, 1989, preface, p.15。

1980 年，香港中文大学出版社希望刘殿爵基于帛书本修改之前出版的《道德经》译文，但是，刘殿爵认为，这件事是不可行的，他建议出版社应该同意他出版甲乙本合并的全新译文。出版社同意之后，他于 1982 年出版了双语版，仍把 1963 年基于通行本的翻译作为第一部分。刘殿爵意识到，要想翻译新的《道德经》版本，不可能只对之前基于通行本的译文做出适当修改就完事，而必须彻底重新翻译。他的翻译经历说明，通行本和出土文献其实是不同的文本系统，它们虽然有相互比较、彼此借鉴的价值，但不可以用出土文献考订的字词来否定通行本的字词，更不能彻底改写。诚如刘殿爵指出的，王弼本已经通行了一千多年，基于王弼本的翻译和理解不仅对于学习《道德经》有价值，而且对于研究《道德经》文本也有重大价值。至于根据马王堆帛书有限证据加以推测的结果，看起来似乎很有道理，其实并不总是安全可靠的，因为字句的修改毫无疑问是非常危险的工作。因此，他宁可重新翻译帛书本，也要保持 1963 年译文不动，根本就不愿意修改之前的译文，做目前很多研究者做的工作——基于帛书本和郭店本等出土文献修改之前的版本。[1]可惜，今天很多习惯于释读文字的专家们，不仅认为改了文字就有重大发现，而且可以进而扮演释读句意甚至重新解释经典哲学思想的工作，丝毫意识不到随意修改经典文字背后蕴含的巨大问题和价值真空，这不仅类似于古史辨派对传统圣人文意的不敬，更是对千百年来既已积淀的先人智慧的不恭。虽然刘殿爵不认为历史上老子实有其人，[2]但他在 1989 年版彻底修改之前的帛书本译文的同时，对 1963 年的通行本译文只字不改，也从一个侧面说明，基于出土文献的翻译和解释其实并不都是可靠的，既然需要随时修改修订，那么只有基于通行本的译文，才

---

[1] D. C. Lau, *Tao Te Ching*, Hong Kong: Chinese University of Hong Kong Press, 2001, Note to Revised Edition.

[2] Ibid., p. 7.

可以保持其穿越时空的稳定性。

由于汉语学界通常不把出土文献的解释和通行本的解释分开，既然都是对类似文字的考订和解释，好像确实很难分开，但刘殿爵的翻译经历明确说明，如果通行本和出土文献不分开，就无法理解通行本和出土文献版本解释之间的关系。在汉语学界，可以说通行本的某些文字，应该改成出土文献的某些字更有道理，可是在英语学界，通行本的解释和出土文献的解释不可以简单地混为一谈，因为英语世界缺乏对通行本文字的通俗或基本理解，所以不是在英文翻译中指出某些传统翻译应该改成另一些切近出土文献的翻译就万事大吉了。这说明，在英语学界，通行本解释学和出土文献解释学可以说是两个系统。在汉语学界，通行本的和出土文献的《道德经》义理世界，又何尝不是两个义理解释的世界呢？正如陈汉生（Chad Hansen）所指出的，所有解释《道德经》的人，都试图在追寻最为古老的标准版本，难道王弼当年就没有同样的追求了吗？所有追求所谓原初版本的努力，其实是徒劳和无意义的，因为绝不可能找到和重建所谓可靠的原初版本。[1]

无独有偶，刘殿爵也认为，在汉代早期，可能存在不同文献传统的多个《道德经》文本，所以帛书甲乙本不足以证明已经离所谓《道德经》原本非常接近。即使出土文献的版本年代确实更早，也不足以作为对传世本文本多有改动的充足理由。[2]今天我们讨论的所谓《道德经》原本，即使曾经存在，也是无法考证清楚的事情，所以不可以试图建构所谓的《道德经》原初版本。当代人基于出土文献的修改，大部分可能只是一场主观臆断的汇集，缺乏对经典文本通行本本身负责任的解释，而对相关学术问题真正有效的研究和推动仍有待来日。

---

[1] Hansen Chad, *Daodejing: On the Art of Harmony*, New York: Shelter Harbor Press, 2017, Introduction, p. 10.

[2] D. C. Lau, *Tao Te Ching*, Hong Kong: Chinese University of Hong Kong Press, 2001, p. 184.

《道德经》注释虽然很多，但真正哲学性的理解和诠释很少。虽然大部分人都认为《道德经》是道家哲学的经典著作，可是真正通过注释《道德经》来阐发其哲学蕴涵的译释本少之又少，大部分《道德经》注释基本上都停留在版本校勘、文字训诂、注释翻译，最多加上稍许解释，还有一些《道德经》著作抒发人生感悟和哲理，但真正哲学义理的阐发与建构性的著作相对来说比例很小。

七 《道德经》的翻译（以英译本为主）和国际传播

作为哲学著作的《道德经》没有得到哲学对待的现象在英译世界中也存在，正如安乐哲所言："迄今为止，《道德经》只是偶尔附带且无关紧要地吸引了一些哲学家。"[1]加上西方哲学顽固地坚持哲学就是"安格鲁—欧洲文化传统的专利"，对以《道德经》为核心的中国哲学传统的接受程度一直非常有限。简单回顾《道德经》的翻译和国际传播史，或许有助于了解哲学的翻译和解读多么地来之不易。

历史记载玄奘、蔡晃、成玄英等曾将《老子》译为梵文。1183年出现女真文《老子》。《道德经》从明代中叶流向日本等国，嘉靖庚戌二十九年（1550年）日本出现《老子讲义》，1645年出现僧泽庵日文注释的《老子讲话》，1652年日本《道春老子经抄》三卷问世。从1550年到1949年，日本研究《老子》的各类著作达257种，1949年后有56种。1680年韩国朴世堂汉文《新注道德经》是韩国最早的老子注释本。1959年，越南严儧用越南文译注《老子道德经》。[2]基于丁巍、李佳蔚、李艳、马祖毅、任荣珍、常青等的研究，近年统计当前《道德经》已被译成66种语言，1162个版本，其中英文译本至少有270种，德文

---

[1] 安乐哲、郝大维：《道不远人——比较哲学视域中的〈老子〉》，何金俐译，学苑出版社2004年版，序，第13页。
[2] 参吴根友《道家思想及其现代诠释》，上海交通大学出版社2018年版，第49页。转引自严灵峰《周秦汉魏诸子知见书目》（一），中华书局1993年版。

有208种，拉丁文有5种，其他各种语言文字各若干，合起来也有几十种。为了理顺《道德经》向西方传播过程中的发展脉络，我们将其译介历史分为三个阶段来说明。

首先是译介早期（17—18世纪）。这个时期是中国典籍向西方传播第一次真正意义上的繁盛期。此阶段中国各类典籍通过官方或民间的译介，大量涌向西方世界，作为道家经典的《道德经》也不例外。不过，无论从质量上还是从数量上，《道德经》翻译与研究都不如儒家经典的翻译与研究。这个时期的一些传教士，如白晋（Joachim Bouvet）、马若瑟（Premare）等人虽然注意到老子的《道德经》，但主要还是为了传教的便利。根据著名汉学家理雅格的记载，首部没有注明作者的完整《老子》拉丁文译本在18世纪中叶出现，由一位叫马修·雷帕（Matthew Raper）的传教士于1788年作为对皇家学会的献礼送到伦敦，至今仍被保存在伦敦印度事务局里。[1]在当时的历史社会环境下，能够出现这样的《道德经》译本，其首要目的不是把中华民族古老而深邃的智慧介绍给西方人，与此相反，这不过是有利于传教士们在中国宣传教义的方便法门而已。在后世的学者看来，这部译本学术价值甚微，但它作为中西文化交流早期唯一一部留存到现在的《道德经》译本，还是值得被当世之人铭记。

在翻译到西方世界的中国典籍中，《道德经》并没有得到传教士们的足够重视，因其文字拗口、哲理深邃，易被冷落。耶稣会传教士们在两种异质文化交流的过程中起关键作用，他们来到中国的根本目的是为了传播与推广宗教信仰，为了让中国文化自

---

[1] 庄延龄（Edward Harper Parker）在《中国宗教研究》中说，此手稿藏于皇家学会图书馆（Library of the Royal Society），而不是印度事务局，与理雅格所言有出入。译稿由时任皇家学会（the Royal Society）会员的马修·雷帕从一位名叫格拉蒙特（P. Jos. de Grammont）的前耶稣会士处获得，于1788年1月10日带回英国并呈交皇家学会。庄延龄推测译本可能出自前耶稣会士傅圣泽（Jean-Francois Foucquet，1663—1740年）之手。见俞森林《中国道教经籍在十九世纪英语世界的译介与传播》，《社会科学研究》2012年第3期。

然而然契合西方人的宗教信仰，也为了获得中国民众的信赖与皈依，传教士们主动介入中国文化，进而翻译改写中国文化来达到传教目的。最具代表性且颇有影响力的是利玛窦（Matteo Ricci）。利玛窦于万历十年（1582年）来中国传教，在传教过程中，他发现儒家思想在整个中国社会体系里占据着主导地位，因此他主动学习汉语、改穿儒服、结交儒家学者等，试图以此来取得当权者和儒家士大夫阶层的信任。在未做任何文献考查与研究的情况下，利玛窦回避且排斥《庄子》《列子》等道家书籍与学说。利玛窦的观点与态度可谓在华传教士们的基本立场，他们基本都误将道教当中的占卜、咒语、炼丹术、长生不老术等看作是道家思想的核心内容，而且这种误读一直持续到18世纪。正是传教士的这种对儒道两家思想的误读，让那个年代的西方人更重视儒家典籍，忽视道家经典应有的价值。

《道德经》本身语言用词艰涩难懂，玄理深奥难解，大部分西方人要想透彻理解老子所言非常困难，更不用说以另一种语言加以翻译解释了，所以西方人在翻译《道德经》时，不得不强加附会上与《道德经》关系不大的认知，于是造成对老子思想系统的误解。

受到欧洲启蒙主义思潮影响，西方很多学者通过阅读研究耶稣会士带回的儒道典籍译本，他们在儒家经典中更可以找到满足西方民众对文学、政治、哲学及宗教的思维想象，这又促进儒家典籍传入西方世界。这种异域文化对中国思想的接受与吸收又一次证明，在当时中西两方文化交流过程中，西方世界对中国文化的引进接受并非出于对中国文化本身的兴趣，其最后还是为了某种自利性和功利性的目的。西方世界在看待中国文化的态度上，其实保持着明显的西方文化中心主义。可以说，早期的《道德经》译解与传播就是在这种非平等的、排斥文化多元化的倾向当中发生和展开的，当然，这也在很大程度上限制了《道德经》在西方的接受与传播。

其次是译介的中期（19 世纪—20 世纪初）。19 世纪中国社会历史发生剧变。第一次鸦片战争（1840—1842 年）之后，西方帝国主义以坚船利炮砸开中国的大门，之后就是烽火连天的军事凌辱，敲骨吸髓式的经济掠夺，使支撑中国数千年统治的大厦摇摇欲坠。《道德经》西传和译介也相应发生转折。

这个时期，《道德经》的翻译走出了 18 世纪备受冷落的阴霾，从而进入快速发展时期。1842 年法国汉学家于连（Stannislas Julien，也有译作儒莲）在巴黎翻译出版法文全译本老子《道德经》。1868 年，约翰·凯莫斯（John Chalmers）在伦敦由图伯纳出版社发行出版《对古代哲学家老子关于形而上学、政体及道德的思考》一书，该书将《道德经》译成 *Tau The King，or The Classic of Tau and of Virtue*。凯莫斯开启了英语世界翻译诠释《道德经》的大门。1870 年，维克多·冯·施特劳斯出版了德文版的《道德经》，以《关于神性与德性之书》为名。1884 年，弗雷德里克·巴尔弗（Frederick Henry Balfour）在伦敦出版《道家伦理的、政治的以及思辨的经典》（*Taoist Texts，Ethical，Political and Speculative*），其《道德经》翻译和解说别具一格。1891 年，理雅格在英国出版《中国圣书：道家经典》（*The Sacred Books of China：The Texts of Taoism*），对《道德经》每一章作详细解说。1898 年，保罗·卡罗斯（Paul Carus）在美国出版英译本《理性与德性的典范：老子〈道德经〉》（*The Canon of Reason and Virtue：Being Lao-tze's Tao Teh King*），其解说及评论非常有助于读者理解老子。英语世界对《道德经》的关注与译介起步较晚，但后来居上，英译本数量逐渐增多，这其中理雅格译本最受人称道。

英译本数量上的增多并不意味着其在质量上也有提高。这一时期《道德经》的译介主要还是由英国和美国学者完成，他们当中很多有传教士身份，其译本虽然相比第一阶段的传教士有更多学理上的进步，但这种学理上的进步却没有完全体现到他们对《道德经》的译介过程中。有些学者对老子及其思想体系表现出的偏执匪夷所思,如英国学者巴尔弗认为,道家的思想体系及学说像是"一部迷信的讽刺剧",而帕克(Edward Parder)将道家哲学与斯多葛派哲学对比之后,认为中国文化及其道家思想是文明"退化"的表现。这些对中国文化及道家思想贬抑与排斥的态度,不独帕克所有,可以说,这是当时流行的"通病",甚至连理雅格都难以免俗,如他在《老子》译文前言中,多次强调自己不同意老子的某些观念,对老子的"无知说"更是排斥有加,认为老子这一论调简直可笑至极。在西方学者看来,以老子为代表的道家思想是一种原始落后文化的显现。在这种思维定式的诱导下,很难真正地对《道德经》做出客观恰当的理解与翻译。

不过,从另一个角度来看,正因为有这种类比式的翻译分析,才让老子思想快速进入西方,虽然继续满足西方人对中国文化进行直观想象,但毕竟推动了《道德经》在西方世界的发展与传播。正如佛教初传入中国时,也经历了借用中国固有的思想进行解说注释,然后才独自参悟了化一样。这一时期对《道德经》的解读,相较于之前传教士们片面迎合传教需求而做出的译本而言,可以说在思想上有了明显进步。

这个时期西方的《道德经》译解仍然保持着西方强势文化中心主义的倾向,即在翻译的字里行间,译者往往用西方哲学与宗教观来解释老子思想。1870年两部具有代表性意义的德译本出版,一是普兰科内尔的译本,一是施特劳斯译本。普兰科内尔将老子《道德经》原文译成容易被西方读者认知接受且带有基督教色彩的文字,使西方人觉得老子学说不难理解。施特劳斯认为,老子属"神秘主义者",且"老子的思辨在其基础上是接受神学的",这显然拉近了老子哲学与基督教神学的距离。贾尔斯(Lionel Giles)在其《老子格言》(*The Sayings of Lao Tzu*)一书中把"道"看作是"超验的存在"(transcendental aspect),认为"德"就是"道德原则"(virtue)。可见,这些译者虽然有对老子《道德经》的翻译热情,可是缺乏对中国历史文化、思维方式、价值判断以及人生取向等方面的全面理解，导致他们在翻译过程中不自觉地运用西方文化与思维方式套解老子的思想，从而产生对道家思想理解的误读。

对《道德经》的西传来说，19世纪是矛盾交织的特殊历史时期。一方面《道德经》译本在数量上比之前阶段有显著突破；另一方面在译介过程中又存在很多穿凿附会之嫌。此现象的出现不能离开当时的社会历史状态。19世纪，在中西两方政治、经济、文化乃至其他方面的交流互通中，西方世界占据着主导权和话语权。西方不仅对中国政治的割据与经济的豪夺，在文化上也反映其强势姿态，这样的姿态又使得他们看不清中国文化的真面目。马克斯·韦伯（Max Weber）认为，道教阻碍了社会和经济发展。黑格尔认为，道教思想是哲学的婴儿期，有虚无主义哲学倾向。这种文化上的强势偏执是之前西方世界对中国的偏见的继续。不过，从另一角度来看，这些消极看法不能抹杀积极的进展，即西方在政治和军事上对东方扩张之时，也推动了对中国的学术研究。如1844年，巴黎的东方语言学院设置了中国语讲座与远东史讲座，翻译过多首元曲的汉学家巴赞任第一任校长，之后的继任者当中，有翻译过《老子》的著名汉学家雷慕沙（Abel Rémusat）和于连。1837年，英国伦敦大学开设中文讲座，之后牛津大学在1876年，剑桥大学在1888年分别开办了关于中国的知识讲座。1887年，东方语言研究院在德国柏林正式建立。此外，还有不少学术研究机构纷纷成立，意味着西方人对中国的学术研究不再局限于对儒家经典书目的解读，而是已经注意到中国思想文化多元化的事实，这无疑推动了西方对老子《道德经》的研究。这一时期，不少西方学者开始对中国文化赞誉有加，且表现出极大的研究热情。被称为19世纪美国最伟大的汉学家兼传教士的卫三畏（Samuel Wells Williams）赞赏中国文化，他在1848年著《中国总论》一书中，澄清了西方对中国文化所做的荒诞评价，认为在异教文化的背景下，中国文化始终占据着很高地位。

总之，19 世纪到 20 世纪初，西方在暴力敲开中国国门的同时，也加强了对中国文化各方面的了解，使越来越多的西方人对《道德经》的研究感兴趣。虽然西方文化中心主义的偏执心理制约了西方对《老子》进行更加深入客观的研究，但某些汉学家做的开拓性工作为后世《道德经》的研究与译介打下了良好的基础。

最后是西方译介《道德经》的近期（20 世纪至今）。不论是从数量上还是质量上来讲，西方对《道德经》的译介都有质的飞跃。全世界各主要语系下的《道德经》译本相继面世，其中尤以英译本的数量最多。《道德经》能成为英语世界翻译最多的中国经典，同西方对其倾注的兴趣与研究有极大关联。

这一时期的翻译更加注重回归源文本。《道德经》的翻译在 17—19 世纪中叶主要是在传教士的主导下进行的。早期传教士译介中国典籍的目的是想要在中国文化里发掘出与其信仰相关或相同的内容，进而加以比附，以期减少传教过程中的阻碍。这种不加掩饰的功利性传教野心导致《道德经》译本与老子本身及其书中所要表达的思想发生割裂，他们在研读与翻译《道德经》时，更多的是在汉字中间追寻上帝信仰的圣迹而已。这种比附式解读已经不能满足 20 世纪西方学者的需求。

随着汉学研究的进一步深化，以及对中国文化的逐步了解，西方人希望能够最大限度还原中国经典的真实面貌。越来越多译者开始关注中国学者对《道德经》的各种注本，力图探求老子真义。在译介过程中，有的西方学者甚至主动地在译本中加入有关中国整体文化面貌、社会政治、历史事实等的介绍，例如韦利的译本就是一个典型代表，他在自己译文前言中表明，翻译的目的是要用准确的细节给出源文本的意思，他用了很大篇幅来追述《道德经》的成书历史，结合中国古代常用词汇与音韵、音律等知识，来推算《道德经》产生的年代。他还曾试图结合《庄子》《史记》等古代文献还原《道德经》产生的语言环境。韦利所做的努力及其译著，让我们看到 20 世纪西方学者对《道德经》内容客观性的追求。

除了在译介上追求还原源文本内容的真实性与客观性，新时期译者们对老子《道德经》核心思想的研究探讨比前期更加深入和细致。他们意识到，老子思想体系中的"道""德""无为""自然"等概念非常深刻复杂，同时也是进入《道德经》"道"世界的门径，因此在译介过程中，讨论焦点始终围绕着这些关键概念展开。戈达德（Dwight Goddard）在《老子的道和无为》（*Lao Tzu's Tao and Wu Wei*）一书中，将"道"理解为一种非人格化的"创造原则"（creative principle），认为"德"代表着生命活力（vitality）和阳刚之美（virility），而"无为"不是要人们懒惰和禁欲，而是应该珍惜谦卑和无私的品格。巴姆（Archie J. Bahm）总结了以往学者对《道德经》的比附式研究，对老子"道""德"和"无为"进行理性思辨的讨论。他认为，"道"与西方"上帝"既有相似性，但还是存在着巨大差别，即"道"是客观、非人格化的，没有独立意志，不凌驾于万物之上，而"德"是"让世间万物顺其自然的力量"。可见，近期学者们开始关注《道德经》关键词的研究分析，至今仍有安乐哲、艾文贺（Philip J. Ivanhoe）等学者积极研究讨论。

近期西方研究者对西方基督教教义下的精神信仰产生怀疑，使得西方转变对待《道德经》的研究态度，他们开始抛弃前期比附基督教观点的做法，转而面向老子《道德经》本身寻求新的宗教源泉。到了 20 世纪，很多西方学者在深入学习研究《道德经》的过程中，发现两者之间存在着本质差别，尤其是通过对"道"的非人格化的定位与内省性的心灵修习，与西方的上帝救赎的观念形成强烈落差，老子思想所彰显的这种独特异质，使西方人在面对当代危机时，开始将"道"作为一种新的精神信仰来理解。宾纳（Witter Bynner）在其《老子的生命之路》（*The Way of Life according to Lao Tsze*）一书中，明确表达自己对西方文明本身的怀疑，认为"老子弃绝了充当误导性和毒害性精神幻象的宗教和文明的仪式，他的信念和行为依赖的不是外在的支持而是内在的宇宙意识"。蒙若（Herrymon Maure）认为，西方社会以自我意识为中心导致现代西方人内心暴躁，老子之"道"可以另辟蹊径，提供给西方人另外一条"路"。这样理解老子之"道"对西方文明的拯救意义，无疑令西方世界感到震动，甚至动摇其千百年来坚持的信仰体系。可见，老子《道德经》中所蕴含的智慧使得在西方建立一个新的信仰高地有了从理论到现实的可行性。1946年夏季，还在接受占领军当局审查的海德格尔曾经试图跟萧师毅合作翻译《老子》，他们直接面对原文，与文本对话，海德格尔的笔记内容超出了翻译的范围，以致萧师毅感到不安，在翻译了八章之后退出，但海德格尔本人的思想却好像开启了"一个新的方向"[1]，这次短暂的阅读和翻译可谓帮助海德格尔发现了东方大道之门，对于阐发和传播《道德经》哲学的意味有重要的历史意义。

从20世纪70年代末期开始，更多西方学者开始直接在中文文本的理解基础上做诠释，并尽可能避免随意性发挥。美国学者迈克尔·拉法格（Michael LaFargue）在其《〈道德经〉之道》(*The Tao of the Tao Te Ching*)一书中指出，他要转回老子生活的时代，最大限度还原《老子》的本义。一些西方学者主动结合当代热点问题对《道德经》进行研讨，如史华兹（B. I. Schwartz）认为老子思想中的"以柔克刚"代表了一种新的女性主体意识；葛瑞汉（A. C. Graham）认为，老子"柔弱胜刚强"包含着性别意识，并将老子相反相成的内在性联系思想与德里达二元解构意识进行对比，帮助人们理解老子思想与后现代哲学之间存在一定逻辑联系；安乐哲对《道德经》的解读在一定程度上可以跟政治无政府主义相联系。20世纪下半叶生态哲学兴起，促使西方学者们留意到《道德经》的"自然"早就提及人与自然和谐相处的可能，可以为建构当代生态社会提供哲学基础，走出人与自

---

[1] 张祥龙：《海德格尔思想与中国天道：终极视域的开启与交融》（修订第三版），中国人民大学出版社2011年版，第25—28页。

然之间的对抗关系，可以帮助人们停止对世界造成的持续侵害。可见，西方学者从政治哲学到环境哲学多角度研究《道德经》，推动了老子思想的现代视域的成型。

随着中西交往的深入，西方学者注重加强与当代中国学者的交流与对话，并且根据国内最新考古发现和研究成果与时俱进地进行研究，如近年来国内两次关于《道德经》出土文献的整理研究促使西方学者转变了译介焦点。1973 年马王堆汉墓出土帛书本《老子》，刘殿爵（D. C. Lau，1982）对其作了译介。美国学者韩禄伯（R. G. Henricks，1989）也作了译介，其译著于 1989 年至 1993 年在欧美相继出版了 7 种版本，此外他还发表了关于帛书本的研究文章多达十余篇。梅维恒（Victor H. Mair，1990）对马王堆本的译介作了回应，强调《道德经》与《薄伽梵歌》两部经典之间可能存在联系。安乐哲（Ames，2003）对马王堆帛书本《道德经》作了译介，其译文为我们提供了一种新的诠释语脉。1993 年，郭店楚简本《老子》出版，韩禄伯据此出版了相应的英译本（2000 年）。可见，20 世纪至今，西方对《道德经》的译介与研究应该说有了质的飞跃。

综上所述，《道德经》的海外译介和传播本身就是一个典型的逐步脱离宗教化而走向哲学化的过程。这种把经典文本进行哲学化翻译和诠释的类似工作，即使在《老子》译释的中文语境当中，其实也有其价值，并有深入推动的必要。安乐哲、郝大维在 2003 年出版的《道不远人——比较哲学视域中的〈老子〉》英译本书名 Daodejing: Making This Life Significant 后面特别加了副题"一种哲学翻译"（A Philosophical Translation），就是要强调自己的翻译和解读相比之前的大多数英译本来说，是更加哲学性的翻译和解读。因为很多之前的英译本把《老子》神学化、宗教化，所以他们要强调哲学化才能有所区别。梅勒的《〈道德经〉的哲学》是明确讨论《道德经》哲学的著作，其内容涉及性之道、阴阳、气、道德、政治、战争、时间观、死亡、情感等问题，是典型的从西方哲学主题出发，运用《道德经》文本材料，对相关思想主题做出哲学性阐发的著作，他试图"从内部阐发道家哲学并以此为现代读者打开一条道路"[1]，这种开路之作，可以理解为推开一扇新门的努力。而今，《道德经明意》之作，也是为了进一步推动《道德经》哲学的诠释与建构。恰如安乐哲的努力，以及如梅勒所言，希望在前辈如冯友兰、陈荣捷等的努力之基础上，以期世界哲学有朝一日能够如世界宗教从 religion 变成 religions 一般，从单数的 philosophy 成为复数的 philosophies，未来的哲学不再是狭隘的西方哲学，而是包容多样的世界哲学。[2]

八 本书的方法论：对《道德经》做"自然之意"的哲学重构

司马迁认为，老子"言道德之意"，所以我们把老子看作"自然之意"的领悟者和表述者。表述的文本是一个传述两千年以上的文本，即使这个文本在传述过程当中不断被传抄，修改，引发无数的争议，但这并不能够改变这个文本所讨论的"自然之意"的核心。中国历代哲学的建构和推进，是通过经典的重新释读和意义的重新阐发实现的，以"自然之意"哲学阐发《道德经》的哲学意义，不过是建构中国哲学新"意学"努力的一部分。

本书在翻译《道德经》经文时，尽量切入老子的道言，将老子"自然之意"的哲学意味表达出来。为了寻找最协调统一的表达，有些地方兼顾不同的断句和不同的意义，认为不同的解读各有其道理，只是侧重点有所不同而已。总之，本书的翻译力图建立一个融贯"自然之意"的哲学系统。

本书把注释当作老子之道言的延伸，这样注释文句的过程，

---

[1] [德]汉斯-格奥尔格·梅勒（Hans-Georg Moeller）：《〈道德经〉的哲学：一个德国人眼中的老子》，刘增光译，人民出版社 2010 年版，中文版序。

[2] [德]汉斯-格奥尔格·梅勒（Hans-Georg Moeller）：《〈道德经〉的哲学：一个德国人眼中的老子》，刘增光译，人民出版社 2010 年版，中文版序。

既是考订文字，推明文意，理顺源流的学术性努力，更是说明和阐发"自然之意"哲学思想的创发之境。在注释当中，本书比较评估中外相关注释和翻译的得失，参照一些有代表性的版本，对于重要概念的解读，既要表明不同的解释都有其道理，也要给出本书倾向的一些最有哲学意味、前后逻辑相对最连贯的解读。总之，本书认为老子哲学本身就是一个系统化的哲学体系，注释是为了说明把老子的哲学性建构成为相对系统化的哲学其实是可能的。

在"明意"部分，本书试图建构"自然之意"意本论，提出"自然之意"为《道德经》哲学体系的中心，通过"意本论"对《道德经》做全面哲学建构，使《道德经》哲学的系统化建构成为可能。这部分用自然之意对道、自然等本体性概念进行哲学改造，尽量做到明白晓畅，首尾一贯。总之，本书基于《道德经》"道"的哲学，建构"自然之意"的哲学系统。

《道德经》的文本特点，注定解读和注释本身就是一种"为自身寻找意义的创造过程"。[1]安乐哲对《道德经》的比较哲学解读首先确定解读坐标：关联宇宙论（correlative cosmology）是一种"只有'生成'存在"（only becomings are）的宇宙论，"不认为在现象背后存在某种永久的真实、某种不变的机体"[2]，于是"宇宙"（cosmos）即是"万物"（ten thousand things），所以是"非宇宙论"的[3]，尤其与"世界产生于虚无"（creatio ex nihilo）那种"犹太—基督教传统的宇宙起源论"（Judeo-Christian cosmology）有明显的区别。[4]类似的，《道德经明意》是从比较哲学的解读来建构"意本论"，让"自然之意"是自然而然的创造之意（力），是"始于自身"（ab initio）的、情境性

---

[1] 安乐哲、郝大维：《道不远人——比较哲学视域中的〈老子〉》，何金俐译，学苑出版社2004年版，第10页。

[2] 同上书，第17页。

[3] 同上书，第18页。

[4] 同上书，第20页。

的、自发性的创造力，而不是"产生于虚无"（ex nihilo）的、绝对性的神创之力。创生论自然而然新生，注定每一个时空都充满新颖性，是自发的、生机性的活力，如人的意识时刻参与生生不息的新生情境，能够领会"自然之意"，并参与其间，成就自己新生的经验之旅。每一个瞬间，人的意识都在与天地间流动的"自然之意"相交接，从而形成不断新生新成的当下经验，这种经验具有丰富性、整全性和心物融通性。当下的意念通达宇宙万物，意念与万事万物同时升起，共同创造，也就是说，《道德经》包含意识的两个相互加强的层面：焦点意识（focal awareness）和场域意识（field awareness）。[1]正是在这个意义上，本书系统化地建构"意本论"之"自然之意"分论。

九　自然之意——《道德经》的哲学

"《道德经》的哲学"本身就是一个比较哲学视域的名词，因为哲学首先是西方哲学，其次对应于西方哲学，中国哲学的典籍当中不乏相似的问题意识和深刻的讨论。西方哲学家首先从哲学的角度发掘出《道德经》的哲学意蕴，并对相关哲理加以哲学性的阐发。参照这种阐发，我们从《道德经》哲学的内涵角度，可以确定相应的哲学问题，并对其中的"自然之意"架构起哲学性阐释框架。

德国著名哲学家谢林（Friedrich Wilhelm Joseph Schelling，1775—1854年）于其晚年著作《神话哲学》第24次讲座当中，用他的"第一潜能"哲学来解释老子的"道"。费尔巴哈指出："谢林哲学本身是一个外来种——是古代东方的同一性，孕育在日耳曼土地上。因此，谢林学派倾仰东方之性向，亦就是其学派之本质的性向。"[2]按照龚特·绍尔慈（Gunter Scholtz）的研究，

---

[1] 安乐哲、郝大维：《道不远人——比较哲学视域中的〈老子〉》，何金俐译，学苑出版社2004年版，第42—43页。

[2] 费尔巴哈：《黑格尔哲学批判》（Zur Kritik der Hegelschen Philosphie），转引自赖贤宗《道家诠释学》，北京大学出版社2010年版，第81页。

19世纪的浪漫主义以其对充满神秘东方的新的感受力发现了老子。而且像《道德经》这样的哲学文本，需要思辨的才能、哲学的素养才能得到理解，虽然德国哲学接受老子的《道德经》不是从谢林开始，但显然德国哲学的老子《道德经》接受史在谢林这里达到第一个高潮。[1]

谢林的讲座对老子及其著作进行了清楚的讨论，这是西方哲学家第一次从形上学的本源反思来对老子之道进行哲学诠释。之前伏尔泰等欧洲启蒙主义哲学家推崇孔子的道德哲学，只有到了谢林，东亚哲学才被西方哲学家从形上学的本源反思的角度加以深入思考和研究，可谓开启了后来海德格尔解读《道德经》，从"形上学的本源"这一角度反思其存在论的先声。

黑格尔（W. G. Hegel）也讨论过老子哲学，但谢林认为，从语言学和历史批判法的文献学研究方法来看，其所据的《道德经》勒木萨（Abel Remusat）译本有很多问题，只有朱利安（Stanislas Julien）的法译本才开启了欧洲人正确解读《道德经》文本的机会。黑格尔在《哲学史讲演录》第一卷将"道"理解为"理性"和"一切事物存在的理性与基础"，但黑格尔批判老子的"道"是所谓的"有无玄同"，隐没在无差别的绝对同一（玄同）之中，并且认为谢林无差别的绝对同一性哲学也有类似的毛病，当然，他这样批判是为了突出自己的哲学体系超越康德、费希特和谢林之上。谢林认为应该把"道"译成"门"（Porte），把道的学说理解为"进入存有的大门的学说"[2]，"关于非存有（Nichtseyenden），关于单纯存有可能性的学说，通过这种东西，

---

[1] 龚特·绍尔慈（Gunter Scholtz）：《接近的尝试：18、19世纪的德国老子解释》，载《中国哲学史》（西安国际老子研讨会专辑）1995年3/4期合刊。转引自赖贤宗《道家诠释学》，北京大学出版社2010年版，第81—82页。

[2] 这样的说法，无疑可以找到"众妙之门""玄牝之门"作为文本的依据。参赖贤宗《道家诠释学》，北京大学出版社2010年版，第83—84页。

一切有限的存有便进入现实的存有"。[1]这说明，谢林认为，"道"是从一种存在状态进入另一种存在状态的"门"径，是存有状态的境域性转化的通道。

　　谢林如此概括《道德经》的"无"："生命的伟大艺术与智能，是在这种纯粹潜能的实现之中形成的，这种纯粹潜能就是无，而同时也是大全。整本《道德经》透过大量极富创造力的比喻，向我们展示了'无'的伟大而不可逾越的力量。"[2]谢林是西方第一个重视《道德经》"无"的概念的哲学家，对后来海德格尔关于"无""虚无"的思考有明显的影响。谢林把"无"称为"存在之前"的潜能，更精确地说，"一个'无'同时又是一切"[3]；相对于"道"作为"存有的源泉"，"无"可以说是"纯粹能够"，是潜能的未发状态。谢林认为，"常有"就是"绝对的自发性"，而"常无"就是"绝对的偶然性"。可见，"无"和"有"一样，融贯一切，是一切的可能性之源泉。谢林关于"意愿"的说法，产生了关于"世界灵魂"的思想。[4]或许可以推论，他所谓的"意愿"是一种自然的"意愿"，所以是世界的灵魂，接近于此书要建构的"自然之意"的哲学中心思想。

　　受"众妙之门"的影响，谢林认为应该把"道"译成"门"（Porte），传达一种场域的开启感。如果用怀特海的"focus-field"来说，可以说"道"是打开场域的焦点。Graham Parkes 指出，海德格尔 1928 年在弗莱堡大学开设过谢林哲学研究课程，京都学派哲学家九鬼周造（Kuki Shūzō）也参加了，他的参与激发了海德格尔对于"无"的讨论，及其与东方思想的呼应。这样的

---

　　[1] F. W. J. Schilling, Ausgewahlte Schriften（《谢林选集》），Band 6（第 6 卷），Frankfurt am Main，Suhrkamp 出版社，第 575（563）页。转引自赖贤宗《道家诠释学》，北京大学出版社 2010 年版，第 100 页。
　　[2] 赖贤宗：《道家诠释学》，北京大学出版社 2010 年版，第 91 页。
　　[3] 同上书，第 95 页。
　　[4] 这种说法与"自然之意"说有异曲同工之妙。参赖贤宗《道家诠释学》，北京大学出版社 2010 年版，第 98 页。

哲学机缘也影响到萨特在其《存在与虚无》讨论"无",荣格对《道德经》和丹道的研究等,因为对于西方哲人来说,与东方哲学思想的呼应具有打开新场域的哲学意味。[1]1937 年到 1939 年,京都学派代表人物西谷启治(Nishitani Keiji)在弗莱堡大学,游学于海德格尔门下,参加了海德格尔以"虚无主义"为主题的尼采讲座。[2]恰如海德格尔在晚年一再强调,他所写的一切只是"道路,而非著作"。[3]海德格尔 1957 年在其演讲《同一性原理》当中,把自己关于"Ereignis"(本成,大道发生)的说法用于希腊 logos 和中国的"道"(Tao),作为思(存有思想)的无法传译的引导辞。[4]李约瑟(Joseph Needham)在讨论道家思想与自然科学的关系时,认为"有机自然主义(organic naturalism)是古代中国人的恒久长青哲学"[5],认为宇宙就是一个庞大的有机体,这种有机体并不需要预设一种在其背后的"主导原理",只依赖于"一种意志间的和谐"(a harmony of wills)。[6]受怀特海有机论思想影响,张东荪认为《周易》等中国思想"把宇宙当作一个有机的整体"(functional whole)。[7]这些典型的说法,都是《道德经》玄意门一扇扇打开,一个又一个全新的诠释场域通往新的大门。我们需要在不断开"门"见"道"的体验中,找到一种新的表达道家形而上学思路的方式,诚如张祥龙所指出的:

---

[1] 赖贤宗:《道家诠释学》,北京大学出版社 2010 年版,第 157 页。
[2] 赖贤宗:《道家诠释学》,北京大学出版社 2010 年版,第 106 页。
[3] 张祥龙:《海德格尔思想与中国天道:终极视域的开启与交融》(修订第三版),中国人民大学出版社 2011 年版,引言,第 5 页。
[4] 赖贤宗:《道家诠释学》,北京大学出版社 2010 年版,第 89 页。
[5] Joseph Needham, *Science and Civilization in China*, Vol. II: *History of Scientific Thought*, Cambridge: Cambridge University Press, 1956, pp. 36 – 37. 参李约瑟《中国科学技术史(第二卷):科学思想史》,科学出版社 1990 年版,第 38 页。
[6] Ibid., pp. 288 – 289, p. 302. 同上书,第 327 页。
[7] 参张东荪《理性与民主》,岳麓书社 2010 年版,第 133—136 页。

古印度和古中国思想的根本识度（insight，Einsicht），都超出了西方概念和观念哲学所能及的范围。而且，这种识度本身也不是反理性主义意义上的神秘主义。认为任何超出了西方的概念和逻辑思维方式的精神活动都是神秘主义、都可以被理性的终极关怀忽视的看法是一种极有害的偏见……再也没有什么东西能比这种中国哲学观更不利于理解我们古人的真智慧了。[1]

以下对"自然之意"的意本论哲学系统的分解说明，之所以运用诸如"玄意门"这样的词汇，就是为了表达《道德经》哲学之"道"的内在识度，也是为了说明"道"既不是反理性主义，也不是神秘主义，但我们又需要找到入"门"之处，方能推"门"见"道"。

《道德经明意》通过推开"十玄意门"来见"道"，通过建构基于"自然之意"的意本论，推开十扇"玄意之门"：一、万物之意；二、创生之意；三、道意之意；四、意会之意；五、时间之意；六、反弱之意；七、意物之意；八、反身之意；九、无欲之意；十、无为之意。十扇玄意门在"意"与"道"之间开开关关、层层叠叠、交相辉映，显现出"自然之意"之光明。

1. 自然之意之为万物之意一玄意门

安乐哲指出，与西方的宗教与哲学著作相比，《道德经》既"缺乏任何具体的历史事实"，又"缺乏任何作为一般戒律或普世规则的教义"。[2]《道德经》的哲学核心无疑是"道"论，是一部讨论如何得"道"而有"德"的书。每一次对"道"的"德"（得）都是一扇新道"门"的打开，正如老子在函谷关被拦下之后，其心灵就被迫打开了一个新的"门"，这扇心灵之

---

[1] 张祥龙：《海德格尔思想与中国天道：终极视域的开启与交融》（修订第三版），中国人民大学出版社 2011 年版，第 156 页。

[2] 安乐哲、郝大维：《道不远人——比较哲学视域中的〈老子〉》，何金俐译，学苑出版社 2004 年版，第 10 页。

"门"体现在第一章玄之又玄的箴言中:"道可道,非常道",似乎在说,他正要写下的文字,其实都不可靠,而依托文字貌似可靠的,其实都不是常道。可是,千百年来,这些文字却成为窥伺老子思想之"门"最根本的"道",舍此别无他"道",而"道"的一大特点是如此之"玄",于是"道—门"其实就是"玄—门"。

《道德经》接着讲:"名可名,非常名。无,名天地之始,有,名万物之母。"(第一章)这是说,对"道"讲得越多,"非常道",离常道越远。"道"的实在性超越言语的表达,这是"道"的哲学特点,但老子着意强调"道",其实不仅是为了突出其不可言传性,更是为了确证其实在性。道"玄之又玄",不可言说,在后世的诠释当中易被关联为宗教性虚无缥缈的信仰对象。但老子没有说"道"是宗教信仰的对象,所以如果我们讨论《道德经》的哲学,就不应该把"道"当作宗教崇拜的对象来解读,因老子的言说方式基本没有有神论信仰的意味。

"道"不是神,并不发布命令,也不跟人对话,这是"道"与上帝之间的根本区别。老子既不说自己是亚伯拉罕式的先知,也没有像穆罕默德夜遇天使一般单独见过作为人格神的"道"。老子所论述的跟道合一的经验,似乎带有神秘性,但这与宗教体验的神秘性,并不可以混为一谈。哲学上这种与道合一、天人合一的体验,与宗教中与神对话、与神融合的体验,是不同的体验。有些学者在这个关键点上混淆,以为神秘的体验都是一样的,只能是宗教性的体验,从而把中国哲学中天人合一的体验当作神秘经验,这是对中国哲学经验狭隘化的理解。传统上西方诠释者,特别是传教士们对于人格神相对较为熟悉,倾向于把老子等中国哲学家描述的带有神秘意味的经验跟西方宗教经验等同,于是,从东西方哲学对话的源头上,彼此对另一方的哲学理解就产生了相当程度的误会。

"道"作为无可名状的对象,老子明确说不是人格神,并不像人那样言说,也不发号施令,它就是存在,而这个存在需要一个名称，于是老子说："吾不知其名，字之曰：道，强为之名曰：大"（第二十五章），给它一个标签"道"而已。真正的"道"没法言说，讲出来的东西就不再是根本的、固有的、永恒的。"道"作为宇宙的开端，不断在创造，但是我们没有办法将它说出，只能给它字，给它名称，说是"道"。"道"是一种状态，你有所把握却没有办法把它讲出来。

"道"由人走路的每一个点组成，而每个点其实都是一扇新门；就像人说话，每一个字，每一个意群，都可以成为一个转折点——一扇转向新道路的门，是这扇门，不断打开心的道路。这其实就是人跟世界打交道的基本方式，这种方式本乎天道自然，超越名相——这是最根本的、人跟世界相通的"门"，也是开"门"之后延伸出去的道路，从来就没有必要去言说。所以，"道"当然不是什么名字，不是"有"，也不是"无"，"道"就是"道"，像"门"一样开开合合的"道"，人通过"道"与世界发生关联，"道"不仅像人与世界交接的开关，"道"就是开关，就是人进入世界的开始。"道"既是旅途，也是终末——人生下来就要做事、走路，从一扇门走向另一扇门，永远在"道"上。所以，无论古代中国还是西方，言说和走路都是开"门"，于是都用一个意思的字来表达，那就是——"道"与 logos，二者天然同构，异名同质，有着哲理深沉的相通性。

老子"自然之意"哲学如此深刻，以致人们不过从"门—道"走向另一扇门，门里门外都是人在面对世界——这种最根本的存在关系——人与世界共在本身具有根基性的哲学意味——无法言传，也就不要期待借助于任何既成的语言系统——这样可以避免落入任何具体言说方式的尴尬——因为，无论说什么，都不再是从"门"到"门"的"道"——"门—道"本来就是"门"之"道"——不需要去说，也无法描述——需要自己去走，需要自己去言说，需要自己去体会，那"门—道"之间，自有"道"意存焉。老子主张"道—说"，他不这样主张还不行，因为实在不可能有另一种超越"道"的言说，既然可以写下来的东西、可以表达出来的言语，都不再是"道"本身，那么"道意"，或者意会道，就只能是唯一的存在方式——道不离意，意不离道。

"道"在门与门之间变化着，运动着，但又相对恒常——因为永远在门与门之间，永远从一扇门到另一扇门。诚如海德格尔所言："在这种［真正的］在之间里，人居留着或居住着（wohnt），如果他的居留就是那'思念（Andenken）'的话。"[1]所有给"道"赋意之后的"名"，即使能够给它名字，虽然把它都说出来，但名字已然不是"门—道"的真正的名字，虽然真正的名无名，但无名可以生有名，所有人最后还是要通过语言名相系统去跟世界打交道。

于是混沌一体的自然之意，一定要被名相拆解，如此无奈，可是毫无办法，舍此无他途可走。自然之意原本无意无向，可是有名必有相（向），起名既是定意也是定向（相）。吊诡的是，超言绝相的"道"落实后的状态就是赋予名相。天地自然之本相，不与心意交接之时，只是自在的自然之意——从"门"到"门"之"道"。这"门—道"在自然万象之中，并不呈现为自然之意，但因为"意"之参与，于是自然之意如如显现，也就是"意"来领悟，让自然之物开显澄明自身。

自然之意本来就是"门"之道，被领悟之后，"门道"还是在开开关关之间，似有若无。物在从门到门之间，显得有"道"可行，好像时刻存在起来，但看起来"有"，其实是"无"。"有"即物之就其自然被意会为"有"；"无"即物之就其自然被意会为"无"。不论是"有"还是"无"，都是门与门之间的道——自然之意被意会的不同状态。

"门—道"在本体意义上表现为"有"或"无"，事物既从"有"的状态、也从"无"的存在状态中产生，这是"无名"的

---

[1] 张祥龙：《海德格尔思想与中国天道：终极视域的开启与交融》（修订第三版），中国人民大学出版社2011年版，第348页。

世界必须被命名为"有名"的过程。"门道"开始于纯粹真"无"的状态,所以"无"可以当作世界之始,但具体的器物世界必然要从有形有象的开端开始,因为实存之物逻辑上必然要以实存作为开端,正如母"生"子,是实存的"母"给出实存的"子"。按照第一章的说法,"有"跟"无""两者同出而异名,同谓之玄,玄之又玄,众妙之门",天地阴阳主客之交的状态,只可以被意会为好像从同一个地方出来,事物被意会的同时,就需要被命名,开始其道的同时,就需要开启其门,好比人生开启了其另外一种状态,虽然一扇新门就是一个开始,但人人可以赋予其不同的名字,世界源生的根本状态——"道"本来无分无别,可是一落入开关的门,就是主客合一——因为人去把握"道"的眼光[1],给道开启或者关上的"门"不同,使得意会出的"道—门"各有千秋,玄之又玄,此谓"玄意之门"。

《道德经》启示我们,把握世界有多种"门道",老子的根本"门道"是引领人们进入一种意会世界——一切存在之源头的自然之意。自然之意自然开显为道本身,但人们视之却不得其门而见。自然之意本来就是自然而然的道,只能当如其所是,如其本然地加以意会。万千现象之中,自然之意自在生发流转,并为人所意会为"门道"——万物都必须通过道意之门才能呈现,于道意之门打开,朗显自身。人们需要通过道意来领会万物,但不可操控万物的生化,意会大道创生成长,天门开合,生生不息,成就万物。

天下万物实存于道之中,从一扇门到另一扇门的"道"中,自然之意存在真实不虚,机体生机朗现,心思意念由生机而发,即使机体不在,其自然之意也永不磨灭。为了保养自然之意,需要收摄反听,让真气从五官与外物交流消散之中返观内视。机体

---

[1] 吴根友认为,道家"以道观之"的方法可以与现象学"面向事情本身"的基本精神相沟通。参吴根友《道家思想及其现代诠释》,上海交通大学出版社2018年版,第196页。

的气息若不发动，意念没有生机，则所谓"生物"，皆为"死物"，即无生之物。所以顺应自然之意要止住真气流散，阻止真气与宇宙交流，可是一切阻止生气交流的努力都有违自然之意。意念可以控制真气流散，让人珍惜保养自己的元气，可以减缓真气与天地之间气息的交流过程，甚至可以吸风饮露，吸收天地之间的精气来重振与提升体内真阳元气，这是顺天地自然之意而让"气"入"道"。

2. 自然之意之为创生之意二玄意门

"道—门"有无相生，"门"似有如无，"道"似无却有。"有"与"无"用以表达"道—门"之开开关关，生生不已。从存在的角度看，"无"可理解为纯粹空无状态，什么也没有，用"无"之名表示；"有，名万物之母"（第一章），因世界实有要从"有"物状态中产生。"有"与"无"之先后是哲学大难题，因天地原初性的状态似"有"如"无"。存在论意义上，"有"跟"无"与存在和不存在是一体俱现，共起共灭的。[1]

自然之意随物创生，其功用永不穷竭，自然之意盈布万物，可看起来却好像空空如也，因其玄意门之生生不息。自然之意本无所谓"门"，因人之"意"而有门，其本身清澈澄明，而人的意念为自然之意而延伸出"门—道"，这是本体性的"门—道"，因人意参与，故自带光明。"意"自然有"明"，故"意"能"明"。外观天地万物之明，内观五蕴六气之明。

人不论是否领悟自然之意，是否自悟顺应自然之意，"道"作为自然之意的创生背景，就一直自然在场，自然之意也即"道—生"（dao-creativity）——"道"之"生"成就一切，人顺应道的创生（道生），就是顺应自然之意，也就自然会有被道保佑之感，故应当特别珍惜随顺自然之意。

---

[1] 张祥龙认为，对25章，40章，42章相关内容，不应该做宇宙发生论的解释，而应该"时刻意识到道所面临的终极形势，并因此而体会到全书的'微妙玄通'之意"。参张祥龙《海德格尔思想与中国天道：终极视域的开启与交融》（修订第三版），中国人民大学出版社2011年版，第224页。

宇宙万物顺自然之意而生而长，而成而灭，行云流水，内涵无限。自然之意的情境好比郭象所谓玄冥幽远平静的"玄冥之境"，其间色道不二：色即是道，道即是色；意色不分：意不离色，色不离意。此道意不二的高妙意境，是一切物存在的根本的、内在的深层"道—门"，即道门尚未敞开的状态，这种状态只能通过领悟，大道的生意需要尽力护持维系成全，展现为天道自然之善。人顺道意，起心动念皆不出天道自然之善的原生本体状态，此天道之门尚未敞开的状态，即是意念创生之境（context of intentional creativity），内涵意念创生而能够成就全善的生命。

意对道的领悟通过"道生"而可知，即道之生生不息、自然创生的状态，而这种生机化的生成状态，与意的当下生成性之间形成一种同构关系，即道之生有其自然之意，而意的当下生成也顺其自然之意，道的自然之意与意的自然之意完全融通一体。自然之意即顺道生之意，意道为德，得自然之意之境，故可蓄积蓄止，物顺自然之意而成形，要能够形成形势，必顺自然之意方可。

因为生之境为意之情境，顺应自然之意而为，就需要对自然之意的生成与存在方式特别敏感。在事情隐而未兆之时，自然之意已经隐身其中，而且会扩大至极致状态，所以能够顺应自然之意而为的人，对于隐微不显的自然之意很敏感，能够在尚未觉察到，似乎无可作为的时刻就去做应该做的事情。在事情还没有展开的几微状态之中把它处理好，这样可以高效地处理事变。对于还没有发生和散发的味道，顺应自然之意的人有能力感知并能够闻到，做出相应的应对措施。自然之意虽然看起来至为柔顺，但因为在天下所有最坚硬强固的东西中间存在有自然之意，而且自然之意完全不以实存的状态显现出来，所以可以说是"无有"（That-which-is-without-form）"无而有之"，虽然万物的自然之意看起来没有，但玄意之门却玄妙自在地敞开着。

3. 自然之意之为道意之意三玄意门

道意的自然之境在心意发动的生生之中,关联情境之中的自然之物,此关联因玄意门开启,而有玄牝之力。这就是说,道与意发生关系,需要借助玄意之门打开,却无法讨论何者在先,因为道与意同时共存,否则道无法为意所领会。可见,玄意门、道与意三位一体,每一个都是根本,世界缺少它们中任何一个,都不可能开始。道与意或许相当于阴力与阳力,因意会而有区分,玄意门相当于阴阳之感通,犹如意会阴阳之对待一般。道与意犹如阴力与阳力在意中有了分别之后,借助境遇之玄妙门径(意会)发生交融感通,才有了"道意"的生成。

意对道的意会与表达玄之又玄。道入意的缘生状态,"道—门"之意即玄意门,既自生又自灭的。玄意门自生是顺自然之意而创生,是门之开,同时玄意之门在开中自灭,是道门之关。

道进入意的过程开开关关,本身无需借助言语、名相来表达"道—门"之开关,如是浑朴纯一,无比微妙,无法言明。可是天下没有不在"道—意"之门开关之"道"上的事物,涵养自然之意即意会玄意门之开与关,即阴阳之展开。玄意之门乃意对于道的领会,用意的魄力改变意所关联的情境,如开门见道,有康庄大道,有崎岖小路,改变境的意志力与魄力的展示过程如开门之大小,通过无比微妙的玄意之门之开关而显明。玄意之门在意中之境兴起与消灭,没有玄意之门的开关,一切自然现象都不在道意之间展开,无法自然而然、和谐完美。天地自然之意呈现于玄意之门的开关之间,成为万物创生的内在动力和根基。

4. 自然之意之为意会之意四玄意门

自然之意的意会过程本无分别,整体性意会即心物不二世界的自然展开的过程。意会之意不与自然存在本身那种本然状态去争,而是用道意本身去让自然彰显。圣人的心意的开闭合于道意之境的自然运动,不需要自私地用意去意会,即可让自然之意呈现其明白境界。因心意合道,圣人当然就不需要再用意把心之意向专门彰显出来。圣人心意开闭,合于"道意"之玄意门的玄妙开合,也就是圣人之道意是整全性的领悟,对道的领悟之道之德(得)没有分别;常人领悟自然之意的整全性有困难,不能完全与玄意门的开合相合拍,于是在对自然之意有所得的同时,就有相应的所失。圣人悟道本身无分别,知人之意会所得所失与道本身无关。道意之境时刻在事物与时交接的玄意门的开合中实化出来。所以领悟了道意之境,就好比玄意之门敞开大道通途,道之阴阳之力相交于意会之中,在意念实化的境遇之中,阴阳会和,和生万物。

意念发动,"道"通过"门"随时与天地交流,但人可以通过修炼谨守意念与天地沟通的"门—道"来涵养元气,"意会"是当下生存的本相,而意念与事物交汇是存在的根本"道—门",如何控制和把握意念与事物交汇的力度、尺度、范围、深度等,不取决于意会到的情境本身,而取决于意会过程本身,尤其是用意的状态和力量。

意会即意与道交会(汇),如太极化合阴阳,如玄意门在道与意之境,玄妙开合,万物万事的自然之意在天地之间,如其自然而为意领悟。如太极化生阴阳,意会自然之意有几重本体性认识状态:第一,无偏无邪的自然之意,如太极本无阴阳;第二,有无、成毁的阴阳共同体层面上的道意,如太极化生阴阳;第三,意之为有无相生的"无"态,偏于虚"意",此玄意门之本来常关;第四,意之为念,即有无相生的"有"态,偏于实化的"念",此玄意门之有时打开,意随道起,道生意成;第五,实有之念。每一重都是自然之意的自然呈现。

存在者只有进入意识,为意识所领会,玄意门开启,存在者才成为存在者本身。存在者的意会必然被偶然化,只有在偶然性、偶遇性意会中,存在者才会存在于"道—门"开启的道中。自然之意本然自在就是整全,整全被意会即落入分别。整全与分别对待之间的玄意门犹如阴阳感应合力,开开关关之间,化生万物。万物之存在,只要进入意识,即落入玄意门开合之阴阳对待，在开开关关之中，宇宙元气自然充和。

意会到天地自然之意，即得悟大道，玄意门敞开，导人走向道的境界。玄意门开启后，一切言说、名相运用都如道说，会在天地自然之意的自然开合当中"导"引人的意念，"导"意念实化于"道—门"的开启，即道的延伸之中。当下"道"的导向，都在作为言语名相的意念实化的过程之中展开，是玄意门无中生有的过程。

得道的意念实化状态，时刻以天地自然之意为其道路。意会到自然之意即万化之真理，即事物之生命，这种玄意门、道意、自然之意三位一体的结构，表达"道说"必落言语名相之诠，即意念实化无法超越其表意的言语形式，也必因表意的名相而生多重误会。意会即道之进入意中，不得不借助言语、名相，可名称只是借用，须适可而止，若滥用名相来敷衍大意，就破坏自然之意的整全性。知道言语、名相的边界，方能真正切入道意之境。

道意通过意的实化进入名相与共识的共同经验世界，因此，道意于言说之中彰显，其中自然之意展开而实化。道意可以被无穷无尽地诠释，但不影响道意具有被领会的本真性，可以被确定化（determinacy），也可以有不被领会的本真性，即无限性和无确定性（indeterminacy）。道意的存在是玄意门的创生过程，从不确定的状态被意会成为看似确定的状态，称"看似确定"而非绝对确定，是因为看似确定的状态也在流变之中，在不断被领会和诠释转化过程之中。

既然"道"不能被感官意识所明觉，"道—意"之境就只能尽量描述，而这种描述基本就是恍恍惚惚的状态，一旦具体意念发动要力求把握虚空无相的道，则非意会，又不可得，因意念是单向度的，而道是整体的，若把整体的道领会成为单向度的"道—意"，这种条分缕析必然失败，需要把单向度的意念生发的场域之门打开，让意念生发的境域完全跟自然之意的全体境域相融合。[1]

人的心灵意识只是自然之意的自然转化形式，如植物的生存之意在阳光下受阳意的牵引，让养分从根系中吸收升腾，虽然构成植物体的阴性质料本来自然要下降，可配合了阳意的阴质才真正构成植物的机体。动物也是如此，动物的形质本身一直在衰朽，可配合心神志意的肉身才真正构成机体本身。如果下坠的形质不配合创生阳意主导的心思意念，生的形质马上没有生气，有生机的机体不复存在。所谓机体是以心思意念意物融通的创生活动为前提的，一旦心思意念不再顺自然之意而创生，肉体和形质的自然之意就不再意物一体，而意物分离，物之生机即终止。自然之意虽未消亡，但如能量一般转移到其他机体和时空之中了。

5. 自然之意之为时间之意五玄意门

自然之意的存在接近时间存在之状态，似乎无迹可寻，故自然之意可以作为时间之意，非于时空之中存续，也不依托具体的场所才能存在；如时间一般，不在具体事物上彰显，不着行迹，却遍及一切。从另一个角度说，时间以自然之意的玄意门方式开启和存在，万物也如时间，只能由"意"来领会，才能进入存在之"门"道。如果意不把时间带入"门—道"，时间就不会进入存在，最多不过是一种自在而已。人意会时间的玄意门改变了自在性的时间，使之有刻度，使之好像在空间中存在，不过这并不会影响自然之意跨越时空的自然存续之根本之"生"。因"生"才有时间之"门—道"，如果生机不被"意—生"领会，时间之意就不会作为生机的刻度化揭示出来。道于意中开开合合，其实就是道在时间中绵延，也是"道—时"的展开，无意则无时，时间无法离开意念而独存，时间只在活泼的意念之流，

---

[1] 崔大华认为，"直觉体验到的'道'，是一种对世界总体、整体的意念……无任何一种认识的形式（感觉、语言、概念）可以显现，然而却能通过精神境界的实践形态（体道、得道）表现出来"。崔大华：《庄学研究》，人民出版社1992年版，第268—269页。

即"意—生"中延续和生成,此谓自然之意之为时间之意的玄意门。[1]

作为对"道"之意会的"道意",超言绝相,超脱任何经验而存在,不可能在经验中对事物用意来建构超过心意的"道",正如时间之意的玄意门一般。世间本身没有时间刻度,但时间进入意识而如钟表、时区划分等而有刻度,即"时意",代表时间之意玄意门的开启,并非没有实存对应的对象,而且实存对象不进入经验,因为时间玄意门打开瞬间并不感知时间如具体物一般实存,只能从事物流转、日升日落来领会时间流逝,从而建构时间玄意之门,而本体性的时间,则又只能在玄意门开启之后才能意会其存在,道也是这样,犹如超越表面时空刻度的本体性存在。

时间在实存的当下被意会为"时间性",即时间玄意门开启的瞬间,即时间被意会的时空片段,时间之玄意门开启必然关联着生存境遇的敞开。如回忆是对时间玄意门的逆向开启,而期望是时间玄意门的正向开启,每一个时间玄意门的开启之点,都是一个新的时空境域的不断展开,伴随着人的情感、希望、梦想等等。可见,时间性的片段是对当下生存时空之超越与跳转,让人在回应和期盼中,不断从一个时空之道切换到另一个时空之道,好比时空隧道的不断转换。从自然之意的角度来说,自然之意在情感性的时空切换中被主观情感因素推到一边,玄意门开启的情感总在调动和创造新的时空之道,无论是回忆中曾经存续的自然之意,还是期盼中尚未展开的自然之意,都因主体意向的主观性

---

[1] 张祥龙把"天道时间观"理解"为""缘发境域的自然时间观"。参张祥龙《海德格尔思想与中国天道:终极视域的开启与交融》(修订第三版),中国人民大学出版社 2011 年版,第 290 页。他指出,"中国文化中既缺乏物质自然的世时间观,又没有神人历史观,有的似乎只是大量的历法、史籍和'五德终始'的循环史观。……在那些通过西方传统哲学框架来理解中国古代思想的人看来,天道思想中缺少'时间'和'历史'的维度"。(同上书,第 287 页)《道德经》的天道时间观只能通过玄意之门来意会,与时间观关联的中国终极精神与命运感不可能通过逻辑判断、概念分析、命题推理来达致。

而退至显现的"时间性"之后了。

死是时间玄意门的闭合,这种闭合状态从本体上来说是一种"临在",是与一切在不分离的一种将来之在,就是即将降临的存在,是玄意门闭合性的实存,作为一种自然之意的另一种开显维度。养生是相对于时间玄意门之闭合的降临来说的,是要涵养意念的生机,让意念生机超越与之时刻伴随的死机,即保持时间玄意门向生而开,而不是向死而合。道家道教所谓涵养意念之生机,是用意于玄意门的生开,保全生命的生机,但不寄托给来生,也不期待来世。可见,儒道的时间玄意门是今世时间性的开生,不让死机朗现,这与犹太和基督教传统的时间观等到来世再开启新的时间之门,相信来世的时间之门另有永恒之生机[1],与佛家用死机之闭合消解当下时间玄意门的开生很不同,儒道两家的时间玄意门都是接纳死亡时间临在的"玄意门"之闭合,却顽强地开启时间玄意门之生机。[2]"故大德者必受命""君子居易以俟命"(《中庸》),如果以命为时间玄意门之死亡临在的死机,那么,"受""俟"则代表着儒家时间玄意门的生机益然。《道德经》"反者道之动""柔弱者生之徒"则代表着"柔""反"对抗者必至之死亡,是对僵化的思维之反抗与新生,是时

---

[1] 梅勒指出,道家关于时间的哲学是关于"持久"(permanence)而非"永恒"(eternity)的。参[德]汉斯-格奥尔格·梅勒(Hans-Georg Moeller)《〈道德经〉的哲学:一个德国人眼中的老子》,刘增光译,人民出版社2010年版,第141页。梅勒以奥古斯丁《忏悔录》为例,说明《道德经》中持续的开端与时间融为一体,而奥古斯丁的神圣开端则是外在于时间的,即上帝的神圣时间是超绝于世俗时间的。(同上书,第150页)他认为,道家不需要对时间进行"精神化",去沟通尘世与彼岸的堑壕,西方"认知的""现象学的""存在论的"时间观与道家时间观基本无涉,《道德经》的时间是非人类的,是自然的韵律,是使万物在恰当的时间呈现,成为当下的现在(be present)。(同上书,第152页)

[2] 梅勒认为,《道德经》没有柏拉图和基督教那样的灵魂不朽观念,没有精神永生那种超越死亡的策略。参[德]汉斯-格奥尔格·梅勒(Hans-Georg Moeller)《〈道德经〉的哲学:一个德国人眼中的老子》,刘增光译,人民出版社2010年版,第158—159页。《道德经》养气保身的相关论述演变成为从庄子到后世道教对长生不老的追求。

间玄意门在生机中的朗朗开生。

6. 自然之意之为反弱之意六玄意门

自然之意的玄意门开合被意会的方式，似乎与人间有意为之的努力相反，换言之，努力正向积累的方式并不能将玄意门正向打开，与此相反，反而会越闭越紧，只有通过似乎与常力相反的努力，才能把进入意中的玄意门开合之两面性呈现出来，道意之境由虚意转化为实念，实化为"念"，又实而虚之，虚实相生，相反相成，或言之，玄意门之开皆在合中，合又在开中。

自然之意的玄意门于开合之中无开无合，或需用詹姆士"纯粹经验"（pure experience）体验其存在，或用康德"纯粹直观"（pure intuition），牟宗三"智的直觉"来意会其运化。这种体验式的反观、直观，直觉式的意会，与常理的借光之观不同，是因"观"而"光"，即"观"与"光"俱生。道与意的原生形态之表达只能"语出尽双，皆取对法"，实是无奈之境，这就是为什么反弱之意才是意真正可以意会的方式，而这种方式就意会的瞬间即落入类似真禅之道的言语困境，因名言概念对于道意本相苍白无力，而意会只能在意念的发动处、生成处让玄意门开显。由于本体万物之意有而无之，意会的反弱之意也只能有而无之，执之则失。

《道德经》强调自然之意的运用是通过反弱之意的开合，因其相反，所以相成，只有让道意以反弱之意开显于世，才能成就其功用。虽然自然之意展开为反弱之意本来都是双向度的，玄意门开启的同时就是闭合的，如阴阳和乾坤作为双向动态性而存在。因其反弱之意的敞开，所以才能够领会道意的恒常状态，反弱之意的开开合合。"反"是意会的"反"，自然现象本身流转反复，但在被意会之前，无所谓"反"与"不反"，只是意会了"正"便自然同时意会"反"。"反"相对于意会中的"正"自然升起。道意之为反弱之意，是道意之正开即有反合，而且在正反开合之间循环往复。从动的角度意会，道在"反"中成，事物的功能用途好似某种强力在内部主导，因其反弱，所以开生，才能实现对于玄意门之闭合的僵化状态的反动和拒绝。

反弱之意为大道之用，如顺应自然之意来治国，等于借天地自然之力而不于两难之中选其一，顺自然之意自然从容中道，也就无为而可大为，万物自然生灭，成坏，都因其反弱而能存生。作为反弱之意的"道"，既是万物汇聚与归附之所在，又是万物之创生与发动之基。反弱之意的坤德阴性包容之力，可以涵纳、承受一切，道教也是因用其反弱，所以可以作为中国传统宗教之根，以其坤德之厚承载、吸收、包容万物，以其天然非暴力宗教性而不与暴力机器合作，不被暴力机器吸收，而成就其非暴力不合作的本性，一直保持其反弱之意的实化状态。

7. 自然之意之为意物之意七玄意门

"道意"之意会超言绝相，故只能通过比喻、联想来引导人去意会心意念发动通于天地之化的境界。所有自然现象在玄意门的开合，都需要通过特定的心意状态才可能被意会，意会的状态就是意通于物之开合的意会状态，是意物一体的状态：物在意中，与意共在。物在意中开合同于自然之意，故达到意物共生之境，表现为意对物有"治"理之力，即意对万物之道意进行梳理，使之表现为名相、逻辑、命题和论证，可以为人们清晰地意会。

顺从自然之意，达致意丹之境的人，知道玄意门开合之玄力，故收摄返听，不让元气从感官消耗出去，消解心意中可能与情境冲突的潜在锋芒，把心思、神识之光收敛含藏，自己在意念之玄意门开启瞬间即能控制并化解心识开合之乱象，达到意丹之境，故如尘土般混同于尘俗之中。

意物融通的玄意门在存在物之中似有若无地存在，若不被意会，自然之意的意物一体、主客同一性不彰显自身，故道必于意中自然显现。[1]这种意物一体存在论上"无中显有",是自然之意让"道—门"敞开,物生而成。圣人之意融通于天地自然之意,其意物融通之境直通天地,与百姓同体,这种意物融通之境可贯通至所有人的心念之境,意之及物如阳光普照万物,温暖其境。

心意向内反观自省的能力,帮助人们领悟自我意识的分寸,心意打开,与玄意门开合合拍,离悟道不远。修炼自我心意,心之所得自然与内心的自然之意相符,因为认识感悟了自然之意,就能与万物感通。这种心意通达万物的意丹境界,如圣人起心动念时刻通达天道之开合,意丹境界之中,心意与天融合,人之存在与天似乎从未分离,这种意丹境界是中国古代哲学和思想文化的厚重遗产。

反弱之意在身体上的运用,返回自身,以弱存生,以弱养生。《易经》和《道德经》奠定了古代中国阴阳变化、循环往复的运动观、时间观和空间观。西方哲学则主要是线性时空观,与中国哲学的循环论不同。《道德经》以反弱之意体现出道家比儒家更深刻之处,儒家强调阳力,正面成事,而道家强调正面力量要通过反弱的状态才能表达出来,"反者道之动"(第四十章)可以理解为因相反所以相成;"弱者道之用"说明道意之门开显取弱化的姿态,如水看起来柔弱,但能攻坚克强,如洪水肆虐,滴水穿石,其韧性可以破坏看起来坚不可摧之物。老子看到玄意门的反弱之用,胜于刚强。

8. 自然之意之为反身之意八玄意门

身体是意念创生的背景(context),一切意念的实化过程都是境域性创生(contextual creativity)。"道"即是自然之意的境

---

[1] 郑开在论及知识论语境中的形上学问题时指出,"道家知识论"不是那种基于主客二分之理论预设的知识论,"道"并不是(认识和把握的)对象,而直接是体验和觉悟(道)的智慧本身。"道"并非对象性的,它意味着彻底觉悟的精神状态,以及深刻体验天人合一(主客相泯)的心性境界。参郑开《道家形上学研究》(增订版),中国人民大学出版社2018年版,第134页。

遇。如果人身真气不顺从自然之意而动，那是因为人的反身意识不足，没有意识和感受到自然之意的实存而已。可是自然之意依然在那里，不会放弃任何人。自然之意是一切存在自然发动的精神向度，存在物的生命轨迹皆是意念创生（intentional creativity）的过程，体察涵养自然之意，有助于人们提升精神存在的阳意力度，从而提振意念创生的力量。

不在乎身体，就等于把身体置于危殆之地，不明白自然之意的生生不息，要以身体的实有之境为创生的情境（context）。反身而观生命之有，可知来自父母之存在，父母来自祖先之有，而祖先来自天地，天地之存，来自"道—门"始开，感恩生命本源的自然之意，让天地因意会而开生生之"道—门"。

自然之意在事物幽隐不显，圣人心意通达自然之意，意会到自然之意经自身而得到显现，通过反身之意的玄意门的开显，人能意识到自然之意的自然存在状态。意会到身可与天地一起共长同久，靠的是反身之意即身的道意化。对身的现实观照从本质上是私意化的，但人通过反身意识自我修炼，可以进入意识分别之前的状态，犹若先天元气之态，从而化解自身、己身与他身、他人之别，在反身之意中，将身道意化，永恒化，让身意通于道，让身意的领会产生"天长地久"的根本性转化，让对短暂肉身之意在反身之意之中道意化，运用反身之意的玄意门实现超越短暂肉身，让玄意之门向永恒性开显，让寄托于短暂肉身的反身之意实现有永恒意味的道意化，让反身之意的玄意之门超越自身有限性而永恒开生，并且是开生于当下，不是开生于来世。

身体是身意的开端，老子认为人当予以特殊关照和重视，只是关注身体的心意不宜影响到人的心意与世界的融通，合理的身体观是观自身的反观，是观而不观，是对身体和小我的观而不执，在反身之意中放下身意合于道意，这种反观自身可以消融身意的边界，把身体融通于道，不因反身之意的开合而患得患失。[1]

反身之意包含神魂与气魄，不能让关于魂魄的意念离开身体，才能存续生意。反身之意把身体与生意打通，像婴儿把生与意的通道打扫干净，这是通过反思而进入"非反思"或"前反思"的状态。当然，婴儿状态代表"前反思"或"非反思"的修身功夫的理想状态。道意在身体上存续，人需要反身之意才能意会修炼人与道意的遭遇状态，即反身之意的玄意门的开启与闭合。反身之意通达万物，在意念通达外物的同时返身明察，这种反身性意念（reflexivity）[2]是人知晓外物和他人意念的关键。"知人者智，自知者明"（第三十三章）就是反身意念之自知，所谓对自己最了解的人是"明"意念通于常道："知常曰明。"（第十六章）如意念的开合好像感受草木荣枯，体悟事物经历生长、发育，又回到初生状态。意念在反身之意状态理解事物的运作方式和发展变化，这是玄意之门开合同于"道"的运行，这就是"明"。

只有在意会反身的状态之中能够战胜外人才算作有力，能战胜自己才算强大，"胜人者有力，自胜者强"（第三十三章）。意念反身克己，努力跟世界的频率合拍，在反身之意的实化之中达到与世界相合的频率。在反身之意的玄意门开启之时，人不出门就可以知道天下的事情。反身之意的玄意门是直觉领会，即人靠直觉反观自身，内观事物本来的存在状态，直觉意会是传统中国哲人认识事物的基本方式。内观不依靠感官知觉或逻辑推演即可把握事物。反身之意的开关可以超越感官的限制，也不依赖逻辑的演绎来观自己的身体，用内光来观，反身之观必有内光。反身

---

[1] 郑开认为，《庄子》"无待"的知识论方式超越了"知""物"相耦，超越了对象性思维（主客两分）和概念性思维（名言），从而达到了某种自反性即内向性的体证。参郑开《道家形上学研究》（增订版），中国人民大学出版社2018年版，第134—135页。陈霞指出，"为道"要求主体回顾、回归、不要遗忘物我原初的浑融。参陈霞《道家哲学引论》，中国社会科学出版社2017年版，第80页。

[2] 温海明：《儒家实意伦理学》，中国人民大学出版社2014年版，第25页。

之观是损外之观，离开外光的内观，所谓"为学日益，为道日损"（第四十八章）。对事物的直觉认识不依赖外在的光，学道去明白自然之意要经过一种不断减少的过程，反身剥落至于"无为"，但这种反观不是什么也不做，而是内观"无为"才能有为。反观自身的光可以延伸到万物。

侯王这样的政治领导人必须要达到反身之意玄意门的最高境界，其王者气概必须如"江海所以能为百谷王者，以其善下之"（第六十六章），以反弱之意反身而居于下位，才有可能成为百谷之王。身体要在反身之意当中放下来，"后其身而身先，外其身而身存"（第七章），因为把自己的身体放在众人后边，才能让身体居于前列；越是把自己的身体放下而置之度外，反而能保全自身。

9. 自然之意之为无欲之意九玄意门

通达自然之意的人能够时刻保持意会状态，无欲无求，不因情境变化而生丝毫伤害生旺之气的私心，知道如何保持自然之意之生生状态，善于创造并维护身体之生机关联的情境（body-in-creativie-context）。此修身之"道—门"——意念长存，以护持自然宇宙的自然之意在自身生生不息，阴气与阳气时刻交流，保持身体自然之意生长发育，顺应天地创生之本体性存在。

自然之意可以化解自私用意，从欲望状态回归到安宁状态，让自身气息运转合于自然之意，与物一体结成意念之丹（意丹），即意念通于万化的丹道化境。在玄意门的开合之中，阴阳和合而生意丹，引导意念，去欲而结意丹。意丹是意念顺于万物自然之意而达到极致安宁、美妙无比的境界，可谓天地阴阳交合的结晶，即阴力与阳力结合，让天道自然之意普现自然之物中，实现意物一体之境。意物一体的意丹状态之中，虽不起心动念去感应，却往往有巨大感应之力，因为意丹之境中，意念的感应力如影随形，心意升起必有回应，意念随顺自然之力产生的巨大感通之力，足以超越时空阻隔，感而遂通，如玄意门的开合，曼妙无法言说。

如果人不意会自然之意，人因自私用意的虚伪对待性创造就会走偏。人一旦想通过虚幻的、离开自然之意之本相的道德范畴来约束人的思想行为，就是没有生命力的外在约束。这时候人需要向水学习，水因其无欲，反而刚强："上善若水，水善利万物而不争"；水因其反弱，反而利生："处众人之所恶，故几于道"（第八章），水居于众人讨厌的地方，反而是顺其自然之意。人经过反身之意，要达到意物之意。与物同体，就要消解欲望，自然运用反弱之意，才能无为而无不为，真正接近打开的"道门"，让"道"在意中打开，如泉水源远流长，喷涌不竭。

有道之士对"道"有精确全面的体察，起心动念之间，绝对不会让违背自然之意的主观欲望和自私自利之心占上风。这就在念起念灭之间存天理灭人欲，把心意不合于自然之意的部分清除。圣人的意念皆顺从自然之意，光明通达，顺自然之意救度众生，没有因为其私心私智而放弃的人或物。天机发动纯粹自然，而不偏于阴阳任何一面，通自然之意的人意念发动，顺承天道，念念接于天机。圣人心意直通自然之意，其心意发动即关照世界整体，故无私心之用，不起分别之意，善与不善的区分在自然之意前没有意义，百姓受圣人顺应自然之意而不起分别心的教化，知道收摄反听，不逐外物，返回如婴儿一般的状态。

那些过度养生，总是在意生命生存安危的人，反而很容易陷入危险情境之中，甚至被死神缠绕。死神也是自然之意之神，如果一个人顺从自然之意，死神就不会轻易出现。因善护自然之意者，自然善护自然之身，而能够随时保养自然之身者，自然能够让自然之意得到守持而长养，好比能够有赤子之心、婴儿之意，路遇危险之地却如履平地，因其元气充和，自然之意饱满，所以阳力坚强，通于天地，持久不失。自然之意的和谐原理就是心思意念皆通于天地之常道，到此境界，如日月经天，光明灿烂，心念发动自然之意充沛，就可以每分每秒让身心元气充和，让心思意念每时每刻能够调动周身的元气运行，这时就会元气充沛，筋骨坚强，精气强固，阳力饱满，这就是心思意念皆通于天、通于道的极致境界。[1]

德行的展开从心思意念发动的瞬间开始，从心思意念发动的根源处去反思处理意念与自然之意沟通的分寸，是建构德行的努力。如能够从起心动念处关注心思发动的瞬间是否通达于自然之意，则没有什么不能攻克的事情。老子虽然没有提戒慎恐惧的情感，但通于自然之意的人，对于大道流动自然有敬畏之心，领悟到自然之意虽然微妙难明，但一旦明白即可以通达天下事情的发展过程。所以对自然之意有所意会的人，要在自然之意该显未显的几微状态去处理与谋划，用于治国成事，就是于未乱的状态中及早处理，使之不会偏离意念的想象与掌控。不能领悟顺应自然之意，而强为之人则易失败。执己之意于自然之意之上的人，会连自己的意念都无法持守。通达自然之意的人顺应自然之意去思考行事，好像什么事都没有做一样，当然无所谓失败；既然不执着己意，当然无所谓失去。

自然之意的一致性在事件的发展过程中基本不变。在事件的开端，即心念与事件结合的端点用功，可以把握事件整体性的发展方向，因为顺应自然之意就能够把握和调控事件的发展状态。通于自然之意的人总是把与自然之意相关的小事细心处理，而自然能够成就大的功业，因为自然之意的性质和状态是一致不变的。圣人顺应天地自然之意，就是为了成就天道自然之善，一种无分别的全然至善，可由后天反先天。《道德经》最后落实在顺应天地自然之意，成就天道自然之善上。[2]在顺自然之意而化生的过程之中，不可私心妄作。人们把握自然之意的分寸，依顺自然之意发展成就事业并不容易，因为自然之意的中道状态非常隐微，想要切近自然之意生成的中道状态非常困难，如《尚书·大

---

[1] 唐明邦认为，《道德经》是一部劝世化俗的太和经。参唐明邦《〈道德经〉的和谐观》，见其《论道崇真集》，华中师范大学出版社2006年版，第143页。

[2] 郑开认为，道家标明"德""自然"背后其实包含强烈的价值判断意味，近似于《庄子·外物》"去善而自善"，即"自然而善"。参郑开《道家形上学研究》（增订版），中国人民大学出版社2018年版，第235页。

禹谟》"人心惟危，道心惟微"所言，人心只能尽力切近自然之意之中道状态，要在自然之意还没有明显征兆的时候，心意努力切近顺应自然之意的中道状态。

10. 自然之意之为无为之意十玄意门

人虽有自由意志，但老子认为应当顺从自然之意。至于命运中顺从自然之意而无法解释，类似注定的部分，需要顺从，因为没有选择；至于能够创造自己，自由的选择，那就要切中自然之意的中道，才能成就天地自然之善。可见，老子反对执着和分别善恶，要求人们切入道意之境，即意道合一，无所作为的境界。当道意不分，道在万物之中，意也在万物之中，道即是意，意即是道，道意不二，意不偏离道，则无私意，无作为，这时随物附意，意随物显，自然天成，让万物都顺自然之意，自生自化。

可见，"无为"是不以私意逞强，强加于道意，让道意在自然之境之中伸展。无为之意的玄意是因为带意而起即是带力而行，意即是行，意动即是行动。王者气概是通过王者实际的有为表现出来的，要做得更好的手段却是无为——"治大国若烹小鲜"（第六十章），煎小鱼一翻就容易烂，治理大国也不可过多地翻动，不应有为。百姓会因当政者的有为而变得难以治理，花样翻新，此起彼伏，但"民不畏死，奈何以死惧之？"（第七十四章）人民总是被动因应，最后豁出去的时候，就非常难以统治了。

老子本来就看淡世间种种努力，所以才提出"无为而无不为"（第三十七章），治国不应该干预人民的正常生活。通过看起来"无为"，好像什么也不做，但顺其自然之意而成事。成事如水之流动，是非常诗意，不着行迹的最高成事境界，不仅显得处下不争，而且如水般流动，如水般润物无声地帮助万物生存。持守自然之意至于无为之境，是意物之境之中让心意顺大道之流动而自然无为，进而成就一切，"小国寡民"是这种理想的实化，因为行云流水，所以好像成就的国小民少，其实国小而安，民少而乐。[1]

天道本来自然无为，人当顺应天道，不可与天道争锋。如果人一旦心志盈满，便是想与天道争锋，最后会让所有意志性的努力都归还给天道。所以人间成事，应该努力延续足够悠远长久，尽量延续有限的肉体生命，让它足够健康长久，但真正要成就的是精神生命，使之合于天道，合乎自然之意的顺化，超越肉身的存在，而能够长长久久地在世间存在。可见，理想化的境界是，能够得窥天道自然之意玄意门的开关，使之一直开生，从而让人在世间有所建立的绵延长远。所以，无为就是不让有意为之的努力去与天道自然之意争锋，而要随时退守，无为合道，合于自然之意无欲无为的分寸。

虽然人的意念首先是自然之意在运作，但人们不要自私用力，要在心意发动的反思状态中除去自私与巧力，让心意在自然之意流动的状态中自然呈现。自然之意纯洁朴素，无需丝毫雕琢，人心通于自然之意，就要放下一切人心造作与伪饰。要用"意"去领悟自然之意的素朴与本真，即用当下的意去合于自然之意。人的起心动念在有为的层面上自我控制，化"有"归"无"，以合于无为状态的自然之意。

老子认为，把握明了自然之意是治国原则，但自明自然之意的人又要用不让民众了解自然之意的方式去治理，才能让天下万民都回归到顺应自然的化境。他说，"古之善为道者，非以明民，将以愚之"（第六十五章），这是不要让老百姓知道太多，跟他说"不以智治国"（第六十五章），要"虚其心，实其腹"（第三章）的主张一致，认为让老百姓身体好，精神简单很重要。他认为，"大道废，有仁义；智慧出，有大伪；六亲不和，有孝慈；国家昏乱，有忠臣"（第十八章），指出提倡仁义是因为世界无

---

[1] 马丁·布伯（Martin Buber）高度评价"无为而无不为"，体会到其中生存的强力性的开创性，认为其中包含中国人深刻的生存智慧，并因此怀疑西方目标性、手段性导向的生存方式。参陈霞《道家哲学引论》，中国社会科学出版社2017年版，第23—24页。

道；伪诈出自智慧；家庭关系变坏才要提倡孝慈；国家混乱才要提倡忠诚。这种带有反讽式的治国之术，跟他追求无欲无为的清净自然之意的境界是协同的。老子理想的圣人心意通于自然之意，心机发动，恬淡自适，其素朴无为，无任何实化迹象，甚至于昏昧不明。圣王通达于自然之意，了无心意造作，心意如水，若天行无意，无分无别，无欲无求，无为无形，而生万事，此谓无为之意之玄意门。

诚如海德格尔所言："（《道德经》的）'道'能够是那为一切开出道路之道路"，也如张祥龙认为，道路需要感受，而且要"感受到它息息相关与中国命运的道性"。[1]"道"在"门"与"门"之间，"道"不是自在的，不是客观外在的，而是需要意会而得的，而十个玄意门就是为了突出对"道"的意会，是对"道"的感受来说的。当然，大道最后必然是无"门"之"门"，所以只能是"玄门"，而且是阴阳激荡、生死俱现的"玄意门"，不是任何真正意义上的"门"，只能是似有若无的自然之"门"，玄意之"门"。

---

[1] 张祥龙：《海德格尔思想与中国天道：终极视域的开启与交融》（修订第三版），中国人民大学出版社2011年版，修订新版序，第2页。

第一章　道言超玄

道可道①，非常道②；名可名③，非常名④。

无⑤，名天地之始⑥；有，名万物之母⑦。

故常无，欲以观其妙⑧；常有，欲以观其徼（jiào）⑨。

此两者，同出而异名，同谓之玄⑩。玄之又玄⑪，众妙之门⑫。

【译】

可以用言语表达的"道"，就不是永恒普遍的"道"；可以用文辞去命名的"名"，就不是永恒普遍的"名"。

"无"（或"无名"状态）是天地的创始；"有"（或"有名"状态）是万物（对人来说）生发的母体。[1]

所以要常常体悟虚无的境界，以观照"道"的幽微冥妙；又要常常体会实有的境遇，来观察"道"的运化边际。

虚无和实有[2]都是大道所化生出来，只是名称不同[3]，但都可以称作玄妙。道在实有的幽玄与虚无的玄虚之间相互转化，这就是认识"道"的众多奥妙变化的路径。

---

[1] 原文断"无""有"更合适，注释有说明。但译文保持"无名""有名"断法的合理性。

[2] 无论是无名还是有名的状态。

[3] 以有为名，或者以无为名。

【注】

① 第一个"道"是名词，指代宇宙之道，是天地之间一切现象如此展现的根据，即哲学所谓实体、本原、真理和规律等，在本书的解读中，基本上等同于"自然之意"。历来理解有："无限的真实存在实体"（方东美）；"万物之所以生的总原理"（冯友兰）；"创生宇宙万物的一种基本动力"（徐复观）；"万有之规律"（劳思光）；"形上实体与宇宙发生论的第一因、自然哲学的必然律则的综合"（唐君毅）；"主观心境"（牟宗三）等[1]，其中以牟宗三的理解至为独特。刘笑敢认为，学术界关于老子"道"的解释可分四类：胡适和冯友兰代表的本体或原理类，占大部分；方东美代表的综合解说类；牟宗三的主观境界类；袁宝新和他的贯通解释类。[2] 他认为，"道"哲学是"超二元的一元论"。[3] 任法融认为，"道"是"阴阳未判之前的混元无极。宇宙之起源，天地之本始，万物之根蒂，造化之枢机"。[4] 第二个"道"是动词，指代用言语表达、言说、可以被言语实化和表述出来的状态。"道"由"首"和"走"组成，是人走的道路，"首"是人有眼光照亮的能力，赋予脚下道路以光明，光在人与世界之间阐明、延伸而形成了"道"（路）；即使在彻底的黑暗中，也要人的意来照明，让脚在世间伸展开来，而摸索出道路。"道"非常难翻译，英译中现多用拼音"Dao"或"Tao"，属于只可意会不可言传的词汇，所以基本不用意译，如"way"。虽然"道"无法言说，但既然老子写了五千言，那么他就没有完全排斥"道说"的可能性，后来庄子也有类似的说法，

---

[1] 赖贤宗：《道家诠释学》，北京大学出版社2010年版，第46—47页。

[2] 刘笑敢：《老子之道：关于世界之统一性的解释——兼论"道"在可惜与宗教之间的位置与意义》，《道家文化研究》（第十五辑），生活·读书·新知三联书店1999年版，第85—86页。

[3] 同上书，第92页。

[4] 任法融：《道德经释义》，东方出版社2017年版，第12页。

否则哲人就不可能传达其所领悟的大道了。"道说"的困境在于，虽然无法言说，但只有通过言说才能表达"道说"的意境。类似的，希腊语的 logos 既是宇宙的本原，又有不得不言说的意思。《约翰福音》开篇："太初有道，道与神同在，道就是神。"（In the beginning was the Word, and the Word was with God, and the Word was God）道不得不言，而道言即成神。在《圣经》中，只有上帝可以"道言"，而人只能从人的角度言说（人言）。但老子开启的中国哲学传统中，哲人的"道言"有代天立言的意味，即哲人之心意发动，皆顺从天地自然之意而言，故为道言。正是在这个意义上，东西方哲人可谓殊途同归，如叔本华说："世界是我的表象"[1]，《奥义书》认为，"神"破世界原始的"金胎"而出并发动这样的意念："让我有一个自我"，环顾四周，没有除"自我"之外的任何东西。叔本华的意志和《奥义书》的"自我"意念，都不是个人的起心动念，而是天地自然之意，是世界无始以来原生本有的、在一切当下现象中存续的自然意志，本书称为"自然之意"。老子的"道言"是从此"自然之意"出发而言。也就是说，老子本人对于天地自然之意有非常深沉入微的体悟，在体道功夫已达炉火纯青的状态之时，受命写下了五千言《道德经》，可以说是如何得道的箴言，所以我们需要透过其文字的表面，去体会其对"道"——天地自然之意的体悟状态。

② 常：永远，普遍，恒常，真常。永恒普遍的真常大道根本就是超言绝相的，不可能落入言诠，所以一切进入言语表达的对"道"的言说，不过是对"道"的描述，好比是指月的手指，永远不可能是月亮本身。所以老子开篇就讲透了一切哲学言说的真理，都在言说之外，无论言语的逻辑如何严密，表述如何清晰，都是盲人摸象，不可能真正达到事物存在的实相本身。在本

---

[1] 叔本华：《作为意志和表象的世界》，石冲白译，商务印书馆 2009 年版，第 25 页。

书中，这种老子要表达的作为宇宙大道的真常大道本身，是"自然之意"，即天道自然生发而有其意。

③ 第一个"名"是名词，指"道"的形态。第二个"名"是动词，用文辞命名、说明，用言语表达，意即立"道"为名。"名"的英译一般是 name，但动名词化的"naming"[1]可能更可以体现"名"不仅仅是名称，而且还是命名，是对于之前尚未赋义的对象如"道"不得不给出意义的过程。按通常理解，"名"是对"实"的赋义，不过胡适认为，事物的类名超越事物个体之生死存灭而永存。[2]这种对名的永存性的理解没有意识到"名"的存在是依赖于人的意识的，如果人没有了对"名"的意识，"名"是无法存续下去的。曹峰同意徐复观关于"命名"类的语言带有神奇魔力的观点。[3]

④ 常名：永恒普遍的名，也带有准确表达言说对象的属性和特性之意。其实，一切言说对象的属性不可能一成不变，所以很难用言语描述和把握。英文通常译成 enduring（持久）、unchanging（不变）、eternal（永恒）或 constant（恒常）。物本无名，甚至无相，因人之意会而有相，因其相而有名。所以物之"常名"无法究诘，无从谈论其本来永恒的常相和常名。所以，一切用言语表达出来的"名"，都是虚名和假名，都是权变说法，都是为了意念沟通和交流方便的暂时工具。"名"是对事物的澄明，让事物因"名"而明；可是，有"名"也是对事物的限定，也是对物之存在的遮蔽，这说明意念既能澄明意向之物，又能限定其意识对象，这是意识对物之间澄明与遮蔽的矛盾体。

⑤ 此句有不同断法。一种是以"无"和"有"为主，许抗生认为这种解法最初是从王安石开始的，"道"既是"无"又是

---

[1] 安乐哲、郝大维：《道不远人——比较哲学视域中的〈老子〉》，何金俐译，学苑出版社 2004 年版，第 87 页。

[2] 胡适：《中国哲学史大纲》，东方出版社 1996 年版，第 49—50 页。

[3] 曹峰：《中国古代"名"的政治思想研究》，上海古籍出版社 2017 年版，第 45 页。

"有"[1]，持这种观点的有陈鼓应[2]、杜保瑞[3]、陈霞[4]等；一种是将"无名""有名"断开。近人楼宇烈[5]、傅佩荣[6]、马恒君[7]、董平[8]、黄克剑[9]、任法融[10]、许抗生[11]、郑开[12]等皆认为"无名""有名"有道理，比如"无名"可以理解为：没有名称的状态是人的意识和认识还没有参与天地的状态；"有名"是人的意念参与领会物的生成与存在之后才有名相，才可能产生名声的状态。不过，《道德经》文本内证说明，还是"无""有"更加合理，因为紧接着下一句就有"常无""常有"的说法，说明"无""有"是承接前一句来的，接着又说"此两者"，当是说"无""有"两者。不仅如此，第二章还有"有无相生"的说法，说明"有"与"无"是老子哲学本体论和宇宙论的核心范畴[13]，通过前后呼应加以强调。所以，在"无"和"有"最初出现的时候，不加以断开和强调就不合适。另外，从哲理上说，宇宙论、本体论意义上的"无"和"有"的内涵，不仅仅是存在论上的"存在""不存在"，所以要比认

---

[1] 许抗生：《再解〈老子〉第一章》，载陈鼓应主编《道家文化研究》（第十五辑），生活·读书·新知三联书店1999年版，第73页。

[2] 陈鼓应注译：《老子今注今译》（参照简帛本最新修订版），商务印书馆2003年版，第75页。

[3] 杜保瑞：《反者道之动：老子新说》，华文出版社1997年版，第65页。

[4] 陈霞：《道家哲学引论》，中国社会科学出版社2017年版，第13页。

[5] 楼宇烈：《老子道德经校释》，中华书局2008年版，第1页。

[6] 傅佩荣：《傅佩荣译解老子》，东方出版社2012年版，第5—6页。

[7] 马恒君：《老子正宗》，华夏出版社2014年版，第3页。

[8] 董平：《老子研读》，中华书局2015年版，第48页。

[9] 黄克剑：《老子疏解》，中华书局2017年版，第47—50页。

[10] 任法融：《道德经释义》，东方出版社2017年版，第13页。

[11] 许抗生：《再解〈老子〉第一章》，陈鼓应主编：《道家文化研究》（第十五辑），生活·读书·新知三联书店1999年版，第70—77页。

[12] 郑开：《道家形上学研究》（增订版），中国人民大学出版社2018年版，第67页。

[13] 陈鼓应注译：《老子今注今译》（参照简帛本最新修订版），商务印书馆2003年版，第75页。

识论意义上的、因命名而标签化的"无名""有名"深刻得多。而且,从概念的先后性来说,也应该是先有"无"的概念,才能理解"无名";先理解"有"的概念,才能理解"有名",所以"无名""有名"可以说是次生概念。《道德经》全书都强调大道"无"的状态,而不仅仅强调大道"无名"的维度。而且,大道"无"的状态是本体性的,大道"无名"的维度不过是认识论的。

⑥ 被认识的状态不可能是天地的创始,而必须是纯粹"无"的本体才能是天地的创始。《说文解字》说:"始,女之初也,从女,台声","始"是童女、少女,说明"无"像女性的初始阶段一样,代表天地最初的状态。

⑦ 母:母体,指代本源、根源。"母"字在"女"字上加两点,象征乳房,代表成熟的女性,所以"有"代表少妇"有"生殖的能力。[1]老子多以母性为喻,不仅崇尚阴性的尚柔、居下,还推崇阴性的生殖力和本源力,这是上天赋予阴性的神秘莫测、巨大无穷的力量。古印度《梨俱吠陀》中被后人称为《创生歌》或《无有歌》(Nasadiyasukta)如此唱道:"那时既没有存在(有),也没有非存在(无);……在无底之水的深渊之中?那时既没有死,也没有不死。也没有日夜的区分。彼一(tad ekam)靠其自身无息地呼吸着。除此之外,再无任何东西。"[2]可见,在最初面对世界的古人那里,"有"和"无"是用来区分面对存在的原始经验之不得已的说法。

⑧ "常无"指"道"的抽象存在状态;借以说明"道"之隐微看不见的微妙,即未发还没有进入已发的状态,是心物交接瞬间之前的无法言说的状态。"观"不仅是观察,而且是带着体悟性的玄观,那样虚无的境界虽然无法被感知,但可以被体悟

---

[1] 张其成:《张其成全解道德经》,华夏出版社2017年版,第33—34页。
[2] 参张祥龙《海德格尔思想与中国天道:终极视域的开启与交融》(修订第三版),中国人民大学出版社2011年版,第162—163页。

到，同样，要观照"道"的幽微冥妙，不可能用描述和科学实验、物理研究、因果推理的方法，所有这些方法都是针对"有"的层面，而不可能达到"无"的本体性层面。"观"不仅仅是老子强调的直面事物本体存在的方法，《易经》有观卦，《系辞传》有多处关于"观"的说法，"观过"是儒家心法；后来佛教观生前死后，《金刚经》"应作如是观"，"如是"和"观"都是大有深意的词汇，《心经》"观自在菩萨"，都近似老子这种深不可测的玄观，其实是心观，更是"意观"，以意观之。《道德经》开启了后世道教之"道观"，正是观道之所，如英文 observatory 含义所示。

⑨ "常有"指道的具体存在样态，是道显化为具体事物与事情，即心物交接之后，物在心意之中升起并存在的状态。"徼"的本义为边际和边界，引申为端倪。张祥龙认为："'有'的根本含义'常有'在于显示一切现成者的界限'徼'；而这种界限的充分完整的暴露也就是'无'的显现。"[1]关于此句是断为"故常无，欲以观其妙；常有，欲以观其徼"还是"故常无欲，以观其妙；常有欲，以观其徼"，唐代多作"有欲""无欲"；从宋代司马光、王安石开始，作"有""无"断句；明代还是以"有欲""无欲"为主流，但清代之后，"有""无"断句几为定论。其实这是一个义理解问题，即应该把文本理解为宇宙论还是认识论的问题。[2]如李泽厚以非常实用的角度来理解老子的"道"，认为都是"异常实用的'如何办''如何做'……而无欲（无目的性）才可能客观地观看事理行走的微妙；有欲（有目的性）便可以抓住事物的要害（徼）"[3]，可以说把这句

---

[1] 张祥龙：《海德格尔思想与中国天道：终极视域的开启与交融》（修订第三版），中国人民大学出版社 2011 年版，第 223 页。

[2] 日本的李庆认为，如果老子是人生论，就应该断"有欲""无欲"，如果是存在论，那么就是"有""无"。参［日］李庆《明代的〈老子〉研究》，载《道家文化研究》（第十五辑），生活·读书·新知三联书店 1999 年版，第 353 页。

[3] 李泽厚：《论语今读》，安徽文艺出版社 1998 年版，第 215 页。

话做了功利和实用角度的解读，可以参考。有欲望和功利心就有边界，即欲望的显化（manifestation）必使其具体化而有边界。有欲想就实化意念，边界也随之显明起来。事情的显现都在人之功利心展开的边界上，也在人心追求外物显化出来的边界上。也有解为：有欲望，但顺道体察物的边界，这样就不改变欲望对象，有心观照欲望的边界，不使其偏离道，而且这样是在有目的的修为中，保持对自身心意的反身观照，进而不断修正改进自己的认知边界。不过有目的性的"有欲"，与全书"无欲"主旨显然有距离。

⑩ 玄：本义是深黑色，此处指幽远、玄奥、玄虚、玄妙、玄远之意。五行当中，以水为玄色，即黑色，代表水深湛不测的状态，后世有"玄空"之说，其实是玄即是空，空即是玄，通于《心经》"色即是空，空即是色"之说。

⑪ 玄之又玄：实有的幽玄与虚无的玄虚之间。英文常用"mystery""deep"和"profound"来表达，如刘殿爵（D. C. Lau）译为"mystery upon mystery"[1]；陈荣捷译为"deeper and more profound"[2]；安乐哲译为"the obscurest of the obscure"[3]。玄是玄妙莫测，玄机难言之状。第一个"玄"是本体，是有与无的道体，根源于玄；第二个"玄"是意道，是高于道而又源于道的本体之玄。玄即道意，是道交于意之玄妙难测，是宇宙之无极，是生命万化创生之源泉。玄字的甲骨文如数字"8"，而玄之又玄是玄的重叠和循环状态，近似于生命的DNA图谱。有无皆根于玄，而玄之上还有玄，玄与玄相重，无穷无尽，浑然一体，此或近于后来道家"重玄"学派的意旨。曹峰认为"玄之又玄之"的文本亦可通，将"玄"理解为动词，则此句为修道

---

[1] D. C. Lau, *Lao Tzu*: *Tao Te Ching*, London: Penguin, 1963.

[2] Wing-tsit Chan, *A Source Book of Chinese Philosophy*, Princeton: Princeton University Press, 1963, p.139.

[3] 安乐哲、郝大维：《道不远人——比较哲学视域中的〈老子〉》，何金俐译，学苑出版社2004年版，第88页。

的工夫论，意为在各个阶段都涤除欲望。[1]

⑫ 门：门径、路径。了解一切奥妙变化都离不开幽玄的实有和玄虚的虚无，也就是一切存在皆在有与无之间，都是意会中的有而为之。所有的存在物都是从无限的虚无情境中显化为有边界的实有的。而且，所有的事件都是从无限的时空背景中显现为有限的时空存在的，人们意会其边界，让具体的物和事件存续起来。众妙之门即玄门，即玄牝之门，指玄妙的女性生产的门户。犹若深谷，万有皆从中产生，这是对天地拟人化的理解，这种拟人化的比喻贯穿《道德经》全书的始终，可见，老子对于生产的机理有种神圣化的倾向，因为天地产生的玄妙机理实在太不可思议了。老子没有说有某个确定的造物主，而是说万物来到世间，都必定要经过某个产门，必定要有一个生产的过程和生产的机制，而造物的机理，在产门之后，更是玄之又玄，无法测度了。从修炼的角度说，"玄牝之门"讲的是"深广射入宝瓶宫开启灵性境界的入门之处与精神进程"，即身体中轴线的灵性脉上作为元气（炁）元神的出入之门的关窍。[2]

【明意】

"道"是道意，是道被领会在意念之中。"可道"是表意，是把领会的意念通过语言文字加以表达。道意即自然之意的基本状态，是道必然进入意中，以意的方式行世。离意无道，可以说意在道先，因为有意，所以道显于意中，为意所领会表达，所以无意就无法领会道。从这个角度说，是"意—道"，也就是意为道本，意在道先。意对于道的领会和开显具有核心意味。"意—道"是意对道的领会，是最高、最原初、最本始的状态。

"道—意"是道进入意中的状态。无意则无道。意不是主观

---

[1] 曹峰：《老子永远不老——〈老子〉研究新解》，中国人民大学出版社2018年版，第7页。

[2] 参赖贤宗《道家诠释学》，北京大学出版社2010年版，第206—207页。

的、个体的,而是与道共存的,有道即有意,无意则道不起。但不可理解为,没有我主观的意,就不能够有道,那样道似乎依赖主观之意存在,不是这样。道在,意就在,无意不可能谈道,悟道。这意与道一样,是一种有而无之的结构,如果道为有,意即有而无之状态的那种无,不是纯粹无,是与有同体不分的无。意也是亘古亘今,绵延不绝的,我们所能够领会的,是"道意",而"道意"的根源,是"意道"。

意会到天地自然之意,即得悟大道,将导人走向道的境界,让一切言说,即名相的运用过程,成为道说的状态,也就会在天地自然之意的发动状态当中"导"引我们的意念,"导"意念实化于"道"的延伸之中。当下"道"的导向,都在作为言语名相的意念实化的过程之中展开,是一个无中生有的过程。正是在这个意义上,得道的意念实化状态,以天地自然之意为其道路。自然之意即万化之真理,自然之意即事物之生命,这种自然之意三位一体的结构,恰恰说明道说必落言语名相之诠的尴尬处境,即意念实化无法超越其表意的形式,也必因表意的形式而生各种各样的误会。

离道自然也无意。"道"意必借助名相来开显,但不能说道意即是名相,因为名相有边界,也有限;而"道"即是进入意,成为道意,仍然是无限者,没有边界。"名"是道意的本来面目,"可名"是道意必落于名相之中,无所选择。"无"是道意的本相,即念念领会道意的本来状态称为"无","有"是道意之必开显,被领会即"有",被表达是"有"的进一步展开。

天地开始的状态,是道意本来只可意会不可言传的状态。"有"必然要开显,对万物的领会,就要进入心物一体的状态。[1]先把道意领会为"有"的虚无状态,再命名为"有"的实存状态。

---

[1] 辜正坤正确地指出,道体是心物一体,既不唯心,也不唯物,而是唯道。参辜正坤译《道德经:附楚简〈道一生水〉:*The Book of Dao and Deh* (with the Bamboo Slip-text: The Great One Begot Water)》,中国出版集团,中国对外翻译出版公司2006年版,第11—12页。

道意要常从天地开始之物的状态中去领会，才能融观道意的虚无神妙；道意要常从天地万物被领会的状态中去融观其显现的有的状态，再融观其必落于名相的边界所在。

　　有与无的状态都是自然道意的显现与表达，都是玄妙的，因而无法落入言说的境域。道意的无境固然难以言说，无法用言语表达；道意的有境，微妙玄通，所以道意的有而无之之境，是万物神妙运化不止的门径与通道。

　　道意是"道"的显现，"道"显现自身于意中，意本身就是"道"，是"道"存在的证明，无意即无道。不能于意中领会"道"，就无法"知—道"。"知—道"是一个特殊的词汇，即知道之必显，是领会意的有而无之状态的重要表达方式。

第二章　意依境显

天下皆知美之为美，斯恶已①；皆知善之为善，斯不善矣②。故有无相生③，难易相成，长短相形④，高下相倾，音声相和（hè）⑤，前后相随。

是以圣人处⑥无为之事⑦，行不言之教⑧：万物作（zuò）焉而不辞⑨，生而不有，为而不恃，功成而弗居。夫（fú）唯弗居，是以不去⑩。

【译】

天下人都知道美的东西而产生有"美"的观念，那是因为"丑恶"的观念同时就出现了；天下人都知道善良的人或事，并产生"善"的观念，那是因为"不善"的观念同时就出现了。

所以说，有与无相反相生，难与易相互形成，长与短相比较而存在，高与低在对比中互相依存，它们都如发出的声音与被感知到的声音相互应和，前音与后声应和相随。

正因为如此，圣人以无为的态度来处事，推行不言的教化：任万物自己生发而不干涉，生养万物而不占有，化育万物而不自恃己能，成就万物而不自居有功。正是因为不自居有功，功劳才不会被抹杀。

【注】

①　"已"通"矣"。当恶和丑显露出来了，人才知道善和美，这是从认识论意义上的存在论来说的，一切对待，如善恶对

待，都是即生即灭，对待相成的。这里开始解释一切存在必经意会方能生成，而一切生成一经意会和认知，就必然相反相成。也就是说，对立面一定彼此相辅相成，无反则无正，如无阴必无阳，这是由认识过程中，意念发动必分对待的根本特性决定的。而一旦分出对待，对待双方必然向对方转化和发展。所以此语可以如此理解：当人利用善美来达到目的，所有人都迎合并追求美善，就不美了。当天下皆知美，人们被要求称赞美，而且不敢不称赞美的时候，赞美就变成任务和负担，也就不能欣赏美，更失去含章之美的意味。言外之意，如果人民被要求崇拜"道"，被迫通过命名来表现道，"道"就不美了。换言之，所有刻意强加于自然之意的私意发动，都是美善变成丑恶的开始。在私情私意发动的瞬间，一切人间美好的事物，都开始向丑恶的状态转化。也就是说，如果有意识地追求美，就是不美的开始；而刻意地追求善，就一定会失去善。

② "矣"，王弼本、郭店甲本作"已"。顺带的善意自然而然地帮助他人，顺便欣赏和提升他人他物的存在价值。但如果炫耀自己，因为压力而必须公然赞扬感激，过度宣扬，天下皆知而走向反面，善意的反面就逐渐显露出来。大家都知道善人之善，反而很多人心生怨恨，走向了过度宣扬善的反面。可见，美的理念（idea of beauty），善（good）都有其边界，都是自然之意被心灵意会的边界，这个边界就在人的修养，也就是在内化的德性（virtue）上体现其分寸感。

③ 有无相生是一切存在物既存在又不存在的真实写照，因为一切有都从无中生来，一切有皆以无为其存在的情境。也许，有在"决定性"（determinacy）的意义上，比被理解为"在者"（being），更能突出其"无中生有"的存在论意味。其实，"有"是一种在场（presence）状态，是无中的显现者和显现的过程（manifestation），即无中显（manifesting）有。从另一个角度看，一切有与无的转化相生都是能量的转换，本来就是自然之意的隐化与显化，不是人力和私意所能够安排的。既然一切生成之物都

以无为底色和情境（context），那么一切的"有"都是情境创生（contextual creativity），一切的本有态（determinacy）都来自本无态（indeterminacy）。本无态充满能量，因其意会而显现为本有态，这是一个意念创生（intentional creativity）的过程，也就是说，意会不过是意（intention/intentionality）从无的境中生有（*creatio in situ*）的意念实化过程（concretizing one's intentions）。"道"存在的"有而无之"状态，说明了"无"态相对于"有"态的创生意味，"无"态涵摄无限的创造之生机。

④ "形"之存在是由于一切存在物的边界都在彼此观照之中，因之而比较、对照方显现其边界，是边界使得事物成"形"，也使得事物彼此相"刑"（帛书甲、乙本作"刑"）。"形"的存在离不开主体的认知。[1]王弼本作"较"，其他注本多作"形"。"形"既是有形，也是形式。具有长短分别的有"形"是通过比较而形成的，相反而相成，不是对立而是统一的。

⑤ 音声：《乐记》："声成文谓之音"，汉郑玄注说，单音之响为"声"，乐音合奏为"音"。音为声组成，一解为一般的先后，彼此相伴随从。按照前句意，连贯起来理解更合适——一边发声，一边生音，"声"与"音"彼此相和，道如"声"与"音"之和，有绵延相成之象。

⑥ 圣人模仿"道"居于二分的性质、属性之前，所以通于"道"的圣人应该是非性的（asexual），但能够使性得以可能，得以构成。[2]

⑦ 圣人处无为之事：圣人是顺应天地自然之意而成就事业之人。处是处于所处之位之地，事成必有所为，而心意顺自然之意，而无一丝一毫私情私意杂染其间。无为是顺应自然之意而无

---

[1] 参［德］汉斯-格奥尔格·梅勒（Hans-Georg Moeller）《〈道德经〉的哲学：一个德国人眼中的老子》，刘增光译，人民出版社2010年版，第129—130页。

[2] 同上书，第36页。

私心作为，即不以私心私意干涉事物的自然生长发育，不去影响事件的产生发展过程，不带有丝毫强制之意（coercion）[1]，是"与'德'相一致的非强迫性行为"（Noncoercive action that is in accordance with the *de* of things）[2]，是一种看起来毫不用力（effortless action）的用力方式，而不是毫不作为，无所行为（non-action），而是无为之为，无为而为。因其心意都顺天地自然之道，所以做的事情都是天地自然之意实化而成的。

⑧ 圣人不是通过言说来教化众生，而是让自己顺天地自然之意而成事，起心动念皆自然实化而成为典范，于是大家自然跟随。一说圣人之教并非不言，而是不杂以私心私意而言，是去除了主观臆断之教。老子的圣人之教与孔子不同，孔子的圣人行仁义之教，有所偏向，取舍，而老子要顺道而无偏向，不要取舍，而行自然之教。

⑨ 作：兴作，生起、创生之状。多本无"焉"字，今保留，取大易"生生不息"气象，老子的自然之意亦充满生机。"道意"本不宰制万物，给而不取，创造显化一切现象，成就事业，而毫无私意自居成功。道生物而不试图主宰，与犹太—基督教的上帝创造万物而试图永恒主宰大异其趣。这是古人对自然之意的认识理解大有差别的缘故，老子观天地万物，悟得其从道而出，道在物中，而物自生自成，不受道的宰制，道虚无无形，也不是灵性的存在，所以物和人都是自由的，可以自我主宰；而犹太—基督教的传统理解天地万物由上帝所创，上帝的意志时刻不离万物，时刻宰制它们，连同人也都必须臣服于上帝的意旨。上帝有实在的人形，是灵肉合一的存在，可以思考、言语和命令，所以一切物和人都不是自由的，都在上帝意志的掌控之中。

⑩ 圣人作为有道之人，其顺天地自然之意创造出的一切

---

[1] 安乐哲、郝大维：《道不远人——比较哲学视域中的〈老子〉》，何金俐译，学苑出版社2004年版，第92页。

[2] 同上书，第78页。

(all that are happening)都归天地自然,其"道说"也如天地一般无言(non-speaking)。从成事者顺应天地自然之意的角度看,成就事业的每一个瞬间都不可以自居有功,也只有不居功,别人方才真心欣赏和感恩成事的过程,而既已成就的功业才不会在成就的瞬间归于毁灭。因为从无限时空中事物的成住坏空来看,只有意念的存续才是真正的存续,一切成就的功业从存在论的根本意义上说,聚合的瞬间就是崩塌的瞬间,但为人意会的瞬间,却有可能进入记忆和历史,甚至永不磨灭。

【明意】

"道意"的显现(开显)必然落于二分,没有他途。"道意"的领会并被判断,只有借用对待的言语名相,意念所至,阴阳立判,不借助对立的范畴,我们的意念对道无法领会,此谓"一阴一阳之谓道",也就是道显现在意念中,就只有阴或者阳的表现方式,没有其他方式。

对待相反相成,是"道意"之开显于世的唯一方式。所以领会道意,必须是非双遣。不言之教就是是非双遣,在不言不说的境域当中,超越是非,领会道在意中的自然之境。无为是为了合于"道意"的自然之境,因为"为",就故意要开显,故意要显现道意,就加入了人为心意的作用,这样就离开了道意的自然之境,用心意成事就不再是一直领会"道"的本然状态了。

道意的自然之境可以这样理解:万物进入道意被领会的时候,都在运动,好像有所作为,但其实都没有想要做什么,只是在动静之境中,自然而动,静亦是动,动亦是静,此即所谓"动静无端,阴阳无始"[1]的状态。"始"是说明,万物的存在被领会成好像一直在运动而静不下来的状态,而且万物动(孕育生长、发育长成)似乎在成就着什么,而其实它并不自以为在成就什么(恃),也没有想成就什么,只是被意领会(意会)成想成

---

[1] (宋)程颢、(宋)程颐:《二程集》,中华书局2004年版,第102页。

为什么。

"功成"是对道之生成并成就万物的领会。道意不居功,因为没有什么需要它表功的对象,世间没有什么在道意之外,也不需要刻意地说明什么,因为一切都是道意的自然成就,所以要领会那种道意本身,顺自然之意而成就万物的状态,也就是道在意中的自然之境,是道意的本然之境。

这种"道意的本然之境"必须通过言说,才能为人所了解。道意成就万物,却只有在意之中被开显、被领会,才能为人所"知道":"道"其实并不居功,道永远成而不败。这就是"道意"之无言,但又是"道意"之必言的境界。换言之,可以说,"道"本无意,但道必意,也就是必须进入"意"才有所谓的"道"。这就是离意无道,离道无意,道意相生相成的本体性境域。如此诠解,则道意的自然之境,是对道意必被领会之境的描述。

第三章　道术无分

不尚贤，使民不争①；不贵难得之货②，使民不为盗；不见（xiàn）可欲③，使民心不乱④。

是以圣人之治，虚其心⑤，实其腹，弱其志⑥，强其骨。常使民无知无欲，使夫智者不敢为也。⑦

为无为⑧，则无不治⑨。

【译】

不标榜贤才异能，使百姓不竞争较量；不把难以得到的财货变得贵重，使百姓不去偷盗；不展示勾引人欲望的东西，使百姓的心不惑乱。

因此，圣人治国，让百姓简化他们的心思，满足他们的口腹，减损他们的心志，强化他们的筋骨。经常让百姓无机心、无欲望，让爱用机智的人不敢恣意妄为。

用自然无为的态度治理，就没有不顺道而治的。

【注】

① "尚"帛书甲乙本作"上"，王弼本作"尚"，古字通，即推崇、尊尚之意。"贤"是贤能之人，即有才有德的人。推尊贤才会激发人民攀比的欲望（跟孔子"见贤思齐"很不同），所以领导人不应该调动人民的欲望，否则就会把大家引导到邪道上去，造成相互争抢从而失去让人与物之间和平共处的自然之意。

② "贵"是用意念区分本来没有区分的自然物对人的价

值，使得某些东西（通常是稀有之物）显得比其他东西更加珍奇宝贵，让其比一般之物更加受到重视，引起更多关注，吸收更多的意念力。老子提倡的治国之道术，当回归天地自然之意，于万千事物无分无别，也就不当使货物因其难得而显得相对珍贵。

③ 见（xiàn）通"现"，展现、显现之意。一切存在物都由隐而现，而用意于"可欲"之物，使其显露出来，是故意调动人的欲望，激起人的争斗，引发不合适的意念，进而用不正当的手段去满足欲望，占据外物为己有。

④ 帛书甲乙本作"使民不乱"，王弼本作"使民心不乱"，全书论治心之术，进而治民，故从王弼本。人心的欲望不被激发出来，就不会发动占有他人财物的意念，更不会有偷盗他人财物的行为并付诸实践，也就不会扰乱社会秩序。

⑤ 虚其心：使心意空虚，不是心意本身空虚无物，而是心意的对象不再是实有的外物，最好心意的所指空无一物。憨山德清认为要虚到"断妄想思虑之心"[1]，这是从佛家之断灭妄念来说的；陈荣捷认为，虚指"心灵宁静与清净之极致"[2]，这是从修养的极致境界来说的。本句的言说对象是所有的百姓，不能要求所有百姓都断灭妄念，也不可能都达到很高的修行境界，但可以要求他们不要对外在的事物怀有强烈占有的心意，应该让心意作用于其自然生发的境遇，而不是某些特殊的对象，否则，自然生发的意念就转化成为期待和占有外物的欲望。

⑥ 志是心意指向所意欲之对象的意量，即意念的力量。"弱其志"即削弱心意的力量，使其心意发动不能带动意气，即与意关联的阴阳之力。一说柔韧，即心志经得起委屈，而表面弱化，这样是取百姓为主体之意，但本句的主语是统治者，所以取上位者要弱化下位者对意欲对象的意志力之意。

---

[1]（明）憨山：《老子道德经解》，崇文书局2015年版，第17页。
[2] Wing-tsit Chan, *A Source Book of Chinese Philosophy*, Princeton: Princeton University Press, 1963, p.141.

⑦ 百姓没有伪诈的机心，不起盗夺的意念，则即使善于使用机巧的心志也没有运用的对象，也就无法肆意妄为。这是让领导人把天地自然之意转化为一种治术的运用，是由"道"进"术"的过程，一方面因为没有施为的对象，另一方面因为统治者的治术之有效，自然让浑水摸鱼的巧诈心智渐行渐远。

⑧ "为无为"是用"无为"的方式来"为"，即用自然无为的心意状态和动念的方式来治理，这是最为根本和到位的人心统治术。刘殿爵把"为无为"译为"do that which consists in taking no action"[1]；安乐哲译为"it is simply in doing things noncoercively"[2]；陈汉生把"为"译为"deeming action-acting on social constructs"[3]，"为无为"则为"act on the construct 'lack acting on constructs'"。[4]简而言之，是用"无为"的方式来"为"，而不是无所作为。"无为"有很多种不同的形式，如"无事"可以理解为"无害于他人对自己事业的追求"(to be non-interfering in going about your business)；"无心"可以理解为"直接的思想和情感"(unmediated thinking and feeling)；"无欲"可以理解为"非客体化的欲求"(objectless desire)；"无争"可以理解为"不好争的奋斗"(striving without contentiousness)；"无知"可以理解为"非本原化认知"(unprincipled knowing)。[5]

⑨ 因为能够用无为的方式为政，则能够治理得天下太平。同样，无为是因应自然之实情而为，人需要真诚到极点方能参透无为的边界，即不在身体健康，而是精神旺盛最为重要，也就是

---

[1] D. C. Lau, *Tao Te Ching*, Hong Kong: Chinese University of Hong Kong Press, 2001, 第7页。

[2] 安乐哲、郝大维：《道不远人——比较哲学视域中的〈老子〉》，何金俐译，学苑出版社2004年版，第94页。

[3] Hansen Chad, *Daodejing: On the Art of Harmony*, New York: Shelter Harbor Press, 2017, p.24.

[4] Ibid., p.42.

[5] 安乐哲、郝大维：《道不远人——比较哲学视域中的〈老子〉》，何金俐译，学苑出版社2004年版，第78页。

起心动念的边界，在心意实化的状态之前，控制得住心意的变化。

【明意】

民之道意，是对民的领会，民心不当为具体的物所引导，而应该为道意所引导，让民心回到道意的自然之境中去。圣人是领会了天地道意和人间道意的人。他们知道人心有太多的私意，因为争夺私意之间的分别，而会不惜改变自然道意生生不息的状态，不让自然之意顺利生成和发展。但圣人的使命在于帮助民众领会道意，所以对于民众的私意要虚无化，让他们减弱私意，帮助大家顺道意把握和掌控生机。生机表现在身与心的保养上，筋骨增强，而私志减弱，这样人民就会回到合乎无知无欲的自然之境，回到自然的道意状态，而不是人为的私意增强，即不让人活用私意蛊惑人心，试图使民众偏离自然道意发展，用私心抛弃本然状态的努力得逞。这样一来，那些想要动用私意改变对道意之领会的人，都不敢继续妄为了。因为他们意识到，恢复自然道意的本来面目，让己意合乎道意（也就不加私意），万物才能够顺道意而动，万物之动当在意中被纯粹自然、无所不包地领会。

"无为"是不以私意逞强，强加于道意，让道意在自然之境之中自然伸展领会，而不必加以改变。所以要制意（实意）而顺道意的自然之境，换言之，要制心而通乎道意。因为在"意"中被全然彻底地领会而能够达到心物共生之境，表现为心对物的"治"理，其实是心对万物之道意的梳理，使之条理畅然，清楚明白。

第四章　道隐于存

道冲①，而用之或不盈②；渊兮③！似万物之宗④。
挫其锐，解其纷，和其光，同其尘。⑤
湛兮⑥！似或存⑦。
吾不知谁之子，象帝之先⑧。

【译】

"道"体冲虚无形，但其作用似乎无穷无尽。渊深不可测呵！好像是万物的本源。

它收敛锋芒，化解纷扰，含敛光耀，混同尘俗。

幽隐不明啊！但它却真实存在。

我不知道它因何缘而生，似乎先天帝已存。

【注】

① 道体虚灵无相，又无不包含，所以要找一个带有空虚意味的字加以表达，而且要传达其流动如水的意象，就用"冲"，所以冲不仅仅是器物空虚之意，更重要的是器物之内的气息流动无常。"道"如五行之水，属黑色，始自北方。"道"这种流动的本体性，为后面将"道"比喻成水所揭示，"道"如水渊深无底，玄妙难测，如黑色的玄牝，灵动柔弱，气机深邃，生发无穷。如果将"冲"通"盅"，只是说明"道"好比一件中间空虚的器物，那么对于道体的虚灵无相，气象万千之玄之又玄的状态，仍然传达得不够到位。

② 此处从通行本，不取"有弗盈也"。"道"体冲虚无形，但其作用似乎无穷无尽的说法接近于二程"冲漠无朕，万象森然已具"[1]。无论怎样描绘道体空虚无相却无所不包的状态，这样的描述已经是意会道体之后落于言语表达的形式而已，不再是道体本身。也正因为对于原本的道体没有根本性的把握，所以才用"或"代表猜测之意。后面还用一个"似"字来表现言语描述的有限性。其实一切意会之后的文字描述都是关于对象的描述，从本质上说，都是有限的、近乎无力的猜测。这就很好地回应了第一章开篇的"名"和"言"。

③ "渊"代表"道"之为"道"那种深远不可测的存在样态，无法用任何一种浅近明白的文字来加以表达，如此的深沉安静，无方所亦无分际，好像是万物还没有展开的终极本源状态。

④ 所有借以表达"道"的描述词，以及所有这些描述词所带出来的意象，最后都要归宗于"道"这个指称，这是一个带有摹状词意味，但无法传达其本来状态的词，这个词必须成为所有谈论"道"的宗主性词汇。

⑤ 四个"其"字的主语都是"道"体，或者是意会道体之人，起心动念都通达天地自然之意，而自然如道行于世间，收敛物与物相磨的锐利锋芒，化解物与物之间互动的边界相互干扰而产生的纷纷扰扰，蕴含收敛物之显于世间所发之耀眼光芒，看起来浑浑噩噩一般，消弭物与物之间的差别，混迹于尘俗中的物与事之间，与其和同，感受不到道之为道的存在，几乎看不到"道"跟现象世界之分别存在物的边界。换言之，自然之意的发用，是以无用为用、无意为意，自然之意之所发，看起来如同未发，虚灵无形，既无所意之对象，也无所意之功用。此庄子"齐物"之境，自然之意也是其"以道观之"的眼光。到郭象则称"玄冥之境"，因为非玄远冥妙无法传达那种消弭所有存在物杂

---

[1]《二程遗书》卷十五。

多的边界感的特殊状态,所以用一种特别的方式,如同黑暗世界被光一时照亮,消除眼见杂多的一切分别,从而觉知眼前分别,皆是眼力所别,非物之本然差别。一念明白自然之意,如同一念进入玄冥之境,超离尘俗,离境玄观,一时明白万千纷扰,皆一意所起,而一意超玄,则自然之意的自然状态的本然显现,即"道"随任万物自然本相而于意中开显。

⑥ "湛"代表一种从无中生有、从隐中显形的可能性,所以才能看起来如真实存在一般。如果用隐没无迹来解,就很难跟看起来存在一致。至少,"湛"代表下沉隐没之前,现象将隐未隐的瞬间,如同水面下沉之物,有波光闪现的瞬间,于有迹之间追问无迹之物的存在状态。陈荣捷译为"deep and still"[1];张钟元译为"clearly indeed"[2];安乐哲用"cavernously deep"来表达如庄子"卮言"一般,意义先要被清空之后才能重新充满的意思。[3]

⑦ "道"于现象之间,消弭差别,隐没不显,却又似乎真实存在。这是即于现象的本体论,也就是说,"道"不是超越现象的,它只是隐没在显出的现象之间,在"有"之中"无",在存在物之间以不存在的样态存续。大道显现其自身,但不进入感官,不能形成感官直接经验,可是这不等于大道并不存在。由此可见,领悟大道不可以是纯粹经验主义的,必须要有超玄的直觉力,否则就达不到对大道似乎真实存在的理解和认识。这与意会天地生生之力,对一切物之存在的时间性理解接近。力与时间,都是即经验的超经验存在,即现象的超现象存在,这种"即……超"关系需要意会而无法言传。

---

[1] Wing-tsit Chan, *A Source Book of Chinese Philosophy*, Princeton: Princeton University Press, 1963, p.141.

[2] Chang Chung-yuan, *Tao: A New Way of Thinking. A Translation of Tao Te Ching*, New York, 1975.

[3] 安乐哲、郝大维:《道不远人——比较哲学视域中的〈老子〉》,何金俐译,学苑出版社2004年版,第96页。

⑧《说文》准，何也。从世界或有主宰的角度看，可以视"帝"为有形现象世界之一切存在的主宰，为使有之有者，使存在物存在起来者。相比之下，"道"为无形无象世界（同于有形有象世界）之一切存在的主宰（无而有之），为使无之无者（只是从"无"的角度看，一切存在本来空无，不过是从虚无的背景当中，暂时性地显相出来而已）。从存在论的角度说，好像电视和电脑屏幕上的一切存在，不过是眼前意识到的虚无平面暂时实化出来的信息，甚至一切情感的联结，也是虚无背景当中，有情念的暂时投射和短暂执着而已，如此"道"使一切存在物依其虚无之境而暂时生存、存在起来。道生天帝说，基本上可以理解为无中生有、有而无之的状态，本来道与天帝就是合二而一、无有不分的。如果非要有所分别，或可取化生说，即无形之道化生出有形的天帝，是天帝存在的逻辑原因，而非天帝实体产生的时间或空间上的原因。

【明意】

道意之境，无而有之，如冲虚之境，虚而可用，永远不竭。道意之境，深不可测，万物之道皆从此境中领会。故万物之道意，以道本身入意之领会为根基。

要破除私意在修行当中的作用，因为私意用智，虽然显得锋锐，但必须主动加以挫削之，否则就会因为私意分别，导致纷纷扰扰，只要执着私意，纷扰必不停息；所以要止住私意，顺从道意。此即和其（道意）自然展现和显现的光，顺此光可以领会道意的境界。

道意是自然如尘世之境，无差无别，故要"同"，就是不要故意去区分，自然混同、顺从道意而领会。道意是没法说清的，道进入意中，只能说先于经验，先于知性存在之际，"道"就已经在那里了。

"帝"要入意方为帝，而帝之有无，因道之有无而成，因为帝的有无是领会，而道的有无也是领会。对帝的领会，不在意中是不可能实现的。意本身是道意,是道的一种展开,所以道意先于对帝的领会(这种领会不对应真假实存与否)。

道意本然通过意的实化进入名相与共识的共同经验世界。穿过经典的道说,是研读经典而领受"自然之意"的观照。道意有无数种被诠释的可能。道意具有被领会的本真性,如确定性,和不被领会的本真性,也就是无限性,创造性。道意的存在永远是一个创生的过程,从不确定的状态被领会成为看似确定的状态,而这个看似确定的状态,也在流变之中,在不断被领会和诠释的转化之中。

第五章　意守无中

天地不仁①，以万物为刍狗；圣人不仁，以百姓为刍狗②。

天地之间，其犹橐（tuó）龠（yuè）乎？③虚而不屈（jué），动而愈出。④

多言数（shù）穷，不如守中。⑤

【译】

天地自然之意无所偏爱，把万物当作祭祀用的草狗，听凭万物自生自灭。圣人无所偏爱，把百姓当作草狗，听凭他们自行兴衰。

天地之间，岂不像个鼓风器吗？里面是空虚的，所以鼓出的风不会穷竭，越是鼓动，吹出的风就越多。

话说得越多，越会有偏失而陷入困阻，不如念念持守冲虚之境。

【注】

① 仁是一种情感性的意必和黏滞，一种对仁情爱意之情感的偏向和执着。天地之间物来物往，变化万千，却丝毫没有人间仁爱他人时表现出来的那种情感性的执着。天地自然之意去留无意，也就没有"留意"。杜保瑞认为："老子否定以道德性的目的作为整体存在界的存有原理。"[1]

---

[1] 杜保瑞：《反者道之动：老子新说》，华文出版社1997年版，第26页。

② 古时人对刍狗（祭祀时用的、用草扎成的狗）没有"留意"，祭祀之后就不留其迹，烧掉或扔掉之后，不再在意念上起意，也就度化了祭祀开始之前使用草狗的意念。这个说法看似简单，深思之后哲理无穷。因为一切存在，本质上都是意念的存续，是意念使得物之为物，物在虚无的背景中显现，而一旦执着，物就不再消退，或者时时影响后起之念，此时就需要用度化刍狗一般的"去留无意"之心来度灭黏滞的念想，让意念通于天地自然之意，虚灵沉寂，不受过往念头的干扰。这种"去留无意"之心，不是"始用终弃"的弃心，因为天地自然之意自然发动，而不会有意地放弃或抛弃，只是顺其自然而不留心于此而已。安乐哲理解为"对体制性道德没有偏私之心"（not partial to institutionalized morality）[1]，注家多强调天地之大慈大爱，显得没有偏差，非常公正，如同《周易》以天道"生生"为至高的道德、至善之根本，进而引申出得道的领导者要如天地一般公正无偏地对待百姓，也带有反对儒家过度强调人道之"仁"的意味。

③ 橐是底下有方形木头板的小口袋，龠是通风鼓火器上的管子。将龠插在橐的上口并用绳子扎紧，便制成了最原始的风箱。橐龠是古代烧火的时候，用来鼓风的输风管——"风袋"或"风囊"，通过挤压可以送风，到唐宋之后出现了风箱。可以理解为，天地自然之意发动好像鼓风机一般，空无一物的气机流行起来，就有生机无限，引发万千物换。这种无中生有的神妙状态，是老子一再强调的道之隐与显，也是天地自然之意从无意到有意的显现过程。

④ "屈"是竭尽，这是说明道存续于虚无之境，而其显现之发用却无穷无尽。其实，道的一切显明与发动，都需要意会而出，因意会而在虚无之境中凸显起来。越是意会，自然之意的凸显就越多，正如人之用意越深，分辨越明，意象越丰富，道言而

---

[1] 安乐哲、郝大维：《道不远人——比较哲学视域中的〈老子〉》，何金俐译，学苑出版社2004年版，第97页。

产生的关联现象就显得无穷无尽。其实一切道言，都是意会之后天地自然之意的显化而已。

⑤ 理解最后一句话要回到开头"天地不仁"的"仁"之核心上。相形之下，儒家强调仁爱他人所谓定言命令，人不仅仅要有仁爱他人的感情，而且要将仁爱他人之情推致到万事万物上面去，所以仁爱就成为一种带有命令或强制意味的言说，这是老子觉得过度人为和意必的状态。也就是说，"言"与"仁"一样，是主体自身努力发动而出。可是，中间的两句老子已经明确指出，天地之间，自然之意发动，根本没有主观意志，更不能发动主观意志去"言"说，去"仁"爱。所以老子很自然地得出结论，"言"说得越多，效果越差，不如持守中道。这种"言"说的过度，历代注家也解作：政令繁多反而更加使人困惑，更行不通，不如保持虚静，所谓政令繁多，也是主观意志加于天地和百姓，根本就是违背自然之意的。"多言"也有据帛书本和汉简本解作"多闻"[1]，即追求外在的知识[2]，或者对外界的了解太多，最后扰乱了心志的安宁和平静。此处为了突出这段的哲理含义，说明老子强调冲虚之境和念念持守（不仁之）中的修行方法，最后一句不取政治化的解读，可解作博闻益智反倒速见衰颓，但"闻"之主动性不及"言"之接近于"仁"，为老子所坚决反对。"数"当解为气数之"数"。虽然"守中"还可解作守住内心的虚静，但不如守住内心仁与不仁的分别之前的境界，不起分别之心来得到位。天地自然之意，因其无分别意，而无分辨种种等差了别，所以这种"中"是无分之中，是分别之心意升起之前的"中"道状态。

---

[1] 参袁青《〈老子〉"多闻数穷，不若守于中"考释》，《中州学刊》2016年第12期。作者理解"多闻"为"博学""多学"，认为这是老子反对的，但没有理解老子更反对强加给天地"仁"爱的那种"言"说，不得全篇大旨；把"中"的传统"虚静"意义理解为"公正"尤其牵强，与老子思想不合，故其结论不取。

[2] 安乐哲、郝大维：《道不远人——比较哲学视域中的〈老子〉》，何金俐译，学苑出版社2004年版，第99页。

【明意】

天地的道意，无所谓仁慈，因为人不可以用仁或者不仁这种对待的语言来表达、判断和描述。万物之道意被领会犹如草狗一般，自然而然。圣人仿天地之道意，得道之意，让百姓自然顺意。

天地生生无穷而被加以领会的道意，犹如风箱一般自然。如果通过私意想领会道意，就会迫使道意偏狭、有限、穷尽，不如念念持守道意之中，也就是一种冲虚的心物融通的境遇。

意识的鼓动越虚越多，越实越少。道意的状态也是如此，越虚越无穷，越实越有限。分辨越多，离天地自然之意就越远。

第六章　玄门生有

谷神^①不死，是谓玄牝（pìn）^②。玄牝之门，是谓天地根。^③绵绵若存^④，用之不勤^⑤。

【译】

虚无而神妙的道之变化永不穷竭，这就是玄妙的万物之母。幽深玄妙的母性之门是天地化生的根源。它微隐而冥冥不绝，空虚无迹却如同实存，无为而不劳却作用无穷。

【注】

①　谷是中空之谷，取其空虚之象；神取其神妙变化之意。谷神就是道的形象化，谷空虚则神存有，空有不二，虚而可存，而存有亦与虚空，本体不二。根据《尔雅·释言》"榖，生也"和《广雅·释诂》"榖，养也"可以将"谷神"理解为生养之神，英译多取其精神之力（spirit）和生命之力（life force）。此生养之神犹如具备玄妙的无中生有之力的创生之源，能够超越时间而存在于万物之先（是物之降生于世的先天世界），因其先天性，而可以理解为"玄门"之前的、永恒的创生之源。

②　"玄"指幽深难测，本义为深黑之色，取其因黑暗而生幽深、悠远、深沉、神妙而有秘意。"牝"之本义为雌兽，借喻"道"体犹如母体，具有玄深神奇的创生之力。玄牝因此可以理解为玄妙的、能够生养万物的母体。"玄牝"说虽主要是关于宇宙论的解释，但应该可做本体论的理解，玄无则牝有，玄空则牝

存。"玄"可理解为物之极处而超物之状，王弼认为与太极同体。太极静为无极，无极动为太极，一动一静，阴阳互根，永生不死。英译为 dark family（幽深之母性）或 dark female（幽深之女性）[1]，或 mysterious female（神秘女性），也有 dark deep womb（深沉的子宫）。

③ 万物都从产门而出，所以"门"指代生产之门。一切之有皆来自此"玄门"，即玄妙的生产之门。古时人对于生产的机理了解远远不如今人，对于雌性生殖器产门能够源源不断地生产出神奇的机体这一事实可能产生无限的崇拜之情。无疑产门是接续天机之门，好像天地之生机发动，能够有无限的创生之力绵延而出，进而意识到母性化育万物之力超越意识理解的边界。玄妙的产门无疑可以理解为道所通过之处，也是道化为生生之气进入世界而显化的必经之路，无则有之，存则空之。德国哲学家谢林反对黑格尔将老子之"道"理解为"理性"，认为应该是"门"（Porte），其实来自于对于"玄门"之道不断开启新的境域，如《周易》一卦到另一卦，一爻到另一爻的变化开启的境域性之"门"，就是"道"之"门"，也是联通不同"门"之"道"。正因为如此，梅勒认为，探讨《老子》可以从任何一章或一节开始，因每一个点都通向其网状的结构，由此可见，连接这张网的就是玄妙的"道"之"门"。[2]

④ "绵绵"是描述"玄门"发动之前后，生产连绵不绝、生命力无穷无尽的样子，这种对于"玄门"的意会，接近于郭象之"玄冥之境"，虽然非常形象化，但其意味却远在形象化之外。道本身不需要门来显现自身，只是其作为"一"穿过"玄门"而生"多"有的那种状态是一种特别形象化的理解。道之

---

[1] 安乐哲、郝大维：《道不远人——比较哲学视域中的〈老子〉》，何金俐译，学苑出版社2004年版，第99页。

[2] 参［德］汉斯-格奥尔格·梅勒（Hans-Georg Moeller）《〈道德经〉的哲学：一个德国人眼中的老子》，刘增光译，人民出版社2010年版，第8—9页。

"若存",是好像如此这般存在一样,犹如"如是"(suchness)[1]之谓,本来如此,似乎不必另增实体[2],可是道体还是实实在在,就是无法进入经验世界。如是之多,都是来自"玄门"之多,而众"玄门"又统摄于一个天地开合的"玄门"[3]。修行者通达"玄门"开合的机理,可以调息养生,导引生气,存之不失,以延年益寿,后世道教多发挥此理。

⑤ "用"是指称道创生万物之用。"勤"为"尽"意;英译"exhausted"有"因累而用尽"之意,其他译法如"runs dry""wear it out"不能兼此二义;安乐哲译为"bottomless"[4]。这里不仅仅否认会有穷尽,更否认道的功用会有劳累之感。天地自然的精气之流,不因人的意会有片段感,而有片刻的中断,好比人拍摄电影,是用意念摄取片段,再用视觉暂留即留心之术而连接成为绵延之流,但自然之意发动本身,并没有心思意念摄取的片段感,也不依赖于心意的留存来链接。人之用意留存世界之流的片段,一定会有精力穷竭之时,而自然之意的发用,从未因人之心意的片段感而有分别。

---

〔1〕《法华经·方便品》有"十如是"说,指一切万物真实不变的本性如其所是真实不妄:"唯佛与佛乃能究尽诸法实相,所谓诸法如是相、如是性、如是体、如是力、如是作、如是因、如是缘、如是果、如是报、如是本末究竟等。""十如是"指诸法实相如此实存,因十种必要条件而如是存续。

〔2〕 奥卡姆剃刀定律认为,如无必要,勿增实体。道非现象世界另增之实体,只是为了解释如是现象世界之必借助的意会之物,方便之词而已。

〔3〕 华严宗的"十玄门"论是为了说明一切事物纯杂染净无碍、一多无碍、三世无碍、同时具足、互涉互入、重重无尽之理。十玄门是:一、同时具足相应门;二、因陀罗网境界门;三、秘密隐显俱成门;四、微细相容安立门;五、十世隔法异成门;六、诸藏纯杂具德门;七、一多相容不同门;八、诸法相即自在门;九、唯心回转善成门;十、托事显法生解门。此处"玄牝之门"的抽象哲学意味,可以通过华严之"玄门"加以深入理解。

〔4〕 安乐哲、郝大维:《道不远人——比较哲学视域中的〈老子〉》,何金俐译,学苑出版社2004年版,第页。

【明意】

道进入意中，虚无缥缈，变化无穷，这种道意被领会的特殊状态，无法穷尽。一个杯子进入意中，就有无数种表达杯子的言说方式或图像显现方式，所以"道意"作为对道的领会，好像巨大山谷那种无穷无尽如深渊一般不会穷竭的状态。道之必意，离意无道，但道一进入意中的"道意"状态，就有无穷无尽的存在和表达方式，好像天门打开，无数种言说方式纷至沓来，这种"道意"展开的方式，就好像是天地进入意之中的最本然的状态。"玄牝"可以理解为一种母性的爱力，这种爱力使得道进入意中，使得道得以诠说，没有这种母性的爱力，一切生物都不存在，一切道的本体都不会进入意中被领会，所以这种母性的爱力，是"道意"之门径，也是"道意"实存的根本性源头和力量。

这种玄牝的神秘莫测的母性力量，相当于上帝造物并爱世人的那种爱心，没有这样的母性力量，世界永远不会开始，时间也永远不会前行。因为道就在那里，没有玄妙的意去作用于它，道的世界就不会开显，道的时间就不会流逝。这种母性力量通过生命的力量、生殖的力量绵延存续，让道时时刻刻进入意中，被领会、被开显、被存有、被展开。

道与意都沐浴在玄牝的爱意之中，没有这种无始以来的，无根的玄牝之爱意，无极永远是无极，不会成为太极；道永远是道，不会成为道意；存在永远是存在，不会存在起来；这就是道意被实化所需要的、内在的、母性的大爱之力。

这种玄牝之力，借助玄妙之门的打开，让道与意发生直接的关系，不是何者在先的关系，因为它们是同时共存的，否则道不可能进入意中被领会。所以玄门、道与意是三位一体，它们每一个都是根本，而世界和时间之存续，如果缺少它们之间的任何一个，都不可能开始。在《周易》的话语中，道与意相当于阴力与阳力，它们被意会而区分，而玄门相当于阴阳之感通，犹如意会一般。也就是说，道与意犹如阴力与阳力在意中有了分别之后，要在一定的境遇当中，借助玄妙门径发生交融感通，才有了"道意"的生成。

第七章　身意通道

天长地久①。天地所以能长且久者，以其不自生②，故能长生③。

是以圣人后其身而身先，外其身而身存④。非以其无私邪(yé)？故能成其私⑤。

【译】

天永存着，地永久着。天地之所以能长远而永久地存在，正是因为它的一切运作都不是为了自己，所以才能够长远而永久地存在下去。

正因为如此，圣人总是甘居人后，结果反而得到民众的推尊；总是把自己置之度外，却能保全自身。这不正是因为他没有私心吗？所以才能成全自己。

【注】

①　天长地久是给出了身意通达大道的无限时空背景，让人领略我们的私我、小我在宇宙的无限之间何其渺小，而相形之下，大道的运作又何其伟岸无边。我们的意会，不过是有限时空感对无限时空实存的点滴感悟而已，想要窥一斑而见全体，以有限的人生，去认识无限的天地大道，谈何容易！

②　天地自然之意无始无终，而一切私心私意，皆有始有终。如果能够在有限意念发动的瞬间，领会无限时空的气魄，或许能够压迫自己的小我，回归一点点宇宙大道显化的大我。或许

生命能量的层级因此而得到提升，那么对当下有限生命可以有所超越，也就不枉此生。这是一个超越有限私我，走向无私大我的过程，也可以说，是无意于其存在（do not conceive of their existences as existences）的状态。[1]安乐哲译为"does not live for itself"。[2]

③ 长生是接续生气的艺术，也就是呼吸之间，调控有术，不自生其气，不是主动以气生万物。

④ 道体本身无始无终，而天地就其具体时空存在的样态而言，可以说是有始有终的，所以圣人学习天地效法大道发用的自然之意，突破有始有终的有限存在，而延长至无始无终的无限性存在，趋近和达到长久的状态。因为天地本来就没有意识，也没有私心要让自己长久存在，天地之运化，一切纯任自然。换言之，天地无私情，无私欲，无主观私心，但成就一切。圣人要学习天地自然之意的发用，于有心和无心之间，于有情和无情之间，于有私和无私之间，在有生气的生机之体和无生意的尸体之间，没有一点点私心私意地去占有而完成自身存在，即无欲于己（It has no desires for itself）[3]；安乐哲译为"withdraw their persons from contention"。[4]

⑤ "邪"通"耶"，语气助词。圣人模仿天地之无私以成私，其实是修炼自己的意境，将自己身意的有限性，归于道体的

---

[1] Chang Chung-yuan, *Tao: A New Way of Thinking. A Translation of Tao Te Ching*, New York, 1975. (http://home.pages.at/onkellotus/TTK/English _ Chung-yuan _ TTK. html)

[2] 安乐哲、郝大维：《道不远人——比较哲学视域中的〈老子〉》，何金俐译，学苑出版社 2004 年版，第 100 页。

[3] The Tao Te Ching by Lao Tzu, Translated by Stephen Mitchell, 1988. 参http://eawc. evansville. edu/anthology/tao. htm 与 http：//www. marxists. org/reference/archive/lao-tzu/works/tao-te-ching/tao. htm 与 http：//faculty2. ric. edu/rfeldstein/560spring11/1. a. taoteching. pdf，后注从略。

[4] 安乐哲、郝大维：《道不远人——比较哲学视域中的〈老子〉》，何金俐译，学苑出版社 2004 年版，第 100 页。

无限性，不在意任何具体或私人的有限存在，因为其如天地一般放下私心私意，而成就如天地一般无限的大我，生命长生，气息绵延，精神永固，超越有限的当下生机，回归无限的自然玄力。因其放下自身，置自身于思量忖度之外，而成就如天地一般的大我。

【明意】

本章的中心思想是身意的道意化。天地没有自意，只有道意，我们只能就道意而领会天地。"自"只是短暂存在，不可能永久。"自"以"意"的反身性为根本前提。身是自意观照，身在意先，是存有上说。意在身先，是存在上说。身意不可有私心私情，因身本自然之意的彰显，属于自然运化过程的阶段，其特殊性在于是意的载体，离身无意，离意亦无身。

让身与天地一起共长共久，靠的是身的道意化过程。也就是说，对身的现实观照在本质上是私意化的，但人通过意识反身性的自我修炼，可以进入意识的无分别状态，从而化解自身、己身与他身、他人之别，从而将身道意化、永恒化，让身意通于道，让身意的领会发生能够"天长地久"的根本性转化，让对短暂肉身之意的真实性道意化，从而实现超越短暂肉身的永恒性，也就是让寄托于短暂肉身的意实现道意化，实现超越自身有限性的永恒化。

身意的道意化在现实当中，也可以理解为身意的江湖化，犹如庄子"相忘于江湖"[1]的说法。这种有限空间的身的无限空间化过程，也是身意转化为道意的过程，是身意境域化、无限化的过程。

本章表面上说的是无私成圣之道，其实要说明的是身意通道的哲理。

---

[1]《庄子·大宗师》。

第八章　道意善水

上善若水①。

水善利万物而不争②，处众人之所恶（wù），故几（jī）于道③。

居善④地，心善渊，与善仁⑤，言善信，政善治⑥，事善能，动善时⑦。

夫唯不争，故无尤⑧。

【译】

最高的善像水一样。

水善于滋润万物却不与万物相争，停留在大家都厌恶的卑下之处，所以水最像"道"。

居处善于随遇而安，心境善于渊深沉静，待人善于诚中仁爱，言语善于讲求信用，施政善于精简平治，做事善于尽人之长，行动善于把握时机。

正是因为不与万物相争，所以就不会招引怨责。

【注】

①　"上善若水"是说道意的时机化展现如水一般变化无穷，随物赋形。道意是对道的意会，而最高的、最完美的意会，当如行云流水之境。

②　道意行云流水，化如无意，不跟具体意会之状有高低、得失之争，因道意无所区分，故不与区分之意相争。《荀子·宥

坐》记载孔子答弟子子贡问水，孔子说："君子见大水必观焉。"他从水中领悟到德、义、道、勇、法、正、察、志以及善化等，这是对水的意会，而老子则专注于水之谦下不争，即所谓"不争之德"（noncompetitive values）。[1]

③ 水意志坚定地向下流，《周易》之坎卦《象辞》说："维心亨，乃以刚中也"，这是解释卦辞"维心亨"，是坎卦内心坚定，以其刚爻在中，而能够坚决如水之必就下，自居低洼之地，不担心为人厌恶，但也因此能够在绝境中存其生意。水可净物，而自身干净之本质并不受污染。就其相关的因缘洁净和成就一切，却不自居成功，这是道意之境。"几"是"最像"之意，"像"是表示差距小一些，比较接近，但还是有差距，"几"表示距离感的实存。

④ "善"作形容词既有最好之意，又作为动词有当时应该善于［相当于好（hào）］之意。此"上善"[2]即如亚里士多德之"至善"[3]，此处最高圆融之善的第一表征是"利万物"，即纯粹利他而无私利，跟前一章呼应，完全放下身意，融入道境，即使身处污浊之地，亦不改善心善意发动。而善心之发，与情境如何并无关系。无论在任何情境，是否"善"取决于是否接通天地自然之意，于修行之人，便是起心动念的起点，发心即善，无论其意向之情境如何，不顾己身私利如何。如此发心动念，皆在道中，皆通于天地自然之意。[4]

⑤ "与"是与他人交往连接，"与善仁"强调他人的"仁"

---

[1] R. L. Wing, 1986.

[2] 理雅格（James Legge）译成 highest excellence。*The Tao Te Ching by Lao Tzu*, Translated by James Legge, 1891, with Introduction by James Legge in *The Sacred Books of the East*。参 http://ftp.sunet.se/pub/doc/etext/gutenberg/etext95/taote10.txt, http://etext.library.adelaide.edu.au/l/l2988t/，后注从略。

[3] 亚里士多德所谓 eudaimonia，有译"圆善"，圆融圆满之最高善义。

[4] 参温海明《儒家实意伦理学》，中国人民大学出版社 2014 年版，第 1 页。虽然儒道之分野自古实存，但儒家求人之起心动念之善，与道家求起心动念通于天地自然之意，二者的至善境界，不能说没有相通之处。

从根子上取决于自身的"善",因己有善而有善的关系,自然关系的双方就成为善人。《中庸》讲诚中之意,也是说自己诚于天地之中,能够带动他人之诚,因为诚于极致,而能够成就人之中(忠)于天地之间。这里的哲理是,至善境界为意念所造,来自对至善的领悟和对至善之念的恒守与坚持。

⑥ 水之言即波涛涌动,本体之水朗现于波涛之中,此水流之"信"本诸自然之"善"。"政"通"正"(帛书本、王弼本)。"政"意要自然而然地"正"发,既要合乎天道自然,又要契合民意,自然无为,合于人心之"正"。可以说,"政"意既要从天意之"正",又要顺人意之"正",方能公正无偏,导万事万物于"正"道,此即为"政",而政治讲求的是精简平治,如平静的水一般,公平公正,大公无私,任劳任怨,唯道是从。"治"本水旁,有以水为治之意,可见道家管理其实就是水性治理,柔性管理。把水的特点,如柔弱、处下、顺势、包容等运用在管理之中。

⑦ "事善能"是指道如水一般能够生养万物,行云布雨,除难克坚。道与时偕行,水亦顺应时势而动,四季变幻有常,配合时令,分毫不爽。"时"是时机,"动善时"是把握"时"(right timing)而行动,即在对道意之时机化展现的基础上行事,使自己的行动符合自然之意的自然呈现,其动若水,其静如镜,其应似响,与时迁变,应物而化。圣人无为无不为而无丝毫之妄为,看似沉默不语,但万物皆有其声响,犹如水之流动于时空之间,本身沉默不言,可是幻化无穷,春雨秋露,夏云冬雪,成就天地之大美而无言,如此顺应万物迁变的自然之意的时机化呈现,是何其无言的主客合一的至善之境!

⑧ "尤"作"忧"解,指罪过、过失、怨责。水之至善,是意会其自然状态而得,因其与物无争,其意会之善方如如朗现,可见善是一种意与对象合一而意会出来的价值属性,但因这种意会有本体意味,所以其既是本体性的善,也是认识状态上的善。

【明意】

本章的中心是道意之善的可能与现实。对道意之善的领会，因其难于言传，故借助于水。人观水的不争，柔弱处下，这是对水道意化的领会。本章强调这种道意化过程之中的天道自然之善，也就是自然本来就是善的，如水流动，因其不争利物，有着本然之善。

道虽无形无相，但或许近之，并用水意的状态来模拟道意的状态。水意与道意一样，一经领会，就可以把道意的自然之境加以揭示：

道意的自然之境，于任何物上无分别，一视同仁，包容承载，无怨无悔。道意的自然之境在心意发动的状态，渊深厚实，无法名状。道意之在终生行事之中领会为仁人之意，即仁爱他人之意。道意之于言说之中彰显，是自然法与自然逻辑的自然展开，诚信如如，天然一贯。道意于政事的操作层面延伸，表现为心能驾驭事物，心条分缕析物，物丝毫不乱心；道意于完成事件成就事业的角度展开，是能穷尽人间最大的善意，累积心意的善端来改变人间成事的阴与阳；道意之于其流动的自然状态而无所不至，这是与"道—时"相配合。道于意中开启的瞬间，即是"道—时"的展开，因为无意则无时，时间不可能独立存续，时间只在意念的流变之中延续和生成。

道意在各个方面生生不息，都是自然之意与其所在的自然之境圆融无碍的通达化境。与道意相关的一切自然之化，无所忧虑，从无过错。

第九章　天道无争

持而盈之，不如其已；^①揣而锐之，不可长保。^②
金玉满堂，莫之能守；^③富贵而骄，自遗其咎。^④
功遂身退^⑤，天之道^⑥。

【译】
执持着使之盈满外溢，不如适时而止；锤炼着使之显锋露芒，锐势不可能长期保持。

家中金玉满堂，没有人能长久持守；恃富贵而骄矜，就是自己招致祸患。

事情功业成就之后，就该退藏收敛，这才是合乎自然之意的合理表现。

【注】
①　自持身意，自居盈满，犹如握着水杯，注水满溢，或如储聚外物至于盈满流失之状态。执持身意，放大自我，必至自省身意的边界。本章希望让意念之发适可而止，这是提醒道意和身意的有限性，提醒意念展开的分寸，不宜自居边界之实。当实而虚之，方而圆之，否则就可能后悔，应该及时中止（wish you had stopped in time[1]）。

---

[1] Arthur Waley, *The Way and Its Power, A Study of the Tao Te Ching and Its Place in Chinese Thought*, Grove Press, 1934, 1958.

② "锐"帛书乙本作"允",王弼本作"棁"(zhuō),"允""棁"皆通"锐"。[1]"揣而锐之"是锤击利器使之又尖又锋,但未必实用,表示身意的凸显,如过分耀眼,必至折断。这种磨砺导致过分锋锐,是一种"坚持极端"(insists on an extreme)[2]的做法,是对极端状态在时空之中延伸的可能结果,缺乏预见性的错误判断和盲目坚持。

③ 拥有的外物作为身意的边界,不可过度膨胀,要适可而止,否则影响自己的身意认知。

④ 富贵而骄是与天意争锋,天意自然,本身无意,而一切有意之争,在无意争锋的天道面前,皆落下风,自取其灾。

⑤ 功成身退是保身之道,因功成扩大了自己的身意,延伸了身意的边界,如果功劳过大,必然触及他人,难免不会诱发反作用力,故当在他力发作之前,退离功业之位,即身意边界。一说当于功成之时反思,进而意向收摄内敛,甚至放空所成,才能够积蓄更大的意能。"成"的边界把控很难,一般意义是"完成任务并取得成功"(achieving success and performing duty)[3]但也有说当"刚刚正好"(Just enough)[4],这之间的"正好"其实恰恰是最难把握的边界。

⑥ 此处是意会天道无争,个人之意通于自然之意则必如此。天道即自然之意,本然平衡,一切因为意会而得的分离和对待,本体上都是平衡的,人间的一切因为"意"的参与而导致的分别:高下、成败、进退等,都是本然平衡的,有所得必有所失,有所成必有所败,其中意念的领会和实化的状态往往对进退

---

[1] 黄克剑:《老子疏解》,中华书局2017年版,第115页。

[2] Chang Chung-yuan, *Tao: A New Way of Thinking. A Translation of Tao Te Ching*, New York, 1975.

[3] Paul J. Lin, *A Translation of Lao Tzu's Tao Te Ching and Wang Pi's Commentary*, Ann Arbor, MI: Center for Chinese Studies, University of Michigan, 1977.

[4] Jerry C. Welch, *The Tao Te Ching by Lao Tzu*, Mawangdui version, 1998, http://spirit-alembic.com/thou.html.

的趋势起主导作用。意会圆时必知其缺，意会满时必知其溢，因意会其平衡，意念的当下状态才能顺应自然之意而动。

【明意】

想把道意表达到丰满极致，不如不去努力而让其自己显现。想把道意琢磨得棱角分明，最后一定不能达到目的。把道意琢磨过度就好比金银玉器满堂满屋，却没人能永远拥有。富贵之人骄横莽撞，最后让自己品尝苦酒。道意的自我存没退隐是自然之意的本然状态。

想把进入意的道描述到丰满极致的状态，不如放弃这种努力，任道在意中自我显现。因为过往那种精雕细刻，条分缕析，仔细琢磨入意之道的努力，使之棱角分明、清晰可见的尝试，基本上都会注定失败。这样的努力有点像在屋子里面堆砌过多的金银财宝，到最后没有任何人可以长期持守，这样持续坚决的欲望，从来没有能够如人的私意所愿，持续如此之久。因为人的私心和个人的意志努力，在沧海桑田的天地之道面前，即便意志如死一般坚强，拥有世间无可比拟的权势和财富，相比之下也实在是杯水车薪、微不足道。领悟天道之意的人，尚且无法与天地抗衡，更不要说那些仅仅窥其九牛一毛，就因为人间之富贵而不可一世，骄横莽撞之人，这些人的意念最后都要得偿天道的回报，只能自己品尝其中的苦酒。

那种盈满的状态，就是想与天道争锋的状态，而天道本来自然无为，不希望过分有为的努力，所以要顺应天道，不可以与天道争锋，否则从天地得到的一切，将迅速归还给天地。人间的意志性的努力，是比这种归还的速度，是否能够延续到足够悠远长久的状态，比如能够延续自己有限的肉体生命，让它足够健康长久，而真正的成就是精神的生命，当合于天道，合于自然之意的顺化，而可以长长久久地在世间存在。

如果得窥天道自然之意的一部分，能够在世间有所建立，让意志力的延续有一点点功劳，就应该知道不要与天道之意争锋，要随时退守,这是合于无为的自然之意的合理分寸。

自然之意没有分别心,需要用詹姆士所谓"纯粹经验"(pure experience)本身去拥抱和体验它的存在,也需要用康德"纯粹直观"(pure intuition),或者牟宗三"智的直觉"来意会它的运化。

第十章　抱柔雌明

载营魄抱一①，能无离乎？专（tuán）气致柔②，能婴儿乎③？涤除玄览（lǎn）④，能无疵（cī）乎？爱民治国，能无为乎⑤？

天门开阖（hé）⑥，能为雌乎⑦？明白四达，能无知乎⑧？

生之畜之⑨，生而不有，为而不恃，长而不宰，是谓玄德⑩。[1]

【译】

让附在形体上的阳魂阴魄抱合为一，能做到不分离吗？专心致志地持守天真元气保持柔和的心境，能做到像婴儿一样吗？涤除清扫玄妙的心镜（以玄观妙有），能够做到澄澈而无瑕疵吗？关爱人民治理国政，能做到不用机心智谋吗？

语默动静之间运用天赋（自然）的感官与天地交通，能致虚守静吗？内心明白通达一切，能够不用心机吗？

任自然之意而化生，因万物之意而长养，生长万物而不强加己意，兴作万物而不恃自意之能，长养万物而不意图主宰，这就是幽深玄妙的"德"。

---

[1] 此句第五十一章重出，一说此行为五十一章错简。参陈鼓应《老子今注今译》，商务印书馆 2003 年版，第 112 页。董平、黄克剑认为文义可通。参董平《老子研读》，中华书局 2015 年版，第 82 页；黄克剑《老子疏解》，中华书局 2017 年版，第 132 页。

【注】

① "载"为附载,即精神附于肉体。一说为语助词,如夫。"营魄":河上公和范应元都注为"魂魄",即阴魄、形魄、体魄;魏源认为,"营,读为魂";魂属阳,魄属阴,人丢了魂得神经病,丢了魄成植物人,魂魄都丢就是尸体[1]。一说指人身中的元神和元精,元阳属阳,轻清飞上,元精属阴,重浊凝下[2];"抱一"是抱元阳真一,一说抱道,一说合一(合于道),但意都指阳魂与阴魄合而为一,即精神与身体合而为一。古人认为,人有三魂七魄,神魂(阳气之聚)与气魄(阴气之集)构成活的机体,元阳之"一"(神魂)不能离开身体(体魄),而是否归一不离(道),依赖于意念的调控,即意会道的力量和尺度。

② "专"通"抟",结聚纯气(元阳纯一之真气)的意思,所以可以理解为专心致志地"集中生气",此状态如婴儿一般柔弱,而生机充沛。元阳真气充沛饱满之后,运行周身,气机流转,使得全身柔软调和(炼精化气)。"气"可英译为"vital force"[3],或者选择音译"qi"[4]。元阳之气,纯一不杂,阴阳未分,至柔至刚,此通于《周易》"保合太和"之旨。感官是与天地之气沟通的通道,要致虚守静才能持守真气而不流失,这与《庄子·养生主》之旨意相通。

③ 要修到返本归真,如婴儿般阳气充沛的纯阳之体状。《道德经》中多次提及修行保养真气之方,与后世道教功法原理一致。修行的本质是意念调控真气运行的秘法,即意念导引气息

---

[1] 马恒君:《老子正宗》,华夏出版社 2014 年版,第 27—28 页。
[2] 任法融:《道德经释义》,东方出版社 2017 年版,第 28 页。
[3] 陈鼓应注译:《老子今注今译》(参照简帛本最新修订版),商务印书馆 2003 年版,第 109 页。
[4] 安乐哲、郝大维:《道不远人——比较哲学视域中的〈老子〉》,何金俐译,学苑出版社 2004 年版,第 106 页。

之术。人生是一个阳气消散的旅程，修行人通过意念对气息出入的调控，不但有能力控制阳气消散的节奏和分寸，而且能够采后天的天地自然之真气来补充先天的元阳之气。

④ 通行本、帛书乙本之"览"现多本改为"鉴"[1]，古字通用，此处取"览"之观义，这是建立在"镜"之"照"物，而且是能够明照的基础之上，才引申出玄览的通达明照之意。涤除是洗涤、清扫、除尘去垢之意，引申为人当去除纷杂的欲望，方能令元气在周身运行无碍，使得元神清纯无杂，这是制服杂乱心神的意念（制神之意）逐渐主导的过程（炼气化神）。"鉴"是镜子，玄是黑色，黑深难测，幽深玄妙，比喻至圣达奥的深邃见识，能够通览上下古今的心意境界。通常来说，镜子蒙尘而不明，所以需要做除尘的功夫，努力恢复心如明镜，即"玄鉴"的状态，犹如《六祖坛经》中神秀的偈子："时时勤拂拭，勿使惹尘埃。"所以"玄览"当指人以制神之意内观周身精气神之运行，观内气之运化与天地阴阳之气融会贯通（炼神还虚），即使人之心意通达天地自然之意，澄澈清明，如幽镜般映照灵通妙有。此"玄览"实是于黑暗之中观览，即不借助外在光明而反身内视，这是一种道家内修的功夫，可以达到心灵毫无污染的境界，是用"天眼"观照内心，让内心纯净，达到如《系辞传》"无思也，无为也"的感而遂通之境，如荀子所谓"大清明"之境界。[2]如此神灵之镜，自然不会要把自己主观的意志加于自然之意运化的过程。人心对现象世界的认识和投射于其上的价值判断，如美丑善恶等都是主观的，执于主观价值判断则会妨碍人达到"玄览"的境界。

⑤ 多本认为还是"为"合适。[3]帛书和王弼本作"知"，

---

[1] 陈鼓应引古注认为二注古通用，参陈鼓应注译《老子今注今译》（参照简帛本最新修订版），商务印书馆2003年版，第110页。

[2] 张其成：《张其成全解道德经》，华夏出版社2017年版，第72—73页。

[3] 参陈鼓应《老子今注今译》，第110—111页。但黄克剑还是取帛书为"知"，参黄克剑《老子疏解》，中华书局2017年版，第124页。

可以理解为去智巧之意。这里既是讲无为而治的政治哲学,又可以理解为修炼之方。

⑥ "天门"自当通于天地自然之意,重点只是如何理解"门"的开关出入之意。一则开窍处,如感官;一则心机,都可开可关,而最重要的是如何以意来控制气息从窍出入。"天门"是天赋之门(窍),是天地自然之门在人身上的体现,所以主要是九窍如耳目口鼻等感官;更当理解为心意之机,即心的机巧和控制意念的机括,如何通过意念控制窍门之气息与天地之交通。"天门"一说为前额之天眼,一说为九窍,英译为"heavenly portal(s)"[1]。梅勒指出,"天门"不是基督教中通往永恒天堂之门,"天"不是超绝的(transcendant)存在,而是世界运行的中心,是生物经历的生命过程,生产之"门"是空的、不可见的、雌性的位置,其开阖构成了生命的生与死、予和取、来和去的循环。[2]

⑦ 雌是抱雌守静之意。天门(九窍)作为人身气息的出入之门,其实是人的命门,因为命就是元气持守的状态,而持守元气要雌柔静默,不让元气奔散流失。

⑧ "知"通"智",即心智和心机。能够控制天门的开合,才能够修养到"明白四达"的境界,心意通达四海,似乎无所不知,此时需要能够控制智巧和心机的运用,甚至消减心机到似乎"无知"的境界。[3]"无知"和"为雌"相对,都是老子提倡的反弱之意。

---

[1] Charles Q. Wu, *Thus Spoke Laozi: A New Translation with Commentaries of Daodejing*, Honolulu: University of Hawaii Press, and Beijing: Foreign Language Teaching and Research Press, 2016, p. 26.

[2] 参[德]汉斯-格奥尔格·梅勒(Hans-Georg Moeller):《〈道德经〉的哲学:一个德国人眼中的老子》,刘增光译,人民出版社2010年版,第22页。

[3] 郑开认为,这种近乎"无知"的道家知识语境中的"一",呈现出内向性的精神体验的特点,相当于佛学的"非想非非想"和"非感非非感"。他对于"无知"的境界做了深入细致的分析和讨论,参郑开《道家形上学研究》(增订版),中国人民大学出版社2018年版,第183页。

⑨ 畜有蓄养、培育之意，似乎有意为之。此处更当作蓄气解，即自然之意的实化气息之收蓄状态。

⑩ 玄德是幽深而玄妙的德，"深不可识、高不可稽、广不可量、远不可观"[1]；英译"profound and secret virtue"[2]近之。此德即有德性之意，又有德行之意。天地自然之意因有此德性，而有此德行。

【明意】

本章为著名的修炼章节，说明修炼的方法、技术、要点和得道的境界。开章首论心身意关系。身体不能离开神魂（一）与气（阴）魄，否则身体就是僵尸。所以不让关于魂魄的意念离开身体是存续生意的关键所在。把身体与生意交关的功夫打通，要像婴儿把生与意的通道打扫干净，如明镜一般没有瑕疵。生意通则心通于天地国家，都顺道意而不循私意。人的心机意念和阳气九窍的发动都要守柔护慈才好。即使修炼到了神明通达之境，身体中的道意通畅也要顺从自然之意而不加任何私意于其中。这种状态就表现为：道意自然生发，世间万物自然创生，积蓄养成。道入意中，能够成就万物，而不拥有它们。道意成就事物而不向任何对象显示其功能。道意创生养育万物而顺其自然不加控制。这就是道意之境玄妙幽深，不可测度的状态。[3]

上一章提到道意的存续，这一章就明确展开道意在身体上的存续，也就是如何修炼人与道意的那种遭遇状态。换言之，

---

[1] 任法融：《道德经释义》，东方出版社2017年版，第30页。

[2] Wing-tsit Chan, *A Source Book of Chinese Philosophy*, Princeton: Princeton University Press, 1963, p.144.

[3] 杜保瑞认为："'功夫理论'在中国哲学系统中，几乎可以说是任一家理论系统必然蕴含的哲学观点。"参杜保瑞《反者道之动：老子新说》，华文出版社1997年版，第45页。他认为，"功夫的运用就要以'守弱'为格式"。（《反者道之动：老子新说》，第47页）

这一章谈论的是身与意的关系。身体的实存，不能离开精神与魂魄的活动和作用，否则身体不过是一具僵尸。百年之前，生命无形，百年之后，生命不存，生命从虚无中来，回归到虚无之中去。

在生命存续的过程之中，不能让人对于魂魄的意念离开身体，这就是"身—意"问题的核心。要把气息与身意交关的状态打通，需要一些修炼的功夫，最好能够回复到婴儿那样的状态，因为婴儿出生时，没有气血不畅、身心分离、气意分离的问题，但随着岁月的流逝，随着自我意识的建构，自我跟世界分离越来越明显，之后身体的气脉不再通畅，自我跟世界的界限也越来越混杂不堪，自我从天地大化中来，本来每时每刻都跟天地打通，结果大部分肉体生命的"自我"，都离开了与天地交流的原初境遇，成为物的流动中没有生气的、死气沉沉的状态。没有生气的心灵，因为浑浊不堪，而不再具有先天明镜般照物的能力，因为他们照的只有自己，而不再有天地，所以天地也就抛弃他们，让他们自生自灭。

只有极少数重新开悟而通于天地的人，不去计较自己肉体的边界，打开心意通于天地的阀门，从而保持心通天地的状态，重新从自然之意当中领取能量和活力，也因此才有力量重新汲取先天能量，而这种能量本来积存在身体里，但自我意识封闭了它们，只有打通它们，才能跟天地同久，每时每刻都能得到天地之间先天之气的滋润和养育。

这样的修炼状态，是人的心意时时刻刻通于自然之道而丝毫不循私意。人在不能通于天地的时候，他的心思意念的发动，就是机心的发动，是阳气作用于自我意识而导致的耗散，所以为了防止阳气消耗过多，应该用雌性的心意来守护阳神的运作，不要过分地开启，过分地消耗，过分地外露，才能够慢慢修炼到神明通达于天地的大通之境。

当身体中的道意通畅，自然会顺从自然之意而不加任何私意于其中，这种状态就会表现为：道意自然生发，世间万物自然创生积蓄养成；道入意中，成就万物而不据它们为私有之物；道意成就万物而无从向任何对象去显示其功能；道意创生成长万物，顺其自然不加控制。这正是道意之境那种微妙玄通、深邃无穷、不可测度的状态。

第十一章　利有用无

三十辐共一毂（gǔ）①，当其无，有车之用②。埏（shān）埴以为器③，当其无，有器之用。凿户牖（yǒu）以为室④，当其无，有室之用。

故有之以为利，无之以为用⑤。

【译】

三十根辐条聚集在一个轴毂上，正是因为车毂中间空无，才有车轮的作用。揉和陶土做成陶器，正是因为陶器中间空无，才有器皿的作用。房子里凿出门洞和窗户，正是因为房子中间空无，才有居室的作用。

所以说，虽然"有"带给人便利，但是因为"有"中有"无"，"有"才发挥它们的作用。

【注】

① "辐"是连接车轮中轴心和外轮圈之间的木条，古代车轮有三十根辐条，取法于每月三十日的日历。"共"是聚集之意，既有集合（unite）也有分有（share）义，带有多向一聚拢的意味。"毂"是车轮中心中空的木制圆圈，中间的圆孔是安插车轴之处。

② "无"指轴毂中间的虚无空间，轴毂中空，车轴能转，车方能用。"无"是在场（presence）现象的一部分，永不会从现象界缺席（absence），只是因其是否显现在眼前，是否为人所

意会而有区别。王弼"以无为本",认为本体的"无"可以生万有;冯友兰认为老子"以无为主";[1]陈鼓应认为本章的"有""无"是就现象界而言。[2]从"有""无"都是现象的角度看,不必认为"无"是超越现象之"有"的本体世界。有断为"当其无有,车之用",这样理解有否定"有"的倾向,而老子并没有走这么远。

③ 埏:和,以水和泥,帛书甲本作"然",为"撚"之借字[3];埴:土。埏埴即用水和陶土制作容器。器皿中空能容方成"器",否则就不成器,也就是不能够被意会为有用之"器"。

④ 户是门,牖是窗,无门无窗不过是一个封闭的箱体,不成供人居住之用的"室"。屋室最大的作用来自其中空的空间和门窗,虽然看起来房屋物质的质料是实的,空间是虚的;但其实空间才是房屋真正的"实",而房屋不过是衬托其"实"的"虚"化背景罢了。"室"因其空间之"无"而与天地之气相通,人之用室的艺术在于使天地之炁化为室内之生气。

⑤ 如果把"有"和"无"都理解为本体性的存在,"有"和"无"相生相成,那么老子强调"无"之用对于"有"之利的优先性,认为虽然"有"能够带给人便利,但这是因为"有"中间有"无",而且需要意会到"无"的容藏性、包容性、涵纳性,才能意会"无"有其重要的、不可替代的作用。这开创了体用不二、道器不分的中国哲学传统。物因其"无"而有其"有"之用;人因心之"无"而有其身"有"之用,身实而灵虚,身有而心无,心和灵都因其无,而能够让身之"有"真正实化为"有",即发挥出"有"的功能和作用。正是从这个意义上说,虚灵不昧的灵魂之用,才是人身之虚而实之,是人存于世间之一点灵明,发动而为心思意念,需要人努力去保养和修为。

---

[1] 参哲学研究编辑部编著《老子哲学论集》,中华书局1959年版,第117页。

[2] 参陈鼓应注译《老子今注今译》(参照简帛本最新修订版),商务印书馆2003年版,第117页。

[3] 黄克剑:《老子疏解》,中华书局2017年版,第135页。

【明意】

意念的阴阳两面不可避免。事物具体构成"有"的部分，可以说是阴的部分，也就是一般说的器物部分；而具体"无"的创生、生发的部分，可以说是阳的部分，也就是功能的部分。

这里借用"有"与"无"这对范畴来举例说明。对于"有"的意的领会，不能够脱离对于"无"的理解，因为"无"的那一面在"有"进入意识的一瞬间的背后已经存在了。同样，对于"无"的意会，"无"需要以"有"为基础，离开了"有"，即物质具体有形的存在，"无"根本不知道如何被领会，更不要说如何能够发挥作用。

可见，对于功能和作用的领会，丝毫不能够脱离对于具体事物的存在性的领会。也就是说，器物无论其功用是否对人有用，都有一种创生性的阳力在其中，等着意念来领会。如果是向着人的，比较容易理解，比如车轮是给人用来运输的，陶罐、杯子等器皿是人用来装盛东西的，房子是人用来居住的，那么，这些具体物（严格说是人造物，人在创造他们的时候，已经投注了自己的心力在其中）向着人的意念而升起其功用的向度。但是，所有自然物，并不都是为了人而生、而存在的。比如日月风云，动物植物之类，它们本来就在那里，虽然可以被人使用，但不是为了人的功能而被领会其存在的。

那么，他们是无目的的、无功能的吗？这里还需要理解道意。因为道意不是人的私意，而是天地自然本然之意，也就是事物就其本来的存有状态，有其道而自生的可以被领会的意。通过这种意的领会，才能够对于事物之存在的"有"之实存加以领会。所以，一切事物都因其"有"，而能够为意念所领会其存在，继而存有；一切事物也因其"无"，而能够为意念领会其功能，继而有作用。

人造物的缘生情态，就其进入人的意念来说，就是向人而生的，是其中内在的心力和意志力通于人的意而可以领会。自然物的缘生情态，是有其自有，无其自无。人的意念对于自然物的领会是必须通过道意的，也就是对于自然物本身内在的道，可以意会到精神性的贯通感。

第十二章　去欲取宁

　　五色令人目盲①；五音令人耳聋②；五味令人口爽③；驰骋畋(tián)猎，令人心发狂；④难得之货，令人行妨。⑤

　　是以圣人为腹不为目，故去彼取此。⑥

【译】

　　沉溺于缤纷的色彩中，会令人视觉不明；沉溺于嘈杂的音调中，会令人听觉不敏；沉溺于珍馐美味中，会令人味觉失灵；沉溺于狩猎驰逐之乐，会令人内心狂乱；沉溺于追求珍稀财货的欲望中，会令人的行为偏离正道。

　　因此，圣人但求饱腹，而不追逐声色之娱。所以要摒弃外物的诱惑，以确保内心的虚静安宁。

【注】

　　① "五色"指青、黄、赤、白、黑等五彩缤纷的现象世界。"目盲"是因眼花缭乱以致眼睛仅成感光之器，而丧失判断能力。

　　② "五音"指宫、商、角、徵、羽各种声音，"耳聋"是因为多种多样的音乐之声使得耳朵仅仅成为搜集声音的器官，而不再具有分辨五音的能力。

　　③ "五味"指酸、苦、甘、辛、咸等各种味道。"爽"为口病，"口爽"是因为味道过多，而使得口舌不再有分辨味道的能力。

④ "驰骋"是纵横奔走,"畋"是打猎,帛书本作"田",王弼本作"畋",从王弼本。"心发狂"是心旌放荡而无法抑止。全句比喻骑马打猎、追逐外物令人气躁心狂、心意流放、纵情荡逸、无力自制。

⑤ "妨"是妨碍、伤害。"行妨"是做出伤天害理的行为,以致伤害品性和操行。人们附加给珍贵稀有之物以特殊价值的同时,就伤害着人们顺适而有的、质朴不分的道意,引人竞争巧夺,进而破坏众人的品性和节操。英译为"injure one's activities"[1]或"impede their owner's movements"。[2]

⑥ "腹"代表维持生命所必需的气血,引申为简朴宁静的生活方式;"目"代表沉溺于声色犬马、追逐外物、泄欲巧诈、沉沦于欲望的浊流,进而迷失自我,堕落入禽兽般低能态的生存方式。"腹"与"目"有内在外在之分。安乐哲认为,如何让生命内在注意力不外驰,是很重要的,"腹"是滋养和凝缩作为生命力的"气"的中心,而"目"则是泄露生命之"气"的出口。[3]老子认为,人行事当以清静无为为正道,应当只求气血通畅,温饱健康,而不可纵情声色,迷失对于身意之自觉。心意本通自然之意,不可因嗜欲充塞而堵住心通万物的通道。庄子曰:"嗜欲深者其天机浅",得此意。"彼"代表为"目"的物欲和气息从感官流散的状态;"此"代表为"腹"的康宁舒泰,因而心意沉静、保真守意的修行状态。可见,去欲取宁为本章主旨。内心安宁是修身的目标,方式就是去除对外物的欲望。

---

[1] Wing-tsit Chan, *A Source Book of Chinese Philosophy*, Princeton:Princeton University Press, 1963, p.145.

[2] Arthur Waley 译:《道德经》中英对照版,外语教学与研究出版社 1999 年版,第 25 页。

[3] 安乐哲、郝大维:《道不远人——比较哲学视域中的〈老子〉》,何金俐译,学苑出版社 2004 年版,第 110 页。

【明意】

单维的意念通道与全息的整体世界之间，是一种点与域的尴尬关系，也就是说，要了解整体的世界，就必须经过单维的通道来了解，即使对整体的世界有全面的领悟，也只能通过单维的通道来线条化、分析化、逻辑化地加以表达，这是心智想认识宇宙万物时必须面对的巨大矛盾。心意描述出来的世界，是意念化、抽象化、平面化、线条化、焦点化的世界，换言之，世界必须被如此单维化才能进入我们的意识，也就是一般的、对象化的意识。

要认识世界的整全，就要脱去焦点化意识的认识方式，需要在意念发动的瞬间，包容世界才能有整体化的理解，也就是把对整个世界的领悟作为焦点化意识活动的深厚背景。不如此，就不可能在意念中面对世界，也就不可能在意念中获得对于道的理解。

因为道从来都是整全的，无法被肢解、被枝叶化、被分解化、被语言文字化。所以我们用来描述道的文字符号，是如此的惨淡和苍白，因为单维的世界眼光永远无法领会世界整体的韵味。人的视觉、听觉、味觉，还有心思驾驭世界的方式，都是如此，在当下意念投射状态的瞬间，只能面对单维的世界信息。可是，语言与文字之象，又无法逃避，所以《周易》作者用全息的象，希望运用象征的方式能够保留意识对象所包含信息的整体状态。

社会与国家治理的道理，跟认识世界的道理异曲同工。因为不可以让老百姓心思过分杂乱，否则人心紊乱可能导致社会混乱不宁，以致无法驾驭，所以要让社会人心平复到一种无欲无求的状态，这样治理者通过单维的意念能够从社会状态中提取到比较全面的、平和的信息。不要让这个社会的信息过分杂乱，犹如我们需要控制进入我们感官意识的信息，当这个世界复杂纷乱的信息进入思维和被心意领会思考的时候，人们需要能够平和面对、进而有序地领会。可见，老子强调心意的领会和主宰能力，认为意念能够控制气息通过感官进出交换的通道，并时刻维持自我反省的状态，不被外在的声色引诱而丧失自我主体真性。

第十三章　贵身无患

宠辱若惊，贵大患若身。①

何谓宠辱若惊？宠为下②，得之若惊，失之若惊，是谓宠辱若惊。

何谓贵大患若身？吾所以有大患者，为吾有身，及吾无身③，吾有何患？

故贵以身为天下，若可寄天下；爱以身为天下，若可托天下。④

【译】

得宠和受辱都应该感到惊惧〔1〕，这是因为应该把外在得失的大祸患看得跟自己的身体一般重要。

为什么得宠和受辱都应该感到惊惧？因为即便得宠也是不好的，得到荣宠就应该感到心惊警惕，失去恩惠也要惊惧警醒。这就叫作无论得宠还是受辱都应该感到惊惧。

什么样的表现叫作把外在的祸患看得跟自己的身体一样重要？我之所以会有大祸患，正是因为我意识到对身体的占有；假若我不再占有身体，那我怎么还会有祸患呢？

所以说，把自己的身体看得比获得天下还重要的人，才可以把天下托付给他；爱惜自己的身体超过天下的人，才可以把天下托付给他。

〔1〕　不取"都会惊慌失措"的通常理解。

【注】

① "宠辱"是得到荣宠和受到侮辱。"贵"是重视、看重。"贵大患若身"是重视得宠和受辱这样的际遇,把它们当作巨大的祸患,就如珍惜自己的身体,生了大病患一般惊惧警惕。只有对得宠和受辱保持同等的惊慌和恐惧,才能做到"宠辱不惊"。

② 宠为下[1]:受到恩宠是得到上位者的一种施舍,不可能保持长久,得宠必失宠,"宠"必化为"辱",如苏辙说:"辱生于宠,而世不悟,以宠为上",所以受宠也当马上意识到其实是不好的事情。得宠和受辱其实都是有损自我尊严的,都使人丧失人格的整全性(integrity)。因为受辱固然是对人格的侮辱和破坏,而得宠未必不是对完整人格的变形和改变,因为得宠是因为自己可爱或可用,而可爱和可用是稍纵即逝的,所以不可以沾沾自喜,而应该诚惶诚恐,如履薄冰。

③ "无身"通常都译成"没有了这个身体",这也易被人认为老子提倡放下身体的理解,其实老子的意思,是不再意识到自己对身体的占有,因为身体本来同天合道,没有真正成其为身体的实体,也就不必过分追求附着在身体上的外物。人应该重视身体重于祸患。身体是为人之本,祸患与名利一样,都是外在的,人立身处世,不应主次颠倒。庄子有"身如槁木,心如死灰"之说,这种境界中,心灵对于身体的感知被放下了,有种超然身外的坦然感;近于后来佛家说身体如一个臭皮囊,这是一种外身而反身观照自身的眼光,把心身难分的状态,分割成为如物一般客观化的身,从而放下心身交关的感知力,佛家打坐入定,超越肉身的感知,心灵悠游虚空,也有这种外身而观身的"无

---

[1] 河上公注"辱为下贱"。易州景福碑本、陈景元本、张嗣成本作"宠为上,辱为下",看起来更通。参黄克剑《老子疏解》,中华书局2017年版,第148页。但帛书甲乙本都没有"宠为上",而是甲本作"宠之为下",乙本作"宠之为下也",故不改,而是把理解的意思做比通常意思更加深入的理解。参董平《老子研读》,中华书局2015年版,第90页。

身"意味。

④ 愿意把身体看得比天下还重要的人才可以受托管理天下，因为他贵身，才会努力避免外在的祸患，也就能够像保全自己的身体一样保全天下。政治是身体为本的艺术，没有了身体在时空中的位置，就没有政治行动的能力。这与庄子养生之旨相通，化刀为刃、贵身到无身之境是养生要追求的境界。至于"身"是身体还是生命，应该说字面意思是身体，深层意思是生命。从养生的角度来讲，养身体是表，保生命是本。身体可以养，生命却只能保，即保持元气。这里没有讲养和保，只讲有无，如果就有无身体或生命来说，无身体更直接明了，也更加根本一些。也就是身体是宠辱得失的根源，也是与外物交通的躯壳，而生命却要涵养保真，要去外物，保身内之元气，才能延长生命。马恒君认为，此处天下指权力，而非指天下子民，[1]不过，天下的权力按理说应该与天下子民息息相关，如果无关，就是一种宰制天下子民的控制力而已。

【明意】

我们的身体是如何被意识到的？如果没有意识的话，我们的身体还是身体吗？如果没有反身的自我意识，人的意念只是冰冷无情、近乎呆滞地投射给其所在的物质世界，连身体作为物的一部分都不能自觉，更不能够对自己的身体有理解和意会，那么身体的存在方式，最多只能说就是冷漠的物，与单调冰冷的世界存在物本身一样，静默而无意义。

所以人对于身体的意识，是对身体存在感的确认，是如何理解并控制身体，进而控制关于世界的意识之开端。心灵对于身体的意识，也可以称为"身—心意识"，因为没有什么关于身体的意识是可以离开心灵意识的。所以，这种"身—心意识"是人身在世的根本出发点。身之为身，因其有意，身之实存，因其有

---

[1] 马恒君：《老子正宗》，华夏出版社2014年版，第20页。

心；身之安行，因心之安行；身之成毁，因心与意之成毁。身心之意本来协同天地自然之意，即道意，可以自然和谐，但如果在身心之意缘生情态上面着一点私意，就会因为有为而伤害自然之意，这是老子要反对的。

人的大部分忧虑都来自于对具体身体的认知和执着，因此产生对身体附属物的过分担心和看重。很多时候，人把自认为与身体相关的利益和荣耀看得很重，甚至比身体更重要，所以会宠辱若惊，其实老子认为身外之物本来跟身体没有必然联系，应该看重身体重于身外之物才对，就是放下与身体本来无关的外缘，也就因此放下了狭隘的身体观。可见，老子认为不应该执着与身体有关的喜怒哀乐的对象化存在物。不可执着于这些因狭隘的身体意识而相关的外物，否则就会陷入私意狭小的意念圈子里打转而困顿其中。

身体是一切身意的开端，所以人当予以特殊的关照，给予格外的重视。但这种关注身体及其附属物的心意，也往往影响到人的心意与世界的沟通，影响到对于世界的觉知和领悟，也就带来忧虑和祸患。所以，合理的身体观是对具体身体和小我的不执着，放下身意而合于道意，这样消融身意的边界，让小身体变成通天合道的大身体，这才是面对身体的合理方式。如果能够把身体通于道，也就不会因与身体有关的得失而患得患失了。

从另一方面来说，老子"贵身"对于身体的珍视代表了对于世界的热爱和重视，毕竟关爱身体是关爱世界的根基。这是一种纯粹地、认真对待身体的意识，因其纯粹，所以难得。老子提倡的身体观的关键在于，不要把外缘看成身体不可分割的部分这种"身—心"一体性意识。这跟儒家的身心意识有所区别，儒家把身体看作一切功业的开端，所以宠辱都与身意相关联，但老子要割裂外物之缘与身的关系，建构一个纯粹对身的珍视和观照，但同时又通于天道的身体观。

第十四章　隐显恍惚

视之不见（jiàn），名曰夷；听之不闻，名曰希；搏之不得，名曰微。① 此三者不可致诘（jié），故混（hùn）而为一。②

其上不皦（jiǎo），其下不昧③，绳绳（mǐn mǐn）兮不可名，复归于无物。④

是谓无状之状，无物之象，是谓惚恍⑤。迎之不见其首，随之不见其后。⑥

执古之道，以御今之有。⑦ 能知古始，是谓道纪。⑧

【译】

用眼睛去看它却看不见，这叫作无相的"夷"；用耳朵去听它却听不到，这叫作无声的"希"；用手去摸它却摸不着，这叫作无形的"微"。这三方面都无法穷究追问，因为本来就混沌不分，合而为一。

这个混沌的整体，它不显如"无"也无所分际，显现为"有"也不阴沉晦暗，它细微幽隐，绵延不绝而又无法名状，看似有形而又回归于无迹。

这叫作没有形状的形状，不见物体的物象，这就叫作似有似无的"惚恍"。迎着它看，看不到它的前头，跟着它，也看不见它的后头。

把握着早已存在的"道"，来驾驭现实存在的具体事物。能了知宇宙的源始，就意会大道的纲纪。

【注】

① "夷"是无相无色而超越视觉（elusive）；"希"是无声超越听觉（inaudible）；"微"是无形超越触觉（intangible）。三者都是说明"道"是只可意会无法言传（evasive），超越视听触等基本感觉的存在物。一说通达"道"需要内视、内听、内观和内感。[1]

② "诘"是究诘、追问。这是说"道"隐幽难显、超言绝相（beyond determination），不可思议。这三方面都无法穷究追问，因为本来就混沌不分，合而为一，但不是三合一，翻译成"三位一体"（trinity）不合适，刘殿爵译成"These three cannot be fathomed. And so they are confused and looked upon as one"[2]较为合理。安乐哲译成"inseparably one"。[3]

③ "徼"是边际清晰、明亮、清白，引申为道体虚灵神妙，显之如"无"物，所以其分际并不清晰分明。"昧"是昏沉、阴暗，引申为道体显现为"有"也不阴沉晦暗。道既是"形而上"者（《系辞传》），为玄之又玄的根本实体和最初起源，所以无形可显，自然超越一切感觉经验，似乎在显现出来的现象世界之外。可是，道又是一切"形而下"（《系辞传》）的器物的来源，是有之为有的原因和根据，也就自然显为万有的现象世界，当然道显为一切真实的存在物本身，其实既不昏沉也不阴暗。

④ "绳绳"指连绵不断，无边无际。一说通"冥"，形容大道细微幽隐，绵延不绝而又无法名状，看似有形而又回归于无迹。这与"各复归其根"意思有类似之处，都是回归根本的无

---

[1] 张其成：《张其成全解道德经》，华夏出版社2017年版，第86页。
[2] D. C. Lau, *Tao Te Ching*, Hong Kong: Chinese University of Hong Kong Press, 2001, p. 18.
[3] 安乐哲、郝大维：《道不远人——比较哲学视域中的〈老子〉》，何金俐译，学苑出版社2004年版，第115页。

形无相状态，所以大道的运行，既绵延不绝，又有而无之。但不能说无是大道的本质，毋宁说一切显现的现象都在"无"的背景当中凸显，又要消隐回无的背景中，显有与隐无的区别，其实是意会的区别，而不是物本身有什么本质变化。刘笑敢认为："蒋锡昌说其义与第十六章'夫物芸芸，各复归其根'相近，其说不确。'夫物芸芸'是万物，'各复归其根'是万物回归于道。但这里却是就道本身来说的。"[1]傅佩荣认为，"道"超越了"有形有名"的万物层次。[2]

⑤ "惚恍"非常形象甚至可以说准确地表达了为了努力意会道之存在的那种状态：道在显有与隐无之间，有而无之，无而有之变来变去的过程中，那种无法看清、恍恍惚惚、若有若无、似有如无、闪烁不定、非有非无的无法描述状态。

⑥ 虽然老子多次提到"生""始"，但对于时间的起源没有确定的看法，其实，开端内嵌于时间之中，包含在当下之中。这与奥古斯丁《忏悔录》中提到的上帝永恒的时间观和俗人转瞬即逝的世界观都不同。《道德经》中持续（permanence）的开端是与时间融为一体的、内在的；而奥古斯丁的神圣开端则是外在于时间的，其永恒（eternity）是超越时间的。[3]

⑦ 古今对举，是说明道的超时间性，即时间上的无始无终，永恒不变，可以从古延伸到今，也就自然可以延伸到未来。"古"代的道是早已存在的、可以说是万物产生之前的，先天性的存在；道显现为"今"天的、现实存在的具体存在物。

⑧ 大道的根本纲纪是需要通过意会的，也就是了知如何用道来贯通宇宙之本始，无始以来时间和空间中一切事物的生成和发展，并解释和理解一切存在如此的原因。

---

[1] 刘笑敢：《老子古今：五种对勘与评析引论》，中国社会科学出版社2006年版，第186页。

[2] 傅佩荣：《傅佩荣译解老子》，东方出版社2012年版，第32页。

[3] 参［德］汉斯-格奥尔格·梅勒（Hans-Georg Moeller）《〈道德经〉的哲学：一个德国人眼中的老子》，刘增光译，人民出版社2010年版，第148—150页。

【明意】

从第一个字"视"开始,就说明"道"不可以离开感官意念而单独纯粹地存在。"道"必须被尝试进入视觉、听觉、触觉,才有可能被言说,并不因为它不能被看到、被听到、被摸到,它就没有进入意识,其实"道"一直在意识之中,而且是因为有意识,道才显现出来,虽然这种显现,表现出来的是看不见、听不到、摸不着,但这不影响道进入意识,作为"道—意"而存在,这种道意,就是"一",一个超越了具体感官对象的"一"的整全状态。

"道"虽然不能被感官意识所明觉,但"道—意"的状态仍然可以被尽量描述出来,只是这种描述是如此地不清楚,以至于只能说是恍恍惚惚。这种恍惚状态,其实是具体的意念发动,要力求把握虚空无相的"道"的努力而又不可得的状态,因为意念是单向度的,而"道"是整体的,把一个整体的"道",领会成为单向度的"道—意",这绝不是条分缕析就可以达到的,需要把单向度的意念生发的境域打开,让意念生发的境域完全跟自然之意的全体境域相融合。

"道"不能进入经验,那就只能是超验性的存在。但"道"是否可以进入意识?如果不能进入意识,就无法成为思考和言说的状态,所以"道"不是"超意"的存在。这里就有经验和意念的区分,也就是不是所有在意念中的东西,都可以称之为经验,虽然可以理解为意识经验。对道意的言说,对象可以是经验,也可以是超验。

第十五章　玄通道境

古之善为道者①，微妙玄通，深不可识。②夫唯不可识，故强为之容：

豫兮，若冬涉川③；犹兮，若畏四邻④；俨兮，其若客⑤；涣兮，其若冰之将释⑥；敦兮，其若朴⑦；旷兮，其若谷⑧；混(hún)兮，其若浊⑨。

孰能浊以静之徐清？孰能安以动之徐生⑩？保此道者，不欲盈。夫唯不盈，故能蔽而新成。⑪

【译】

古代善于行道的人，精微奥妙，其玄意之门通于大道，深邃得难以理解。正因为莫测他的究竟，所以只能勉强地如此形容他：

小心谨慎啊，好像冬天涉水过河；警觉戒惕啊，好像提防四邻入侵；恭敬拘谨啊，好像身为宾客；融涣亲和啊，好像春风中冰雪消融；敦厚质朴啊，好像未经雕琢的原木；心胸旷阔啊，好像空幽的山谷；浑厚包容啊，好像混浊的大水。

谁能使浑浊沉静下来，而渐渐澄清？谁能使安定生动起来，逐渐焕发生机？只有保有此"道"的人，才不会陷入盈满的境地。正因为从来不会陷入盈满的境地，所以能够一直持守道意不失，依境更新。

第十五章　玄通道境

【注】

① 古代善于行道的人，首先是得道之人，也带有善于当君王的人之意，如河上公注为"谓得道之君也"。虽然用"为士"的版本多，但"为道"意思比较通顺。陈鼓应用"善为士者"，其意仍是行道之士[1]，刘笑敢认为原始本作"善为士者"的可能性更大，因为"此章讲的主要是个人的修养，用'士'更直接、恰切，作'道'则意思更为抽象、普遍"。[2]

② 得道之士玄意通达大道，其内心修为，身与道通，其身即与道合一，道在其身上若隐若现，可放可收，无法测度。

③ 得道之人的容貌行动都有行于道中的特点。"豫"本兽名，性疑虑（reluctant），因犹豫而有小心谨慎之意，引申为迟疑慎重、战战兢兢。冬天徒步涉越冰冷的河水，举手投足之间的疑虑和谨慎可想而知，那种如临深渊、如履薄冰的现实情境，容不得当下的意念有丝毫的丰盈和自大，否则就不可能"贵身"，因为随时都可能使身体置于极度危险之境。

④ "犹"本兽名，性警觉（vigilant），表示意识到强敌环伺之时的戒惧惕厉之状态，为了提防四邻入侵而丝毫不敢妄动。这是一种似有明显对象情境，但又没有非常明确之对象的警惧，其非对象化色彩犹如海德格尔所言之"畏"，但时刻从背景中凸显的危险实际可能又有过之。体道之人因其平易，自然对于背景当中随时可能出险的意味和迹象也就非常敏感，善于见微知著，也一直保持警觉。如果把"犹"理解成为求得与四邻的和睦相处而踌躇，那么"畏"就需要理解为忧虑，担心不能搞好邻里关系[3]，因为求和睦之"盈"而越过邻我的分

---

[1] 陈鼓应注译：《老子今注今译》（参照简帛本最新修订版），商务印书馆2003年版，第131页。

[2] 刘笑敢：《老子古今：五种对勘与评析引论》，中国社会科学出版社2006年版，第193页。

[3] 参黄克剑《老子疏解》，中华书局2017年版，第178页。

界。但这种担心是忧虑自己把握不好分寸，而不是担心他人，而"四邻"作为"畏"的宾语，应该理解为担心忧虑的对象更加合理，所以当有一定的警惧意味，在担心受到邻人伤害的"畏"与"不畏"之间。也有"慎独"的意味，无论人独处还是与人共在，举心运念都要顺乎自然，担心违背自然。

⑤ "俨"是做客的时候表现出来的恭谨、庄敬（dignified）的样子，表示有道的客人对于情境的合理领会。"客"王弼本作"容"，不取。

⑥ "涣"表达春风解冻时刻冰凌的分解涣散（即"释"）状态。"冰之将释"一本作"凌释"，其意同于消融的冰凌。《易》有涣卦，象征暖风乍起，湖面风水涣涣之象。涣散是边界消融，主动放下（yielding），去除固体的、不变的姿态，以液态的、流动的方式来应对情境的变化，可以达到物我融为一体的境界。

⑦ "朴"是未经刀砍斧削的原木（uncarved wood），或玉石未经开凿雕琢的状态（unword wood）。[1] 得道之人的醇厚质朴是通于大道那种敦实厚重的原始气象。

⑧ "旷"是心胸旷达、开阔如大河深谷，因宽广而能包容（receptive）涵纳。

⑨ "混"是混沌不分，混同；"浊"是浑浊不清，表示因混同尘俗而浑厚如浑浊的溪水（muddy stream），得道者处世圆融随顺，臻于无分别心、毫无偏见芥蒂的包容之境。

⑩ 浊中求清，静中生动，都是得道者的功力所达到的高境界。得道之人，善于持守道意，混同物我边界，实意改变其所处的情境，其意念实化所至，能够让浑浊的情境变清，让其生存的境遇逐渐焕发生机。无论外境如何变动，内心平静安宁，淡定从容，是精神修炼的基本状态。海德格尔曾请萧师毅写此句"孰能

---

[1] 安乐哲、郝大维：《道不远人——比较哲学视域中的〈老子〉》，何金俐译，学苑出版社 2004 年版，第 118 页。

浊以止，静之徐清？孰能安以久，动之徐生？"挂在他的书房当中，横批"天道"[1]，可见他对于中国道家"天道"观的情怀。辜正坤译文基本得此句之意：Who can end the muddiness// And make the muddy settle and gradually become clear? // Who can be at rest and yet, stirring, slowly come to life?[2] 此句《道藏》河上公本加"止"和"久"字，但河上公通行本和所有古本都没有"止"字，下句则有"止"字，陈鼓应认为王弼本衍一"久"字。[3] 如有"止"和"久"意思会略有增加：谁能（像得道之士那样）既保持浑浊，又能沉静下来，而渐渐澄清？谁能既使自己安定下来长久不动，又能静中生动，逐渐焕发生机？但基本意思相通。

⑪ 懂得如此与道同一的得道之人极少，其起心动念之处皆是道意，即与道合一之境界自然流露。达到如此境界者不追求盈足和饱满，无论是自满还是外在的盈满，而追求同于道的虚空境界。一本作"蔽不新成"。"蔽"通"敝"，保持大道本相之意。因得道者之不盈，所以能"蔽"，即善于维持得道之人的在道状态，不过，看似保守的得道之相并没有因循守旧的意味，而丝毫不影响其"新成"，也就是能够依境而生（contextual creativity），不断在与他人和他者（the other）的交往当中，"涣"散自己与他人他物的边界，与外境融为一体，成为新的状态。那种认为修道之人不要新成，不当求新的说法，不取。[4] 如董平赞成高明对

---

[1] 参张祥龙《海德格尔思想与中国天道：终极视域的开启与交融》（修订第三版），中国人民大学出版社 2011 年版，第 29—30、337、354—355 页。转引自《海德格尔与亚洲思想》，第 100、102—103 页。

[2] 辜正坤译：《道德经：附楚简〈道一生水〉：*The Book of Dao and Deh* (with the Bamboo Slip-text: The Great One Begot Water)》，中国出版集团，中国对外翻译出版公司 2006 年版，第 39 页。

[3] 陈鼓应注译：《老子今注今译》（参照简帛本最新修订版），商务印书馆 2003 年版，第 130 页。

[4] 参马恒君《老子正宗》，华夏出版社 2014 年版，第 49—50 页。

"蔽而新成"的校勘，认为当作"能敝而不成"[1]。去旧更新不见得最切合语脉，而黄克剑"臻于大成"之说，理解为蔽短而至于大成，呼应前得道之人的境界，或可备一说。[2]

【明意】

善于对"道"进行意会的人，是神妙悠远玄通的人，因为他们心思意念的发动，已经完全与道的运化同体。这种心通于道的意念所达到的玄冥通达境界，已经完全超出常人的理解能力。因为念念发动皆合于道，皆在道运行的自然力之中，所以心念发动的境界本身，就是合于道的自然意境的本体状态。

"道意"只能通过比喻的方式，以促进联想的方式来帮助一般人去理解那种心念发动皆通于天地之化的境界：自然之意被认识和领会的道意之境只能如此比方：对冬天的冰面之危险的意会，必须通过极度的谨慎小心才能感受到；对于四面邻国进攻的形势，只有通过机敏警觉的意会才能理解；对于作为宾客的礼仪分寸，需要通过诚敬端庄的气度来意会；对于春风之中冰雪消融的境遇的理解，需要意会为和蔼可亲才能得之；对于未经加工的木材和工料的状态的体会，需要意会为诚朴笃实的心态才能理解；对于空旷幽深宁静的山谷，如果不能意会为专注开放、旷远豁达的"道—意"状态，就不可能理解它；对于浑浊的流水，如果没有能够包容混同所有的形势力量而进行深思的状态，就无法意会它。所有自然现象的流变，需要通过特定的心意状态才可能被领会，而这种领会的状态，就是意通于物的状态，是一种心物一体的状态，物在意中，与意共在。

只有领会"道意"的人，他的意念发动之处才有着让万千波浪风平浪静的力量。意念发动的瞬间，既可让浑浊的现象世界渐渐澄明；也可让看似静止而内在有力的自然之力，缓缓发动而

---

[1] 见董平《老子研读》，中华书局2015年版，第99页。
[2] 黄克剑：《老子疏解》，中华书局2017年版，第179页。

点滴滋生。因为意念皆顺道而发动，所以能够行云流水而不满溢，随同万千物化并自然更新。

因为"道"的意会是超验的，所以仅能通过比喻来表达。这种意会不是信仰，也不是神启，更不是对某种无法落入经验的超验状态做信仰性的描述。能够领会"道意"的人，心意发动随物而起，随物赋形，随物而生，随物而明。他们意念发动之处即含大智慧，念念与"道"融通，心念境界难以捉摸，与"道"一样深不可识。

第十六章　静复道境

致虚极，守静笃。①

万物并作，吾以观复。②夫物芸芸，各复归其根。③归根曰静，静曰复命。④复命曰常，知常曰明。⑤不知常，妄作，凶。⑥

知常容，容乃公，公乃王，王乃天，天乃道，道乃久，没（mò）身不殆。⑦

【译】

追求虚静达到极致之时，就能牢牢地持守清静的意境。

万物生生不息，我从中体察循环往复的自然之意。万物虽然纷繁茂盛，但最终却返归其本根。返归到本根叫做"静"，静下来也叫作回到生命本原，回到生命本原就接近恒常的境界，知道持守常道就达到意明之境。不知道持守恒常之意境，就容易轻举妄动，轻举妄动就会招致凶险。

了解常道的人才能无所不容，无所不容才能坦荡公平，坦荡公平才合于为王之道，为王之道应该顺从自然之意。顺从自然之意即是合于道境。通乎道境才能保持长久，终生免于危殆。

【注】

① 致：追求；极：极致的状态（extend your utmost empitiness)[1];守:意念的自觉守护;笃:静之极点。"致虚极"即"致极虚","虚"是对无欲之意境的描述,如《庄子·人间世》:"虚者,心斋也。""守静笃"即"笃守静",即人要意念清净地修道,修入清静的意境(equilibrium)。"笃"是纯一浑厚的清净之本,不在身外,在心灵之意境,通于《易》"洗心""洁净精微"之教。"道"在一切具体的感觉经验材料之外,有"虚"之性,而心灵不可受感觉经验材料的约束,否则就不"虚",没有虚灵不昧的心,就无法契合"虚"性的道。人心只有虚到极致,空明玄远,不被欲望和具象所限,方能到达极致的清静。在极致的静寂状态之中,心之虚体与道之虚体混同为一,不分彼此。心不是用其认识功能来理解道的,也就不是通过正常认识外物的途径,如从感觉经验材料开始,形成表象、联系、观念、判断,进而形成命题的推理、演绎等方式来认识道,而是通过超言绝相的意会,直接与道融会贯通的方式领悟。荀子说:"虚一而静,谓之大清明"(《荀子·解蔽》),只有在心灵本体光辉自然呈现而且通达自然之意,即心与道合一的状态当中,才能体悟到道体的存在状态。张祥龙认为,这是要撇开知觉中的现成"焦点",而入至柔、至朴、至虚的"边缘域",指的是乘势者需要敏锐地感知边缘构域为最真实的存在,才能入此境而得天势。[2]

② "作"是兴作(emerging),发育,生生不息地长养。万物的"生"是在心之"观"中的"生",这种心"观"之生犹如《易》之复卦,可以"见天地之心",于天地之心上升起的状态为"复",是意念同道而"观"万物之兴"复"。在这种虚静到极致的状态之中,意之生若有如无,而意之"复"起,所"观"

---

[1] 安乐哲、郝大维:《道不远人——比较哲学视域中的〈老子〉》,何金俐译,学苑出版社2004年版,第120页。
[2] 参张祥龙《海德格尔思想与中国天道:终极视域的开启与交融》(修订第三版),中国人民大学出版社2011年版,第229页。

出的正是天地的心意（天意）——自然之意。"观"万物一起顺从天意而兴作，即悟自然之意"如是"之"自然"而然，正如佛家"入定"后之所"观"，心意仍然兴作，但兴起之"复"中，"观"见万物兴发流转的本相。

③ "芸芸"是众多之貌，纷繁茂盛之象。事物展开为千差万别的分别相，但从极静的道意之境观之，最终所有的事物都要回归其本根之道，如生物经历一个生命周期之后仿佛回到生命的起点，回到自然虚空的状态之中去。所有一切无中生有的"有"，最后都要"复"其有而无之的"无"。

④ 生命展开动态的精神实化状态，最后还是要回复通达大道的本然性命。"静曰"一本作"是谓"，英译为"It means return to their destiny."[1] 事物本然的性命是顺天地自然之意的本相而流动兴发，但一切都周而复始地回复到初发的端点，所以一切事物的运动变化都在回复命运本相的旅途之中。

⑤ 有而无之，动而复静，都是自然之意发动的常道。"明"是"观"道兴起又复归的明，是知道事物之先后的明，如《大学》"知所先后，则近道矣"那种明白状态。

⑥ 不知大道兴作的规律而以主观的欲望去改变事物发展的进程，可能随时处于危险之中。陈荣捷将"妄作"译为"act blindly"[2]，使此句与前句"知常曰明"形成隐晦的对照，比较贴切。

⑦ "容"是无所不包地宽容（accommodating），心虚可以容道，涵纳万物。"公"是坦荡公平，主持公正，是领悟到私（己）身与外物融为一体的状态，不加私意于万物和民众的平等之意。"王"是合乎为王之道（kingliness），一作"全"，帛书甲

---

[1] Paul J. Lin, *A Translation of Lao Tzu's Tao Te Ching and Wang Pi's Commentary*, Ann Arbor, MI: Center for Chinese Studies, University of Michigan, 1977.

[2] Wing-tsit Chan, *A Source Book of Chinese Philosophy*, Princeton: Princeton University Press, 1963, p. 147.

乙本没有，不取。[1]合于王道则通于天，天即自然之意。天长地久合乎大道，即入道境。如此起心动念都在道境之中，念念脱离危殆，即可远离危险和损害。

【明意】

"道意"是一种极致的状态，是意通于道的状态，所以是意之极致，合于道境。在这种静谧安宁之中，万物之化不离其中，由意观道，就是一种"观复"的状态，用"意"来观，观万物之复，这是万物的展开，在为意念领会的过程当中，似乎每时每刻都回复到其本然的，原初的状态。"意"未实化为"念"之前，只是一种将发未发的反身观照状态，而实化为"念"，即成为某种具体的、无法收回的单向度的意向状态。

一切自然之意的展开，都是双向度的，也就是说，是展开的同时也当下收缩的。好比阴阳和乾坤，都是这样的双向动态性存在。生生不息的万物每时每刻都顺着自然之意展开，在展开的同时被意所领会，其结果是双向度的：当我们观看着它们归于本根，回到清静自然的本意，时时刻刻变化不离开本然的本性和命运之道，就看到了事物变化的原初一面，这样看事物的运动才比较全面，才能够领会道意的恒常状态。

理解这种恒常状态，是明白"道意"存在而且能够时刻意会的表现。如果不能够领会"道意"的状态，起心动念皆不顺自然之意的话，就会有凶灾出现。

天下万物的生存发展，都有自然之意在自然无为地辅助运化，但人只有领会自然之意，才能够宽容博大，当心意通达于世界，就有一种全境的理解，可通达于天的存在状态，这样，意之

---

[1] 董平：《老子研读》，中华书局2015年版，第103页。马恒君认为与二十五章"王"为"四大"之一不符，故不取，参马恒君《老子正宗》，华夏出版社2014年版，第54页。

境在极致安宁的状态中，即在意念沉静、似乎波澜不惊的状态当中，起心动念都与万物的变化通达一体，此之谓心念发动都能够随顺自然之意的"道意"境界。

第十七章　太上自然

太上①，下知有之②；其次，亲而誉之；其次，畏之；其次，侮（wǔ）之。

信不足焉，有不信焉。犹兮，其贵言③。

功成事遂，百姓皆谓：我自然④。

【译】

最上等的君主，百姓只知道有这么个人而已；次一等的君主，人民亲近称颂他；再下一等的君主，百姓畏惧他；更下一等的君主，人民轻侮他。

君主诚信不足，百姓就不信任他。慎重呵！君主贵在不轻易发出政令。

等到君主大功告成，万事顺利，百姓都说，我们本来就是自己如此的。

【注】

① "太上"是最上、至上，指最好的统治者；任法融认为，"太上"指上古[1]。

② 《韩非子》《文子》都是"下"，宋代后才出现"不"，故不取"不知有之"，即不知道有国君存在之说。虽然从顺道统治的意义上来说，"不知有之"比"下知有之"更有顺道而行的

---

[1] 任法融：《道德经释义》，东方出版社2017年版，第47页。

意味。

③　帛书本、河上公本、傅奕本等古本作"犹",今人李零[1]、马恒君[2]、董平[3]等同意用"犹",其他大部分是"悠"。因后有"贵言",当指君王不可轻易发号施令,故前取慎重义,当取"犹"。《说文》"悠""犹"可通,陈鼓应也认为古通假[4],只是君主"悠然而不轻于发号施令"虽可理解,但比起慎重义还是有所不足。

④　百姓皆顺自然之意,本来就是如此这般,存在、生活者,做成了事情,就认为是自己自然办成的。这种"自"己"如是"之"自然"而然(是),是呼应开篇"太上"运乎大道、无为而治的最高境界。关于"我自然"有两种理解,一种是百姓说自己本来就如此;另一种是百姓说君主"功成事遂"一事自然而然地发生,但这两种理解其实也是相通的,因为老子认为,君主最大的"功成事遂"就是让百姓顺应自然之意来生活。

【明意】

此章表达意念对世界之有的领会,也是对存在者创生力感通的结果,比如对于统治者存在与否的领会未必需要经验,甚至对历史事件、家族传统的领会都在经验之外,但人仍然可以领会其存在与否。这种存在与否是因为:(1)存在物在世间存续本身要有创生力,有活力,才可以被传达和领会。(2)存在者本身的自然创生之意能够让自己存在起来。(3)存在者的自然创生之意可以通过各种媒介和中介经验进入他人的意识。意对存在者

---

[1]　李零:《人往低处走:〈老子〉天下第一》,生活·读书·新知三联书店2014年版,第70页。
[2]　马恒君:《老子正宗》,华夏出版社2014年版,第55页。
[3]　董平:《老子研读》,中华书局2015年版,第105页。
[4]　陈鼓应注译:《老子今注今译》(参照简帛本最新修订版),商务印书馆2003年版,第142页。

的领会是存在者被领会进而存在的根据。（4）领会之意对存在者的规定即是存在者进入世界之后获得的规定，如属性、分寸、刻度等。这些都是主客合一的内容，并不存在于存在者本身，而是被意领会之后才区分的。存在物的规定性是事物被领会的分辨状态。现象即被意会的存在，现实是心物一体的建构，是心物一体的表象性存在。

存在者只有进入意识，为意识所领会，才成为存在者本身。存在者存在，被意会似乎是偶然，但偶然之中有必然性，意会的偶然性与必然性不可分割。存在者必然被偶然化，只有在偶然性偶遇之中，存在者才会存在。存在者被偶然性地意会之后，它的存在力量如何是可信的，即存在者的可信度是如何得到实化的，要通过人运用言语名相，也就是通过人言说的规律性活动，建立对存在者偶意化之后的信任感与存在感。

统治者作为一种特殊的存在者，作者认为，为使其整全性不被破坏，应当尽量避免被随意偶意化，因为人民偶意化统治者时必然要把统治者的整全性落入分解性的言诠。一旦言诠化以后，就不能恢复统治者本身的整全面貌。可见统治者的意念应当深藏不露，不要轻易被偶意化，那样统治者的全面意向才会被超凡脱俗的、似有若无的方式加以全体性地意会。

第十八章　道废仁伪

大道废，有仁义；[1]智慧出，有大伪；[2]六亲不和，有孝慈；[3]国家昏乱，有忠臣。[4]

【译】

大道废弛之后，才出现了所谓的仁义；智术机巧出现之后，才产生了大诈大伪；家人之间失和之后，才凸显出来所谓的孝子慈父；国家政事陷入混乱之后，才显现出了所谓的忠臣义士。

【注】

①　有道的社会不需要特别突出仁义的好处，突出仁义的社会是大道本然之善已经缺失的状态。冯友兰说："在'大道'之中，人自然仁义，那是真仁义。"[1]天地有其自然之善，如《系辞传》"继之者善"所言，阴阳之道的继续就是善，此非与善恶对待之善，而是天地本然之真"善"。

②　"智慧"是指智巧，不是得道的真智慧，而是机心生出的伪诈，因此英译为"wisdom""knowledge"只取表面之义。二十八章"大制不割"一作"大智不割"，指通于大道的智慧无法割裂，割裂出来的就是对待的技巧和诈术。

③　"六亲"指父子、兄弟和夫妇。"孝慈"一本作"孝

---

[1] 参陈鼓应注译《老子今注今译》（参照简帛本最新修订版），商务印书馆2003年版，第145页。

子",这里指五伦关系淆乱之后,才需要提出父慈子孝。

④ 范应元本、傅奕本"忠"作"贞",王弼本、帛书本作"忠",今从,取其"忠心""忠诚"之意。[1]每当国家上昏下乱,都会出现忠孝之士舍生取义,拼死相保,儒家认为"忠"和"孝"是从事国家事务之士人当有的内在品格,在任何时候都值得提倡。但老子不这样看,认为如果国家能够真正由自然之意自作主宰,实现清静无为的理想,又何须辨别人民的忠与奸?的确,当国家需要专门提倡忠孝仁义的时候,社会秩序已经失范,人心早已偏邪,这时即使有忠孝之士竭尽全力去校正过来,难度也非常之大,可以说基本无望。所以,老子不但身体力行,也提倡所有的人,面对既已混乱的政治秩序,当采取独善其身的态度,觉得既然无法扭转失序的人伦纲常,那还不如遗世独立,自得其乐。

【明意】

如果大道不被意会,人道的虚伪对待性创造就会甚嚣尘上。老子从天道自然之意来理解,否定儒家提倡的仁义道德。人对道没有意会,自以为是,就陷在空转的世界之中,一切都是伪造的,虚幻的,离开自然力的,这样的状态是不合适的。因为只是凭人心的想象和言辞的逻辑重构出来的人造概念的世界往往缺乏意念元动力,而意念的元动力是人直接通达大道的经验。人想通过虚幻的、缺乏自然之意的道德范畴来约束人的思想行为,这是没有生命力的,所以很难成功。

当国家的治理不回溯到心会通于自然之意的根本上去,而是依赖空虚的道德说教,没有生命力的陈词滥调的时候,这个国家的生命力和创生力就被抽空了。表面的道德模范、道德行为不足以支撑一个社会机体的健康运作。所谓谎言是心意的自我构造,是心意违背经验事实的构造及正常言辞的内容与逻辑,不再具有内在自然之意的创生力。

---

[1] 黄克剑:《老子疏解》,中华书局2017年版,第27页。

第十九章　绝文抱朴

绝圣弃智，民利百倍；绝仁弃义，民复孝慈；绝巧弃利，盗贼无有。[1]

此三者以为文不足[2]，故令有所属：[3]

见（xiàn）素抱朴，少私寡欲。[4]

【译】

君主断弃圣明，去除智术，人民可以获得百倍的益处；断绝仁德，抛情去义，人民可以恢复孝慈的本性；杜绝技巧，抛弃货利，盗贼就自然会消失。

圣智、仁义、巧利这三者都是巧饰的，不足以治理天下。所以要教诫君主谨记嘱托：

呈现本色，抱守淳朴，减少私心，降低欲望。保持纯洁朴实的本性，减少私欲杂念。

【注】

① 本章与上一章意旨前后连贯。"绝"和"弃"是抛弃和断绝，此处是君主自明而舍弃。"圣"与"智"指聪明智巧。此处"圣"不是老子提倡的"处无为之事"的"圣人"，而是一般人意义上的、合乎仁道的"圣人"，带有自作聪明的智术，老子要加以否定。老子以为，用"圣"和"智"来治理的百姓，犹如涸泽中的鱼，跟大道当中"相忘于江湖"的鱼比起来，简直是天上地下的区别。陈鼓应据郭店本改为"绝智弃辩"，以

"圣"为老子所推崇而不取，可备一说。[1]

② "文"有不同理解，一解为文饰，是动词，文饰不足的状态，即大道缺失的不足状态；一解为文明教化，是名词，指圣智、仁义、巧利作为文明教化是不足以治理天下的。无论哪种解释，圣智、仁义、巧利三者要回归到"道"的混沌和圆融不分状态。[2]

③ 通常的理解是"让百姓（的思想认识）有所归属"，文意可通。三者已经是分离的相对价值，不可能单纯通过"令"其有所归属就回到大道的本然状态。这是把"令"的对象理解为"百姓"或百姓的思想认识，即百姓的思想被这三者搞坏了，所以需要让百姓的思想重新归属到大道的状态当中。不过，如果承接本章开头，则必须是对君主所言，合乎全书言说的对象，而后一句也可以对君主来说，那么，"令"可以理解为教诫，"属"可以理解为嘱托。这是教诫君主要谨记嘱托，让心地纯洁如自然之意，行事无私心私意。[3]

④ "见"是表现，呈现；"素"是未染色的丝之本然色彩；"朴"是未经雕琢的木料之本然状态。让老百姓归属到大道中，不要被圣智礼法的浮文所污染，要尽量保持纯洁朴素的本性。

【明意】

抛弃对待性的相对价值，抛弃没有自然力、自然之生意支撑的人造概念与道德说教，让人的心意回归自然之意的运作，心同于自然，就会从大自然之中重新找回生命的力量。让心回归自然之意，没有其他特殊的捷径，就是放下欲望，放下人心的造作，让心意与自然之意的发动相通。

---

[1] 陈鼓应注译：《老子今注今译》（参照简帛本最新修订版），商务印书馆2003年版，第147页。

[2] 参董平《老子研读》，中华书局2015年版，第110页。参马恒君《老子正宗》，华夏出版社2014年版，第63页。

[3] 参任法融《道德经释义》，东方出版社2017年版，第53页。

人意的运作有两项，一、自然之意本身在运作；二、人心的自私用力，用智慧与巧力。要在心意发动的反思状态中除去自私与巧力，让心意发动，更多地在自然之意的自然呈现的状态当中。自然之意纯洁朴素，不需要一丝一毫的雕琢，人心通于自然之意也要放下一切人心的造作与伪饰。静素是要用意去领悟自然之意的素朴与本真，即用当下的意去合于自然之意。人的起心动念在有为的层面上要自我控制，化"有"归"无"，以合于无为状态的自然之意。

第二十章　学道愚顽

绝学无忧。①

唯之与阿（ē），相去几何？美之与恶，相去若何？②人之所畏，不可不畏。荒兮，其未央哉！③

众人熙熙，如享太牢，如春登台。④我独泊兮，其未兆；沌沌兮，如婴儿之未孩；傫（lěi）傫兮，若无所归。⑤

众人皆有余，而我独若遗。我愚人之心也哉！⑥

俗人昭昭，我独昏昏。俗人察察，我独闷闷。⑦忽兮，其若海；飂（liù）兮，若无止。⑧

众人皆有以，而我独顽且鄙。我独异于人，而贵食母。⑨

【译】

不要羡慕世人之学，那样才能没有人生的忧患。

人家唯唯诺诺地顺从你与大声呵斥地违拗你，能相差多少？人家说你好与说你坏，又相差多少？人家怕的事情，你也不得不跟着去怕，如果这样的话，你怕的事情就无边无际了。

大家都兴高采烈地追名逐利如同享用盛宴，如同登台游春尽享无边春色。我独自淡泊宁静，无动于衷，不显心迹。混混沌沌啊，如同初生的婴儿还不会发笑。独自彷徨啊，好像无家可归的浪子。

大家都志得意满，心志盈溢，我独自廓然无欲，好像匮乏不足。我就是一个愚人的心思啊！

世人都自昭炫耀，惟独我昏昏昧昧；世人都精察明辨，惟独我浑浑噩噩。恍恍惚惚啊，如同漂浮在大海上；飘飘荡荡啊，如同漂泊流浪无所凭依。

大家都有所施展，唯独我冥顽鄙陋。我所要的，就是与别人都不同，因为我看重那滋养万物的道体。

【注】

① 断绝世俗之学，直接感通自然之意，方能没有忧虑，与道同体，"得天地之大全，事物之总体，悟性命精微之奥理，观造化之极致妙用，通阴阳消长之情理"[1]。因为世俗之学追名逐利，越学心越乱，境界越低，而学道必须抛弃对象性和对待性的学问，直接体悟道境。体悟道境的人与世俗之人判然分别，无法同流合污，下面五层对比都是对这种区别的描述。"绝学"之"学"，一般译为"learning"，张钟元译作"artificial learning"更合其本义。[2]

② 晚辈回答长辈的恭敬高音称"唯"；长辈回答晚辈带有怠慢低音称"阿"；如成玄英疏："唯，敬诺也；阿，慢应也"。一说"唯"表顺从，"阿"表反对、违拗。王弼本"美"作"善"，帛书甲乙本作"美"，美善与丑恶相对。这里是说，顺从与违拗、美与丑、善与恶，以道观之，没有区别，不必执着。

③ "畏"是畏惧、害怕；"荒"是远；"未央"是没有边界，没有尽头。如果跟着俗人担惊受怕，那就永远没有尽头，意思是得道之人，自然跟他人不同，常人担心害怕的很多，可得道的人有什么需要担心害怕的呢？

④ 熙熙：熙是和乐，熙熙是众人拥挤快乐、纵情奔欲、兴高采烈的状态。太牢是古人用来养准备宴席用的牛、羊、猪的牢，后称牛羊猪三牲为太牢，缺牛的两牲为少牢，太牢引申为盛

---

[1] 任法融：《道德经释义》，东方出版社2017年版，第54页。
[2] Chang Chung-yuan, *Tao: A New Way of Thinking. A Translation of Tao Te Ching*, New York, 1975.

大的祭祀活动或宴会。"如春登台"是好像在春日艳阳天里登上高台，满心喜乐。

⑤ "我"指得道之人，体道之士，与道混一，超越尘俗，孤独行世，自得其乐。"泊"是淡泊恬静，不为所动。"未兆"是不表露征兆，不展示自己的心迹，显得不为外在的嬉闹和世俗的喜乐所动，无动于衷，完全没有追名逐利之心。"沌沌"是混沌不清。"孩"通"咳"，指婴儿的笑声，表示修炼到了像还不会笑的婴儿那般程度。一说如婴儿般尚未长成的孩子，如第49章："圣人皆孩之。""傫傫"是疲惫、倦怠之状，修道之人身体疲惫只是表象，其实只是内心对世俗外物的疏离感太过强烈，导致身体表现出对外在尘累的疲倦和负累感。

⑥ "有余"是志得意满，心志盈溢。"遗"是不足，一说通"匮"；指得道之人对于外物完全没有足够的兴致，一副疏离超然的态度，因为以道观之，追逐外物的境界实在等而下之，因他人欲求有余而显自身之不足，不但不足，大家都笑自己愚顽不灵，好像一个大傻瓜。

⑦ "昭昭"指俗人智巧外露、炫耀自得的样子。"昏昏"是昏昧不灵的样子。"察察"是有察察之明，对世俗利益精准明辨的样子。"闷闷"是浑浑噩噩，不明就里的样子。世俗之人工于算计，投机钻营，无所不用其极；而得道之人撤回内心，任由世俗利益随风飘过，不沾不滞，不在乎被人觉得昏昧不灵，浑浑噩噩。

⑧ "忽"王弼本作"澹"（dàn），据帛书甲本改。今：辽远广阔的样子。"澹"作湛然宁静解，指心灵解脱物累之后，面对海阔天空的自由境界。虽可通，但此解不如恍恍惚惚如飘在大海水波荡漾之感。"飂"指劲疾长风，所过之处，飘飘荡荡，无岸可止，无处停留。虽也可解为清风徐徐，清朗飘逸，胸无挂碍，俊逸洒落，但是跟前后浑噩顽冥之状不够一贯。

⑨ "有以"是有本领，有用有为。"顽"和"鄙"是形容鄙陋、笨拙，对外物和利益好像傻子一般。"母"是比喻大

道如母，是生命之本，万化之源；一说是大道的天性，也可以理解为母性的分有；一说是本根，本来的心渊性海。[1]"贵食母"是看重道体对万物一视同仁，混沌包容，无分无别，那种天地万物之母普遍慈爱众生而不与众生争利的状态。张祥龙认为，"母"是"处在日常视野边缘而不为人知的构成境域"[2]。

【明意】

混同自然之意者的心意之发，不对世界作分别，不发分别心，不作道德的判断，因为自然之意本身发动出来，遂被人们领会并用范畴加以分析辨别，但仍然要保持清醒，即自然之意本身并没有这样的分别，而且这样的分别从根本上讲并不需要。

心意通于自然之道的人，其心机的发动，恬淡自适，犹如昏寐无知一般，因为自然之意素朴无为，其实化过程无任何迹象，实化之后又回复到心意原初的本来状态，所以，通达于自然之意就了无心意造作的痕迹。让心意行云流水，如若天行无意，自然的本然状态没有分别之心，与人心所热切追求与盼望的那种状态大相径庭。人造的世界追求华丽、有为、造作、攀比、分别等。合于道之意，合于自然之意，是无心不用意，如无意，故老子多方比喻，如孩子没有分辨，不会说话和动用私意，一切造作的知识都是臆造无用，离自然之意本然的运化状态十万八千里。

吃是最原始的自然之意的发动，衣食住行皆如此，但分辨攀比之后衣食住行变得非常复杂。附会于其上的私意越来越厚重，让人攀比、分别，使人陷入世俗的漩涡，追名逐利，沾沾自喜，与"自然之意"愈行愈远，再也无法回复人生无忧的恬适状态。

---

[1] 任法融：《道德经释义》，东方出版社2017年版，第57页。
[2] 张祥龙：《海德格尔思想与中国天道：终极视域的开启与交融》（修订第三版），中国人民大学出版社2011年版，第229页。

第二十一章　恍惚窈冥

孔德之容，惟道是从。①

道之为物，惟恍惟惚。②惚兮恍兮，其中有象；恍兮惚兮，其中有物；③窈兮冥兮，其中有精；其精甚真，其中有信。④

自今及古，其名不去，以阅众甫。⑤吾何以知众甫之状哉？以此。⑥

【译】

大德之人的行为举止，只与道保持一致。

"道"这个东西，是恍恍惚惚的。惚惚恍恍啊，在这惚恍之中确有某种意象〔1〕；恍恍惚惚啊，在这恍惚之中确有某种物象〔2〕；深远而幽昧啊，在这窈冥之中确有某种精气存在；这种精气非常真实，从窈冥之境中认识精气的实存这一过程是可以信验的。

从古到今，"道"一直实存，它的名字永远无法消去，只有依据它才能认识万物的本始。我凭借什么知道万物本始的真情实况呢？根据就在这个"道"。

【注】

①　"孔"是甚和大之意。王弼认为，"孔"通"空"，"孔

---

〔1〕　意象：指意从无中生有的显化过程必意化为某种象。

〔2〕　物象：这种恍惚的意象因其虚无，而必须实化为某种物象才能加以认识，好比比喻的手法，才能把对象化的状态勾勒出来。

德"是大德、上德之人，即特别接近道的人，跟道一致。本章顺接上一章学道之人的特殊状态，继续讨论道的恍惚窈冥状态。"德"是"得"，即"道"的显现和作用，"德"见于第10，28，38，51，54，55章。"容"是"包容""动作"，带有运作和形态的意味。

② 恍惚：仿佛、不清楚，指"道"被意会之后，无法还原为清楚固定的实体形态，似动非动，似静非静，边界不清，状态难以意会和言传。

③ "象"是意象、形象、具象。"道"本"无"，为物无物，无形无相无方无所，无量无界，又是一切象，一切物的根源，里面无所不包，无所不容，无所不有。张祥龙认为，这里讲的是得"道"的势态犹若任天势而行，这是面对自然力求生机的生存战争之势态。"人生的一切波澜变幻、柔情慷慨，实际上都因势而发。天势即活的'自然'。""道象的特点就在于含势而不滞于形名。"[1]

④ "窈"是深远而微不可见；"冥"是暗昧而深不可测；"窈兮冥兮"指的是道好似极其悠远、昏昧、难见、不测，这种"窈冥之境"类似郭象"玄冥之境"，是万物与道共在的不可描述的自在之境。"精"是生气的精华，是有生命的最微小原质，是极细微的精华[2]。"甚真"指虽然悠远不明，但其实又真实不虚。"信"是信实、信验，真实可信。这里讨论的是，从虚无到精气的实存这一过程是可以认识的，这是无与有相生的本体论。这与译成"这精质是可以信验的"一般译法有区别。"精"是从窈冥之境中升起和显化的，不是如梦如幻，而是真实不虚的，这是无限的自在之境被意化为分别的万物的显化过程；是境之"无"被意化为物之"有"的澄明过程。

---

[1] 参张祥龙《海德格尔思想与中国天道：终极视域的开启与交融》（修订第三版），中国人民大学出版社2011年版，第225—226页。

[2] 陈鼓应注译：《老子今注今译》（参照简帛本最新修订版），商务印书馆2003年版，第157页。

⑤　自今及古：一本作"自古及今"。众甫：帛书甲乙本作"以顺众父"，王弼本作"以阅众甫"，"甫"与"父"通，引申为始。一说众甫即众物。大道无名无状，周流六虚，恍恍惚惚，好像什么都没有，又好像里面有象有物，所以，从古至今，都永恒常存，万物都不离不弃，所以通达万物自然之意之人，就可以通过万物当中恍恍惚惚的"道"来观察领悟事物的状态了。

⑥　以此：此指道。即依据"道"而知晓万物是如何开始的意思。此处再次强调，正是万物都有道，所以能够知道物之起始与自然之意的内在关系。

【明意】

心意的发动皆以通于自然之意为最高目的，自然之意被领悟是如此之艰难，因为道与意皆恍惚，意力图使"道"之恍惚明确化，落于言诠，显于实象。对自然之意的天机化、偶遇化的领悟，只有依赖于自然之意本身发动的创生力，也就是让心意的自然之力合于自然之意的自然之境，达到通如乾卦所示的大德（大得）。

这段描述是典型的意道境界，即"意"把"道"明确化、边界化的时候遇到的困境，最后也只能用形象化的言语来加以表达，相信念对道有某种确定性的把握，反对那种认为道是彻底超验而无法进入经验的说法。

道被意领会为各种规定性，这是道的宿命，但哲学的反思是要帮助道摆脱这种宿命。道不进入直接经验，道只被领会为道意，为意这种确定性的努力所绑架，进入言语分辨判断，道意要超越言语名相，与自私用意相区别。

自然之意本然运动无偏无邪、天然中道。但当一切事物的存在状态进入意识，必然显为有与无、成与毁的共同体，意念偏于哪一边，哪一边就被强调，导致偏见，离自然之意就越远。事物的否定在自身之中，因为自然之意本然存在，无所谓否定，但一旦被领会成什么的同时，也就被否定成为什么。任何有限的规定都是对道的本真性、无限性的否定。

老子要让人的意识同于原始的自然之意，不去加分别心，反对过度运用理性来分别。但老子提倡一种自然理性，即理性向着自然之意的回归，也就是所有存在物的异化与实化都应该服从自然理性。自然理性也可以自然、准确、精巧地领悟，所谓悟道，即在意念流行时，心意之发动皆合顺于自然之意的生发状态。

自然之意被领会的方式，似乎违背一切人间有意为之的努力，但正是这种看似反面的努力，把进入"意"中的一切存在的两面性揭示出来，世界的存在因此立体而充分。圣人明白自然之意必进入道意之境，由虚意转化为实念，最终必实化为"念"，但圣人起心动念合于自然之意实化自身的状态，其实化的念头，念念皆在自然之意中。

"意"的几重本体认识状态如下：第一层是无偏无邪的自然之意；第二层是有无、成毁的阴阳共同体层面上的道意；第三层是意之为有无相生的"无"态，偏于虚"意"；第四层是意之为念，即有无相生的"有"态，偏于实化的"念"；第五层才是实有的念头。每一层都不能离开自然之意。

逻辑是基于概念清晰化基础之上的推演，但老子推崇的是自然逻辑，即心意当自然合于道的逻辑。具体性是道被异化，道的异化即实化或具体化。意对世界的规定性的展开，从混沌到清晰，从潜能到现实，因为具体性很难改回去，所以实化的分寸要特别小心。

道既是本体性存在，又是逻辑性存在，道生成与发展，顺从自己的内在逻辑，这个逻辑本来应该成为人类理智世界的逻辑，可惜人自作聪明，在文字的基础上创造了新的逻辑系统，这个逻辑系统就离自然之意的自然逻辑有距离。

人的自由意志应当顺从自然之意，所以有两面性。一、命定论，顺从自然之意无法解释的部分，达到注定的部分；二、主动论，即自由创造自己的意志，成就天地自然之善，反对执着人为建构的有分别的善恶之"念"的形下系统。

第二十二章　委曲不争

曲则全，枉则直，洼则盈，敝则新，^①少则得，多则惑。^②

是以圣人抱一为天下式。^③不自见（xiàn），故明；不自是，故彰，不自伐，故有功；不自矜，故长。^④夫唯不争，故天下莫能与之争。^⑤

古之所谓"曲则全"者，岂虚言哉？诚全而归之。^⑥

【译】

委曲反而能保全，屈就反而能伸展；低下反而可以充盈得益，破旧反而可以除旧更新；追求得少才能得到，追求得多反而迷乱。

因此圣人持守着"道"让对应的双方抱合为一，以此作为天下的法式。不自我表扬，所以才能显明；不自以为是，所以才能彰显；不自我夸耀，所以才有功劳；不自高自大所以才能为人之长。正是因为不与人争，所以天下没有人能与他争。

古人讲的"委曲反而能保全"的话，怎么会是没用的空话呢！确实让人返真归璞，实实在在能够达到。

【注】

① "曲"是委屈，从领导者的角度，委屈自己是应该的，自己越是委屈，表面上看自己得到的少，但能够让别人乐于付出，领导的效果就伸展和达到了。这样理解，可与最后一句再强调一次首尾呼应。董平认为，"全"是全面，"曲"即片面，一

角一隅，局部之意，"曲则全"理解为局部可以导向全体[1]。似乎有理，但与前后呼应的全章主旨不相应，故不取。"枉"是屈、弯曲；"敝"是凋敝，破旧，意会到旧则是新生的开始。

② 这一段讲的是时空的能量可以不断转化相生，此刻的少，可以转化为另一时空中的多，显得因为时间的流变而有收获；此刻的多，可以在意会的过程中令人迷惘，不知所措，越加迷惑。

③ "抱"是守；帛书甲乙本作"执"，董平承认王弼本"抱"义更好，但仍用"执"[2]，此处从通行本。"一"即道，"抱一"即为守道。英译有"合一""执一"的区别，如oneness, One, One Principle等。"式"是法式或范式、标准、准则。

④ "见"同"现"，一说见解，也通。明：彰明。伐：自我夸耀，帛书本、汉简本作"牧"，董平认可[3]。"矜"是自我矜持、夸饰。

⑤ 通过"不争"大道无与争锋的更高境界，不在低层次的具体时空之中与人相争，而从更高的时空境界来看不争的好处，能够达到所有人都争不过自己的更高境界。

⑥ 重新强调"曲则全"的境界和好处，因为委屈，所以只是表面的退让，不但可以保全自己，而且因为不争而能够达到更高的无可匹敌的境界。"诚"是确实、的确；"归"是复归，返真归璞。

【明意】

自然之意的意化本身不应该有任何分别，整体性的意会当作为理解心物不二世界的基本方法。不与自然存在本身那种本然状态去争，则用道意本身去自然彰显出来。圣人的心意合于道意之

---

[1] 董平：《老子研读》，中华书局2015年版，第120页。
[2] 同上书，第121页。
[3] 同上。

境，不需要自我彰显即可达至明白之境界。心意合道，自然就不需要再用意把心之意向专门彰显出来。

意能通过对物的领会而成形，也就成就世事。圣人立身处世顺自然之意的发动而成事，所以私意不要发动即能成就事功，而天下一切自私用意的，都不可能跟顺从自然之意的去争。自然之意的流动因其自然，显得委屈，但也因其自然，元气充沛，而能成就功业。因为人心意功业再大，也大不过自然之意成就的功业，所以自私用意的努力，相比之下是多么渺小。

第二十三章　少言在道

希言，自然。①

故飘风不终朝，骤雨不终日。孰为此者？天地。天地尚不能久，而况于人乎？②

故从事于道者，同于道；德者，同于德；失者，同于失。③ **同于道者，道亦乐得之；同于德者，德亦乐得之；同于失者，失亦乐得之。**④

［信不足焉，有不信焉。］⑤

【译】

同于道的自然之意很少显现或实化为言语。

疾风不会持续吹一早上，骤雨不会持续下一整天。谁能造成这种现象呢？是天地。连天地的疾骤尚且不能长久，更何况是人呢？

所以，投身于大"道"的人，与大"道"相合；投身于"德"的人与"德"相合；缺失"道"与"德"的人所认可的是无道无德的状态。与大道相合的人，大道也乐于得到他；与德相合的人，德也乐于得到他；认同失道失德的人，就会陷入失道失德的后果。

［对同于道的自然之意信心不足，就不会认可道的存在。］

【注】

① "希"即"稀"；"希言"的字面意思是少说话，此处指

统治者要少施加政令、不扰民。从自然之意的本体意味上说，自然之意是无言之意，不言之意，恬淡静寂，无言无声。如第14章"听之不闻名曰希"应该从道的角度理解，笔者认可河上公和王弼本的意思。也有理解为少言寡令合乎自然，因为少言被认为合乎自然的诚信状态，因为大自然本身无言。反之，如果言语太多，政令繁苛，说明为政者的诚信不足，人民就会产生不信任。

② "飘风"指大风、强风。"骤雨"指大雨或暴雨。狂风骤雨都是大自然的阴阳失调所致，但这里强调的是，即使天地自然之意强烈发动，都不会持续太久，更何况未必领略自然之意的人呢？风和雨是大自然的自然之言，但真正的狂风暴雨都不会太长久，好比得道的人，言语在道，自然沉默寡言，即使不得不说，也不会说得太多。用天地都不能使狂风暴雨长久，是为了说明自然之意的无言境界何其重要，也是对道意之境既"希言"又"自然"的比喻化描述。

③ "从事于道者"是按道办事的人，此处指统治者按道施政，泛指言语皆通达自然之意的人。《周易·乾·文言传》说："夫大人者，与天地合其德，与日月合其明，与四时合其序，与鬼神合其吉凶，先天而天弗违，后天而奉天时，天且弗违，而况于人乎，况于鬼神乎。"说明通达自然之意，心意通达天意，自然从事于道，意念不偏离天道。"德"通常译为"德性"（Virtue），安乐哲译成"character"；有译成"power"（力量）的，如 Arthur Waley 把《道德经》译成"The Way and Its Power"[1]。"失"指既失道又失德，即意念偏失，偏离大道与德的状态。

④ 一说容易达到，"乐"表示容易得到。"故从事于道者同于道"，或者说，"故从事于道者"，强调"道者"同于道，指追求并达到与道合一的境界，那种庄子与蝴蝶无法分清你我的物

---

[1] Arthur Waley, *The Way and Its Power, A Study of the Tao Te Ching and Its Place in Chinese Thought*, Grove Press, 1958.

我混同之化境。陈鼓应、董平因各本纷异,从帛书乙本改为"同于德者,道亦德之;同于失者,道亦失之"[1],意为得者得道,失者失道,意思顺了。但王弼注"言随行其所,故同而应之"的妙处则没有被体会到。王弼指出了前后两个对应句组的内在关联性,即同于道,或同于德,根本上是一个人言与行之间的应和状态,即得道之人,必有得道之言,即开头所说"希言",换言之,"道言"是很少的,基本无语的状态,也必有得道之行,即随后说的,天地有道,不会狂风暴雨,无休无止,而会有所表示,适可而止。同样,得"道"而有"德"之人,也有与其"德"相应的言与行,其德与他的言行相配,失道也失德的人,也会有失去道与德相应的言与行,其言行与其无道无德的内在状态相配。可见,得道有德与失道无德之间的区别,都在起心动念是否合乎自然之意之间。

⑤ "信不足焉,有不信焉"在第17章出现过,董平不取此句[2]。与开篇呼应,可以理解为,对同于"道"的自然之意信心不足,认识不到"道"是很少实化的,也就自然不会认可"道"的存在。也可以理解为,不相信这一点吗?还有不相信的啊。一说君主的言行不合道,则信用不足,百姓自然就不信任他。

【明意】

因顺应自然之意而不再有必要强调顺应自然,因为自然之意就是自然而然的顺应其本然。天地有为而改天换地的努力都不能持续,何况是人心的有为呢?所以心意通达于道的,起心动念皆在道中。心意合于人所得(德),有分别则同于德,但所得就必有所失,这是很自然的。因为一切分辨有为的努力,都是部分表面的,离本体有距离的,被分辨被切割的,离开真实的。

---

[1] 陈鼓应注译:《老子今注今译》,商务印书馆2003年版,第165页。
[2] 董平:《老子研读》,中华书局2015年版,第126页。

道意是整全性的领悟，但对道的领悟之道之德（得）就是分辨性的了。领悟自然之意的整全性有困难，对自然之意所得的，就有相应的所失。道本身无分别，所得所失与"道"本身无关。

得道与失道的状态与其实化的言与行相应，也就是说，得道者有得道之言，失道者自然有失道之言与行。道言都是自然而然的，有"德"之人的言语行为都在"道"中。人之失言，其实是失去自然之意，也就是偏道无德之言。

第二十四章　自去矜伐

企者不立，跨者不行。①自见者不明，自是者不彰，自伐者无功，自矜者不长。②

其在道也，曰余食赘行。物或恶之，故有道者不处。③

【译】

踮起脚跟站立不稳；两腿叉开无法走远。自我表现者不能显明，自以为是者不能彰显，自我夸耀者反而没有功劳，自高自大者反而不能为人之长。

从道的角度看，这些急于自炫的行为可以说都是余弃的食物，多余的行为。这类行为容易招致厌恶，所以有道的人不这样处世行事。

【注】

① "企"同"跂"，一本作"支"，意为举踵，抬起脚跟，脚尖着地，反而无法安稳站立于地上，企求太过，一定无法安稳前行。"跨"是两腿叉开站立，一说跃、越过，阔步而行。都是说明浮夸冒进，反而无法走远，不自然的状态起不了作用，只有自然的状态才合适。偏离本性的努力，事倍功半，甚至适得其反，欲速不达。

② 同理，自我表扬却无法彰显，自我夸耀、自我显明都带有自己的主观私意，不能成为他人公共彰显自身的自然之意，所以无力。

③ "行"通"形","赘形"意为多余的形体,因饱食而在身上长出多余的肉,表示相比道意的状态来说,一切私我小我私意的彰显,其实都是无用的累赘,英译为"extra baggage"较为贴切[1]。"赘行"指代类似的行为。自炫的行为都是令人厌恶的多余之物;"自见"指以为他人盲目看不见;"自是"则自以为是,以为他人皆非;"自伐"则抢他人之功;"自矜"则看轻他人,这些都会让他人对自己生厌,所以有道之人,不做这些事情。

【明意】

走路不自然,过度用力,则不能走远。心意有为,则无法真正建立,过分运用自己的意念超脱了自然之意的范围,则不能够达到自己意会想要达到的目的。因为世间成事之道有其规律和自然的分寸,不可以过度地去主观领略和改变它们,否则在合于自然之意的有道之士的眼中,如残羹冷炙一般,实在是多此一举。主观的心思意念其实完全不必要过于彰显,自然之物顺其自然,领略自然之意一定要反对这些矫揉造作,偏离道意的行为。

有道之士对"道"有精确全面的体察,在起心动念之间,绝对不会让违背自然之意的主观欲望自私自利之心占上风。这就是在起心动念之间存天理灭人欲,把心意不合于自然之意的部分抹去,清除干净。可以这样说,追求人生当下欲望的自我越大,起心动念之间离开自然之意的状态就越远。

---

[1] Jerry C. Welch, *The Tao Te Ching by Lao Tzu*, Mawangdui version, 1998, http://spirit-alembic.com/thou.html.

第二十五章　意在道先

有物混成，先天地生。①寂兮寥兮，独立而不改，周行而不殆，②可以为天地母。③吾不知其名，字之曰道，强为之名曰大。④大曰逝，逝曰远，远曰反。⑤

故道大，天大，地大，人亦大。⑥域中有四大，而人居其一焉。⑦

人法地，地法天，天法道，道法自然。⑧

【译】

有一个浑然一体、圆满成就的东西，在天地出现之前就已经存在了。寂静无声啊，空虚无形啊，它独立长存而永不改变，周遍运行而不倦怠，可以把它当成是产生天地万物的母体。我不知道它的名字，把它称为"道"，再勉强地把它命名为"大"。"大"到无边无际，周流不息；周流不息而无穷遥远；无穷遥远却能自远而返。

所以说"道"是大的、天是大的、地是大的、人也是大的。宇宙里有四大，人（因其自然之意齐同于道与天地故）居其中之一。

人（以其自然之意）效法地，地效法天，天效法"道"，而"道"（法自然之意），即是自然本身自然而然的意（力）。

【注】

① "物"喻为"道"。"混成"是混然而成，指浑朴的状

态。"成"是"圆"成,"生"即是"存在"。郭店本作"有状",裘锡圭认为当读"状",不取。"道"有无形体,跟"物"之间是否有先后关系,从古至今,讨论无数,这里讨论的涉及实体性形上学,"道"与物之间,"道"是时间在先还是逻辑在先,"先天地生"当是时间在先的一种。在康德认识论看来,外在事物的感觉经验杂多如果不能进入感官,世界就不能被真正认识,也就无所谓开端。"道"在天地之先,但"道"不能进入经验;"道"在时间上在先,也无法进入经验论证。所以"道"是超验的,"先天地生"也是。

② "寂兮寥兮"指没有声音,没有形体。"独立而不改"是形容"道"的独立性和永恒性,它不靠任何外力而具有绝对性。"周行"指循环运行,也指周遍运行于一切物之中。"不殆"是不息之意。这里又说"道"无方所、无形体、无声音,似乎不能意会,但老子意会出来,落于文字,否则连借助文字相解悟"道意"的可能性都没有了。"意会"是超验的领悟,可以不诉诸直接经验与理性推理。寂寥、独立、周行都是超验判断,但又是本然的、实在的,这就需要直悟道境,不可通过感性感知和理性推理而得,但又不是独断,也不是神创论说的信仰。

③ 帛书甲乙本是"天地母",一本作"天下母"。"母"指"道",天地万物由"道"而产生,故称"母",因"母"有"生"之力,"道"也有能生之力。"道"在无限运化过程中,在无待的、周流的、永恒变化的过程中化生出天地万物。母子关系是最显而易见的相生关系,也可最为清晰地比喻道生物的关系。"道"犹如母性的玄牝之门,如天地之根,生产万物,养育万物,成就万物,壮大万物。

④ "强字之曰道"是勉强用"道"这个名称来命名它。"大"形容"道"的创生力之巨大,无边无际、力量无穷。"道"是指称和名相,指创生万物的、超言绝相的先在状态。"大"指包容一切,无限广大。言语无法表达,但又只有落于文字才能进

入语言世界，为人们所体知、领会与沟通，所以给出一个"道"的命名也是不得不然、无处可逃的最后选择，或者说方便法门。这个叫作"道"的原始符号，代表一种无须实在的状态，创生万物、又体现在一切物之中，成为必要的指称，又是一切描述无法穷尽的对象。

⑤ "逝"指"道"运行周流不息，永不停止，至于无穷之境。道体无限性地在广袤的宇宙空间中延伸，遍及一切，如大爆炸一般，越来越趋近于其边界，但最后又返回自身。"反"另一本作"返"，返回原点，返回原状，意为离开这里。

⑥ "人亦大"一本作"王亦大"，意为人乃万物之灵，与天地并立而为三才，即天大、地大、人亦大；并与下一句"人法地"相互呼应。傅奕本作"人亦大"，陈鼓应认为通行本误为"王"可能是因尊君妄改，或"人"古文作"三"而误为"王"[1]，不过此论据似不足。人之灵可以领悟自然之意至虚无象，大气恢弘，自然大象，无为大方，人可以修行、提升灵性到《易传》合于天地、日月、鬼神之圣人境界，即人间至灵大"王"意境。

⑦ "域中"即空间之中，宇宙之间。"域"即"宇"，上下四方之意。道天地人只四大，王可以视为人的代表，但并不裁断和评判天地。老子不以人为尺度，而以道为尺度，天地自然之意是人的自然之意之"大"的根源，人因能了悟道意、天意、地意而能成就其"大"，故人之大，因其"意大"，而不是因其身大，人之身相比于天地渺小至极，而人能与道、天、地、齐同者，因其自然之意。庄子齐物之论，也是人之意大可同于天地，非人身与天地有齐同之可能。海德格尔认为，人居住在"四方"（Geviert）之中，即 Himmel（天）、Erde（地、土地）、Goettliche（神、神圣的事物）、Sterbliche（死、会死的事物）之中，其"四方"之物万物辉映，彼此和谐，与庄子"天籁""天钧"

---

[1] 陈鼓应注译：《老子今注今译》，商务印书馆2003年版，第172页。

"天倪"等有异曲同工之妙。[1]此"四大"之说，与华严宗的"四法界"说、曹洞宗的"五位""回互"理事圆融思想，有可以参照理解的类似旨趣。

⑧ 人之意顺从自然之意而可以效法大地的包容、居下、无不承受；而大地的自然之意来自对天的自然之意，即通过柔弱、卑下而能够融摄天之创生、元始的无穷之力；通过对天原始、通达的创生性自然之意效法"道"（自然之意之本相）本身，因为天行即是"道"本身的显像，天下四方之行皆浑然天成，都是自然之意的虚而实之；而"道"本身是自然而然如此呈现出来的，即是自然本身自然而然的意（力）的彰显和明示。"道法自然"指"道"自动自发，纯任自然，本来如此，与人无干；"道"在自然之中，"道"与自然本不可分。"法"取"顺法"之意，如英译"following its own ways"[2]；一解为"万物自我的充分展现"[3]；杜保瑞认为，"法"的主客问题是语言表达的施设，不可定执，可以理解为"道即自然"或"自然之道"。[4]王中江认为，王弼"道不违自然"，即"道纯任万物的自然"最恰当，"自然"是自己如此，自己造成自己[5]。罗安宪认为"自然"是道"自己而然"、无有外力强迫，自生、自化、自成，自本自根。[6]"自然"不是客观实有之"自然界"，一方面如果"自然"成为一物，则是"五大"而不是"四大"，与上文不合；另一方面，因自然界是"道"所生物构成的，"道"不可能法一

---

[1] 参赖贤宗《道家诠释学》，北京大学出版社2010年版，第75—77页。

[2] Charles Q. Wu, *Thus Spoke Laozi: A New Translation with Commentaries of Daodejing*, Honolulu: University of Hawaii Press, and Beijing: Foreign Language Teaching and Research Press, 2016, p. 58. Charles Q. Wu 认为，译成"dao follows Nature"等于认为自然是人、地、天、道之外的第五个存在，不合适。（同前书，第59页）

[3] 曹峰：《老子永远不老——〈老子〉研究新解》，中国人民大学出版社2018年版，第144页。

[4] 杜保瑞：《反者道之动：老子新说》，华文出版社1997年版，第151页。

[5] 王中江：《老子》，国家图书馆出版社2017年版，第117页。

[6] 罗安宪：《论老子哲学中的"自然"》，《学术月刊》2016年第10期。

切具体物，人的自然之意既然可以同于道、天与地，自然可以法地、法天、法道，进而法天地大道本然的自然之意（力）。人之身不可能法地、天、道，只能是人之意，而且不可以是私意，所以只可能是通天贯地同道的"自然之意"的"自然"生成变化的状态。"然"可译为"so-thus"，"自然"可译为"that-which-is-so-of-itself"[1]"self-soing"（自我如此），"self-deriving"（自我生成着）[2]，较能够传达"自己如此这般生成变化"的意思。"道法自然"刘殿爵译为"the way on that which is naturally so."[3]安乐哲译为"way-making emulates what is spontaneously so."[4]陈汉生译为"ways follows what is so of itself."[5]

【明意】

对"道"的意会没有关于"道"的直接经验基础，只能通过意会与"道"交接状态的描述而借用语言来形象化，与其说"道"是对道本身的描述，不如说是意识对"道"之领会的言语化、名相化等不得已的表达。无意则无道，虽然可以说在意对"道"领会之先，"道"已独立自存，并为他意（他人之意）或共意（公共之意、历史之意）所知，但只有己意（自己对道的意会）才能使"道"进入秩序，但己意不是私意，己意可以说是人心通于天下、通于"道"的意。私意指私心发动的意，是为了自身私利的意。"道"之可思并不需要感觉经验材料来实

---

[1] Hansen Chad, *Daodejing: On the Art of Harmony*, New York: Shelter Harbor Press, 2017, p.34.

[2] 安乐哲、郝大维：《道不远人——比较哲学视域中的〈老子〉》，何金俐译，学苑出版社2004年版，第78页。

[3] D. C. Lau, *Tao Te Ching*, Hong Kong: Chinese University of Hong Kong Press, 2001, p.39.

[4] 安乐哲、郝大维：《道不远人——比较哲学视域中的〈老子〉》，何金俐译，学苑出版社2004年版，第145页。

[5] Hansen Chad, *Daodejing: On the Art of Harmony*, New York: Shelter Harbor Press, 2017, p.88.

现，也无须对经验感觉材料的综合与抽象来实现，更不是对经验材料的叠加、分析，甚至不通过想象来实现，"道"的言语化、实意化通过意会、领悟来实现的，但又不是通过对具体感觉材料的意会与领悟来实现的。

"道"在存在论上，先于天地而生，这可以理解为，从宇宙论意义上说，"道"先于天地而存在，是宇宙万物创化的根源；从本体论意义上说，"道"是天地间一切存在物的根据，或道先于（时间上或逻辑上）天地万物而存在，所以可以为天地万物的本根。道先天地生，对"道"的意会超越世界的存在本身；寂寥无声是一切声响的起源；周行不息是一切创生的开端；"天下母"是存在之母。

"道意"是对于"道"之意会，是超言绝相、超脱任何经验存在的，所以不可能通过经验从对事物的意识、思考、想象与反思，把超越心意的那个"道"建构起来。时间本身没有刻度，但"时意"即时间进入意识而有刻度，如钟表、时区划分等，而这种表面的刻度化并非没有实存作为对象，只是这种实存并不进入经验，因为当下的瞬间并不感知时间如具体物一般的实存。我们只是从事物的运动如太阳的升落等现象来领会时间流逝，从而建构一种时间概念，至于本体性的时间，则只能意会其存在，"道"也是这样一种超越表面时间刻度、空间刻度的本体性存在。

人对于时间的理解与领会，可以说是一种先验反思，也就是先于经验的思考。时间本身不进入直接经验，但又构成一切经验的基础。如此，时间与空间其实构成一切经验存在的根本因缘材料，但又不在感觉经验材料本身里面，直接作为材料的部分展现出来。

有为即创造力的展开，自在即物之为物质的本然状态。从存在物生生不息但又时刻消亡的角度看，自为等于自生，自在等于自灭。自生自灭是道意的本相，儒家把自生作为万物的本相，强调生生不息；佛家强调自灭，每时每刻因缘都随起随灭；道家则取儒佛的中道，自然生灭。自生自灭都是心物一体的存在状态，事物本身无所谓自生自灭，只有进入意识，被意识领会之后，才有所谓的自生与自灭。所有的言语名相都是比喻，因此道意已不再是道本身，却是道存在的唯一方式。既然没有离意之道，那么道只是在意中，意也可谓在道先，此谓本章的主题为"意在道先"。

第二十六章　重静为本

重为轻根，静为躁君。①
是以圣人终日行不离辎重②，虽有荣观（guàn），燕处超然。③奈何万乘之主，而以身轻天下？④
轻则失根，躁则失君。⑤

【译】
稳重是驾驭轻率的根本，清静是控制躁动的主宰。
因此圣人（行道既重又静），好比整日出行离不开载重的车马。虽然有人景仰的荣光，但心意安然处之，超然物外。为什么一个万乘大国的君主，要用一己之身轻率躁动天下呢？
轻率就会失去生存的根本；躁动就会失去主宰的地位。

【注】
① 躁：动。君：主宰。"根"即"本"，"重"物可载"轻"，反之不可，故"重"为"轻"本，重可制轻。同理，"静"可制动，比喻社会的治理者的心意当既"重"（庄重、慎重）又"静"（安静、平静）。
② "圣人"比"君子"合理，因为老子基本都讲"圣人"，很少讲"君子"，"圣人终日行"取河上公注"圣人终日行道，不离其静与重也"之意，不取"君子"解。如果认为"终日行"是指终日行走，从而理解为"卿大夫士"之"君子"才会终日行走，而君主和圣人并不终日行走，因此把"辎重"从军中载

运器械、粮食的车辆之意理解为君子出行装载个人生活用品的"重"车。此"君子"解过度形而下，不能理解河上公注的"行道"之意。老子的"圣人"是得道之人，其语默动静无不在行道，指不因外境变化而动其心，即其重、静之心将身外的荣华富贵看得云淡风轻。

③ "荣观"指华丽、尊荣、荣耀的宫阙，引申为生活，指代贵族游玩的美景胜地，比作"楼观"合理。"燕处"既可以指安居之地，也可以指恬退安舒、安然处之的地方。名利皆为身外之物，不可把名利看得太重，否则就变得轻浮。一解在"燕处"后断开，亦可通。[1]

④ "乘"指车子的数量；"万乘"指拥有万辆兵车的大国；"万乘之主"是军事力量强大的国家领导人，他们当以"重""静"之心意制约天下之动。"身轻天下"隐喻君王之身很重，也很重要，需要自知其重，不可自轻身价，不能因为治理天下而轻视自己的身体和生命。英译为"take himself tightly before the world"[2]或"allow himself to be tighter than these he rules"[3]，取"轻于天下"之意。反之，如果能够如珍惜身体一样珍爱天下，那就是百姓之福，国家之幸。"以身"一说因一己之乐，因小失大。

⑤ 轻浮纵欲，则失治身之根。轻举妄动，不重不静，即失制约天下的根本。河上公本及多古本作"臣"，帛书甲乙本、王弼本作"本"，用"臣"是与"君"对称；用"根"是与前文第一句对称；用"本"是与第三十九章对称。陈鼓应据《永乐

---

[1] 任法融：《道德经释义》，东方出版社2017年版，第68页。
[2] Chang Chung-yuan, *Tao: A New Way of Thinking. A Translation of Tao Te Ching*, New York, 1975.
[3] Arthur Waley, *The Way and Its Power, A Study of the Tao Te Ching and Its Place in Chinese Thought*, Grove Press, 1934 and 1958.

大典》和俞樾之说改为"根"。[1]

【明意】

君子是得道之人，他的心智意念因为每时每刻皆在道中，显得深邃宁静沉重，好像带着很重的装备远行。一个得道的人，即一个领会道意的人，起心动念都不离开"道"。如果得道的人是君主，他念念发动皆要合于道意的领悟，合于"道"之运行。因为念念合道要重于天下苍生的信念，所以完全顺应自然之意，能顺自然之意则当然不会轻慢，不会以个体的私意为重。重是念念在天道之中、念念接于道意之重的沉重感。

人的欲望导致分别和争讼，《周易》需卦、讼卦、同人卦等也说明了这一点，君子如果没有以大局为重的心念，则容易如小人以私欲为主，导致以私人利益轻率躁动天下，而招致纷争不断。所以起心动念当以静为本，意念轻易不动，动则感于天下。

"重""静"之心意为"己"制"人"之本，也可谓"人""己"之中道。人己中道指"己"在"人"之中的缘生情态。一切区别的生成与存在，都是道意存续的宿命，因为对"道"的意会，只有以区别的方式实存，换言之，道意只能以矛盾对应的方式实存。道意要通过整体性领会避免被分割化、名相化，导致其整体性、全息性被否定，但这很难做到。所以道意常常要借助心平如镜的比喻来表达。心意面对区别和分裂的世界，要以安心沉静为本，以制天下之动。

---

[1] 参陈鼓应注译《老子今注今译》（参照简帛本最新修订版），商务印书馆2003年版，第177页。

第二十七章　道意结心

善行，无辙迹；善言，无瑕谪；善数，不用筹策；①善闭，无关楗而不可开；善结，无绳约而不可解。②

是以圣人常善救人，故无弃人；常善救物，故无弃物。是谓袭明。③

故善人者，不善人之师；不善人者，善人之资。④不贵其师，不爱其资，虽智大迷，是谓要妙。⑤

【译】

善于行事的人，顺自然而行，不留痕迹；善于说话的人，没有可以指责的漏洞；善于计算的人，不需要使用筹策；善于关闭心意的，不用门栓，别人也打不开他的心房；善于连接他人心意的人，不用绳索捆绑，别人也不会背离他的心意。

因此，圣人总是善于使人尽顺其性，所以没有被遗弃的人；总是善于使物尽其用，所以没有被遗弃的物。这叫作意明之境。

所以善人是不善人的师表，不善人是善人的借鉴。既不看重自己的老师，又不珍惜自己的借鉴，即使再聪明的人，也会迷失方向。这是个何其精微玄妙的道理啊。

【注】

① "迹"是轨迹，指行车时车轮留下的痕迹。"善言"指善于采用不言之教，言辞合道，犹如"道言"。善言之人，言辞皆在道中，没有偏离道的漏洞。"谪（zhé）"通"讁（tì）"，

"瑕谪"是过失、缺点、疵病。"数"是计算;"筹策"是古时人们用作计算的器具。善于计算的人,能够随顺天地自然之数的推演,所以不需要借助计算的工具。

② "关楗"帛书甲乙本作"关籥",即栓梢,指古时家户里的门开关,即栓;有楗,即梢,是木制的锁钥。这里的引申义是关闭心意最难。"约"指用绳捆物;"绳约"即绳索;这里的引申义是连接心最难。通达他心的人,别人的言行好像被他栓缚住了一样,他人不会违背他的心意。这对于西方哲学的他心(other minds)问题可以有所启示,因为"他心"作为他人之心,是超越自己的心,所以存在人与我的鸿沟,但在老子这种心通物论里面,心物合一,自然联通,心意广遍万物,包括他人之心,所以心意发动,可以通达他人之心,如若同频共振之意,这种与他人他心共通的境界,老子称之为"善",所以"善"可以说就是心通物境。

③ "救"是"挽救",一说即"就",依随,随顺而成就,如水之随物赋形,依人成就。"袭"为因袭、继承、覆盖之意;"袭明"是内藏智慧聪明,继承道意而使境光明。陈荣捷将其译为"following the light (of Nature)"[1]可以一参。一说"以己之明诱导人物仍以为明"。[2] 圣人善于把人和物从偏离道的境遇当中救出来,随顺万物故有性情,依从万物的本来情状,让他人他物各尽其用,也就是不遗弃他人他物,让它们在自己的意识境界当中清明澄澈起来。译文的"意明之境"是指所有心意皆通于明白常道的境界,意念明白畅晓,没有偏私,各得其所,这种境界是对"道"的因袭,是对"道"的传续和继承。

④ "善"与"不善"之人是在相对关系与情境中相资为用的,其相对性可被解构和超越。"善人"是起心动念善于接续自

---

[1] Wing-tsit Chan, *A Source Book of Chinese Philosophy*, Princeton: Princeton University Press, 1963, p.153.

[2] 任法融:《道德经释义》,东方出版社2017年版,第69页。

然之意的人，而"不善"之人反之。"资"取资、借鉴，也就是类似借镜之意。老子认为无论对自己好还是不好的人，都可以成为自己的借鉴，为我所用，而关键在于意会与他人的关系，可以转换于一念之间。

⑤ 要尊师、爱资，接纳一切善与不善之人，超越相对，直达道体。要妙：精要玄妙，深远奥秘。一说大慈悲、大平等之心，超越善恶与对待的意识状态。[1]

【明意】

道意被领会，不落入言诠，如无痕迹。得道之人心意发动，皆顺自然之意而发动，行为也就都顺自然之意而行，所以其言默动静皆在道中，毫无造作，了无痕迹，不会出错，言语若无瑕疵。因为心行即在道中，所以预测不需要工具，顺道而得。顺自然之意而闭，则是顺应自然之意就当封闭，以致他人无法用私意打开。善于打结的人必用自然力使之打结，而他人无法用私智打开。

圣人的意念皆顺从自然之意，光明通达。圣人顺自然之意而救度众生，没有因为他的私心而放弃的人。圣人应自然之意而救治自然，成就万物，没有因其私智而放弃的事物，善于把心意通于天道。让心意顺从自然之境的人可以成为那些心意不通天的人的老师；而那些不善于把心意通天的人，是心意善于通天之人的借鉴。

如果人起心动念不知道向那些善于遵从天道的人去学习，克服邪念欲望的时候又不珍惜那些足以供其借鉴的、心念不通达于道的人，这样的人即使资历不差，也是一个自以为是的迷途之人。这就是最关键的妙诀所在啊！

由此可见，本章的主题是道意结人之心，即通于道的意念，顺应自然之意而发动，不用主观意志，好像用"道"把天下万

---

[1] 张其成：《张其成全解道德经》，华夏出版社2017年版，第133页。

物的运动都栓缚住了一样。因此，得道之境就是能够将道贯通万事万物，连接千万人之心，不是外在地通于他人他心，而是内在地心物融通，完全融合一体。得道的心意让人达到至圣达奥之境，圣人善于把他的心意贯通天下，其心念发动，皆在道中，把天下一切不在道中的万物，从偏离大道的状态中拯救回正道上来，并且随缘成就，如"继善成性"，顺道而成就天地自然之善，融注于天地万物之性中，完成实化自然之意于万事万物的伟业。

第二十八章　朴散为器

知其雄，守其雌，为天下谿。① 为天下谿，常德不离，复归于婴儿。②

知其白，守其黑，为天下式。③ 为天下式，常德不忒，复归于无极。④

知其荣，守其辱，为天下谷。⑤ 为天下谷，常德乃足，复归于朴。⑥

朴散则为器，圣人用之，则为官长，故大制不割。⑦

【译】

圣人知道自己刚雄的一面，但却甘心安守自己柔雌的一面，做天下的溪壑。做天下的溪壑，众流归注，收摄天下人心，聚藏的道德才不会离散，复归到天生的婴儿状态。

知道光明的一面而甘居黑暗，就可以作为天下的法式。作为天下的法式，聚藏的道德才不会有偏差，回归到原初的状态。

知道荣耀的一面而甘居屈辱，做天下的深谷。做天下的深谷，聚藏的道德才会充足，重新回到真朴的状态。

真朴的状态分散开来就成了具体的器物，圣人运用朴散为器的原理来设官分制，进行管理。所以善治国家的人不会割裂朴散为器的道理。

【注】

① "雄"象征雄强、刚劲、躁进、强大；"雌"象征慈弱、

柔静、软弱、谦下。以帛书甲乙本勘校,王弼本"豁"与甲本"溪"、乙本"雞"通[1]。"豁"是沟壑、溪谷、沟涧,在山谷之下,水流汇聚之所。水必下流,柔中带刚,柔能克刚,内有恒德,为老子所取。一说"雄"指代人身之神,刚健轻浮躁进,奔驰飞扬与外,故需要制神之意以制伏之,也就是要"守其雌",凝神内守,收视反听,意守丹田,常保生气而养育之。[2]

② "婴儿"象征纯真、稚气的本真得道状态,形容道体之纯粹、无限、混沌;同时,婴儿动静无主观心意杂糅,皆能够顺天地自然之意,所以可以作为修行的原型标准。人一旦有主客分别的意识,要再回复到主客一体之境,认识到客观外在的存在(雌)与内在心性(雄)本来无分无别,从而合内外,合主客而归于自然之意,炼此命功并不容易。从修行上说,自己观到妄念之动(雌)而知之,观到念之不动(雄)而静守之,从而渐渐归于自然之意,妄念自息,念念清净。"常德"为聚藏的道德,不取永恒解,以与"恒道""常道"相区别。

③ "白""黑"犹如太极之阴阳,守其一面,另一面自然被意会到,构成这一面之意识的境域。一说"白"是知见,听慧,"黑"是昏暗,愚昧[3];一说白是白昼,金为白;黑是黑夜,水为黑。观天上月相黑白交替,可知黑白交替,返黑归白之妙意。从政治与文化的角度来说,可以理解为既守其本位,又开放包容的胸襟和策略。"式"是楷模、范式、原则。海德格尔曾用这句话反对现代社会过度追求技术之"白"和有用,而不知道传统形而上学之"黑"和无用的价值。[4]

④ 忒:过失、差错。无极:意为原初的状态,最终的真理,犹如阴阳归于无极。无极虽当解为太极之无限,但确含有太

---

[1] 参黄克剑《老子疏解》,中华书局2017年版,第288页。
[2] 任法融:《道德经释义》,东方出版社2017年版,第71页。
[3] 同上书,第72页。
[4] 参张祥龙《海德格尔思想与中国天道:终极视域的开启与交融》(修订第三版),中国人民大学出版社2011年版,第29页。

极之先，有极（妙有）之先，蕴含无穷生机的"无极"先行意味。

⑤ 荣：荣誉、宠幸、富贵、显达。辱：侮辱、羞辱、贫困、卑贱。谷：深谷、峡谷，喻胸怀广阔。不可因为荣宠而高亢，而要如空谷一般，虚心应物，时刻持守真朴的生机旺发之源。

⑥ 朴：事物原本的朴素状态，犹如尚未被开发的圆木一般，在木器时代，原始的木材是各种形器事物的真朴状态，引申指代纯真朴素之道的原始状态，也可以说是一切存在之"太极"之先的"无极"状态，即大道本始的圆融状态，可以化为各种有形质的物器。

⑦ 器：器物，指具体的万物。官长：百官的首长、领导者、管理者。这里有事物产生的哲学本体论。如果理解为朴素本初的东西经制作而成器物就太过具体了。"大制不割"比喻善治国家的人不会割裂朴散为器的道理，会保持心物联通的统一体。朴散为器的道理是本章落脚点，是一种存在论、本体论，或者宇宙论意义上的论说。

【明意】

本章讲的是道入意之后，意对道的意会与表达的艺术。道入意的缘生状态每时每刻都是既自生又自灭的。自生的维度顺自然之意而创生，当然意对道的表达过程，最好简单地彰显"道"自生的维度，但同时不排斥故意彰显道的自灭维度。比如，知道道入意之后的雄强一面，却故意表现其雌弱的一面。因为"道"被领会后，意可以有选择地、有创造性地表现道在意中的状态。而领略道的意对于"道"本身有把握，知道彰显雌弱的一面也是对道本身的展示，因为"道"是整全的、不可分割的。

这种护守雌弱的道意表现的心意状态，推而广之就是一种如山谷一般甘居天之下的谦逊姿态。这种姿态有利于吸收和持守天下阳刚的意念之力，进而把从"道"那里得到的恒常有力部分都吸收积累起来，好像回复到婴儿一般无欲无求、元气充沛的状态。这是人对起心动念之处心意的修为可以达到婴儿化、元气化的理解，表面是无为化、雌弱化的状态。心气的无为与雌弱帮助人们在起心动念之处顺从自然之意而行。

类似的说法老子又重复了两次，知道意入道之后，可以表现得荣华，但持守其卑屈的自灭的意念，有利于如山谷般承受天下万物。于是通于"道"的恒常之德就会汇聚充足，接续自然之意的恒常心意，充沛之后可以回复到道入意之时那种质朴不分的状态。明白道意的光明，却持守其幽暗，反而应当为天下人效法。因为这种心意表达的方式是从"道"那里得来的一种合理性的状态，这种合理性的心意状态不断积累，一个人的起心动念就不容易再有差误。心意顺从自然之意原生的状态，好像回复到宇宙之初的无极状态一样。

自然进入意识就会被析散分拆。因为对器物的意念状态有分别、有界别，但被分析、被拆散的状态却不是圣人该学习的。圣人要把握的是，道进入意之瞬间的纯朴未分的状态，这种状态是圣人心意的枢机，因为圣人把握它来领导和驾驭天下万事万物的千变万化。从存在论上讲，真朴的状态（道）是一切存在的根源，也必须分散成具体器物才能为人所意会。从本体论上讲，真朴的状态是一切存在的本体，器物相对来说是真朴状态的功用。从宇宙论上来讲，真朴的状态是万事万物的开端。

第二十九章　为执失中

将欲取天下而为之，吾见其不得已。①
天下神器，不可为也，不可执也。②为者败之，执者失之。③
夫物或行或随，或嘘或吹，或强或羸，或载或隳。④
是以圣人去甚、去奢、去泰。⑤

【译】

想要治理天下而有所作为，我看他是不能够达到目的了。

天下是个神妙之物，对它不可以有为，不可以控制。有为就会败坏它，控制就会失去它。

所以说，万物秉性不同，有的行前（积极），有的随后（消极），有的性格和缓，有的性格急躁；有的强壮，有的羸弱；有的升进，有的毁败。

正因为如此，圣人要去掉极端、奢大、过度的心意与举措。

【注】

① "取"是有为、治理之意，不见得需要加"强力"（陈鼓应）[1]，因为有为就不合适。"为"指有为，依赖私意勉强，违背自然之意而行。"不得已"是达不到、得不到。

② "天下"指天下之总名，包括人与国家；"神器"指神圣的

---

[1] 陈鼓应注译：《老子今注今译》（参照简帛本最新修订版），商务印书馆2003年版，第188页。

(spiritual/holy/sacred)器物，指代政权；一说指天道人心[1]。政权的神圣性、合法性当源于道，当顺从自然之意而无所偏私。"天下神器"是说天下是个神妙、神奇贵重之物。从统治的角度来说，应该把天下的人民看得神圣，不能够违背他们的意愿和本性而加以强力统治；一说万物有灵，不可以私意把持和控制。心意如违背自然之意，则有灵之物反应明显，所以心意不可能把持自然之意，只有顺服之。"执"是掌握、执掌、执持。古典的版本没有"不可执也"，王弼本也没有，陈鼓应据王弼注文和《文子》引《老子》文斟补添加。[2]

③ "为""执"即偏离自然之意，把天下的公权力看作实现自己私欲的工具，则违背自然之意，终至身败名裂而丧失其位。

④ "夫"一本作"故"，一作"凡"，皆不取。"物"指人，也指一切事物。"行"是行前；"随"是随后、跟随、顺从。"嘘"是缓嘘热气，轻声和缓地吐气，引申为性格和缓；一本作"觑"。"吹"是急吹冷风，迅速吐气。"羸"是羸弱、虚弱。"载"是安稳、升进、增益；万物各有其本性，其自然之意，只能顺从，不可强为。一本作"挫"。"隳"是毁败、废弃、坠落、危殆之意。"隳"傅奕本、范应元本、帛书甲乙本作"堕"，与"载"对举，意思对，古代通假，如"隳其志"即"堕其志"，所以不一定要改。"载"是在车上，"隳"是从车上掉落，[3]引申为因志向远大而升进，因胸无大志而毁败。

⑤ "甚"是过度；"奢"是过多；"泰"是过广，都形容极、太等过度状态，说明心意出偏则失天下。心意偏离自然之意，不顺万物的秉性而发动，就离开万物自然运行的神妙状态，也就无法治理它们。

---

[1] 任法融：《道德经释义》，东方出版社2017年版，第74页。
[2] 陈鼓应注译：《老子今注今译》（参照简帛本最新修订版），商务印书馆2003年版，第189页。
[3] 参马恒君《老子正宗》，华夏出版社2014年版，第97页。

【明意】

主观有为的心意不顺万物自然的秉性，也就不顺从自然之意而发动，却想通过有为的私意来掌控天下的变化。老子认为，运用私意是达不到目的的。道进入意的道意状态，才是天底下最神妙莫测的力量，它根本不是私心用意而有为所能够理解和控制的。任何想要私心用意去掌控道意状态的人，基本都失算了，同样，任何想要用执守不失的心意去掌控事物发展变化的人，最后也难逃失败的结果。

一般世间的物自生自灭，但人很难意会和把握存在物存在的中道，不是过分生就是过分灭，所以人所意会的物的本性千差万别，表现出来：或者走得太快，或者跟不上；或者呼吸得太柔弱，或者吹嘘得太过分；或者表现得过分刚强，或者表现得过分赢弱；或者过分安逸，或者过分危险。总之，为人所意会的万物存在状态或者过分自生，或者过分自灭，总是不能从容把握一个合理的中道。

但是领悟了道意的圣人不同，他知道要调控世间万物的存在状态，总是能把意念调控到合理的中道上去，找到合适的分寸。所以圣人领悟了道意，在他的起心动念之中，让万物的存在状态去除过度膨胀、极端等状态，把对万物的存在的意念总是保持在一个合于自然之意的中道之中。

有为和控制的心意，都违背自然之意的中道，也就不能够控制天下政权这样的神圣之物。言外之意，政权是自然之意顶级的形式，非圣人不能把握和控制，只要信念偏离大道，就控制不住政权，如果施政者的心意不在政权之自然之意所体现的道中，就必然为政权之道所抛弃，也就必然失去权力。所以为政者的意念当极度小心地行乎中道，而且不可以有一丝一毫的私心私意，否则偏离政权之道的意念就一定达不到控制住天下神器——政权的目的。

可见，天下神器的政权，内里有天下神道，只归那些心念通

第二十九章 为执失中 181

达自然之意的圣人所掌握，起心动念没有这样的修养，就不能够与神器的神道相合相应，一偏大道即失其权力，也失去对本性不同的万物的掌控。所以，为政与制约政权神器，本质上都是制心控意的艺术，为圣人之心，起心动念皆合于天道，而能够意动如天，万物皆顺其意，意动如不动，为如不为，故其心意如如不动，为如无为，而制天下。

第三十章　不道非意

以道佐人主者，不以兵强天下，其事好还。① 师之所处，荆棘生焉。大军之后，必有凶年。②

善有果而已，不敢以取强。③ 果而勿矜，果而勿伐，果而勿骄，果而不得已，果而勿强。④

物壮则老，是谓不道，不道早已。⑤

【译】

用大道辅佐君主的人，不倚仗武力逞强于天下，因为倚仗武力征服很快就会得到还报。军队所过之处，耕稼废弛，荆棘横生。打过大仗之后，必有灾荒之年。

善于用兵的人，只要能够达成辅佐君主存活下去的成果就可以了，不敢倚仗兵力来逞强。有了成果不自我炫耀，有了成果不自吹自擂，有了成果不骄傲自大。用兵达到目的是迫不得已，所以有了成果就不敢逞强。

事物强大壮盛的时候就会趋于衰败，所以黩武逞强是不合于"道"的，不符合于"道"就会提早灭亡。

【注】

①　还：还报、报应。楚简本作"长"，但诸多传世本作"还"。其事好还：用兵这件事一定会得到还报。老子反对运用武力和强力，因为反作用力也同样巨大，逼迫他人的结果，是自己也受逼迫。

② 凶年：荒年、灾年。这是具体解释用兵马上会出现不好的后果。战争极端破坏人民的生活，效果与争夺人民与土地的目的相悖离。

③ "果"是成效、成功之意；"善有果"与前面道佐人主一致，指达到获胜的成效和目的。王弼注"果犹活也"；司马光注"果犹成也"；高亨注"果犹胜也"[1]；三义可以综合连贯起来理解，即善于用兵的目的在于取得获胜的成果就要收兵，达到辅佐君主存活下去的效果就可以了。不敢：帛书本为"毋以取强"。取强：逞强、好胜，意为不可用军事手段称霸天下。

④ 战争是迫不得已，赢得战争就不宜继续逞强，不可意气杀降，不可滥杀无辜。老子的说法会带有用兵逞强会带来不祥后果的告诫意味。理雅格译为"He strikes it as a matter of necessity; he strikes it, but not from a wish or mastery"[2]，得其意。

⑤ 物壮：强壮、强硬。不道：不合乎于"道"，指前面已达战争目标，还要继续黩武逞强的做法。早已：早死、很快完结。一解以人主喻心，天下喻身，养生之道在于怀仁忍怒。[3]如果喜怒过甚，心邪气动，则心意偏离自然之意，邪气入侵，大病如身体的大战一般，生机涂炭，奄奄一息，故养生贵在顺从自然之意，制伏邪意，保养生机不失。

【明意】

领悟道意的人，起心动念都顺从自然之意而行，所以不会主张以武力来夺取天下。在起心动念之间发心用武力征服天下的人，其心意发动之后产生的业报和毁灭之力，会很迅速地回报过来，因为暴力的军事和武力所到达的地方，对自然原生的状态产

---

[1] 陈鼓应注译：《老子今注今译》（参照简帛本最新修订版），商务印书馆2003年版，第193页。

[2] James Legge, *The Texts of Taoism*: *The TaoTeh King*（*Tao Te Ching*）; *The Writings of Kwang-dze*（*Chuang Tzǔ*）2 vols, Oxford: Clarendon Press, 1891.

[3] 参任法融《道德经释义》，东方出版社2017年版，第79页。

生了巨大的破坏，杀戮和毁灭自然之意，阻止他物自然之意的生发，都是违逆自然之意的生发，会带来非常不好的后果。如同发动大的战争之后，当地很快就会民不聊生，百物荒废。所以善于领悟天道的人，能够果断运用自然之意的发展来决断和影响世间的力量，而丝毫不敢用自己的私意来逞强，去强迫改变自然之意生发的状态。主观用意改变自然之意的人，违背自然而不顺道而行，将迅速遭受报应，这里"好还"的报应是自然而且迅速的。

能够果敢地运用自然之意来达到目的就足够了，不敢过度地动用私意来改变事物发展的进程，不敢妄自尊大、自我夸耀、骄横傲慢、动用强力，所有的果断都是不得已顺应自然之意发展的姿态而已。过分动用私意去改变事物发展的进程，非常违背自然之意的生发节奏。过分地对物强加己意，就会使物的生灭偏离自然之意的轨道，那就是出"道"、离"道"，不再合于"道"，是对自然之意的违拗及否定，走向自然之意生发的反面。总之，如果事物不在自然之意的轨道中发展，其内在的生机就无法持续。

本章的主题是"不道非意"，因为不顺从自然之意，用私意改变他人他心他物，就偏离自然之意发动的天然轨迹，离开自然之意生发的本然状态。老子多次用死亡来警示不合道的严重后果，因为没有比死亡更严重的，这并不是夸大其词，而是希望统治者明白自己的心思意念是否在"道"，虽是一念，却时刻生死攸关，其中深意自不待言。

第三十一章　兵事哀丧

夫兵者①，不祥之器，物或恶之，故有道者不处。②

君子居则贵左，用兵则贵右。③兵者不祥之器，非君子之器，不得已而用之，恬淡为上。胜而不美，而美之者，是乐杀人。夫乐杀人者，则不可得志于天下矣。④

吉事尚左，凶事尚右。⑤偏将军居左，上将军居右，言以丧礼处之。杀人之众，以哀悲泣之，战胜，以丧礼处之。⑥

【译】

强大的军事力量是不吉利的东西。总有人讨厌它，所以有"道"的人不把它视为立国之本。

君子平时起居以左方为尊贵，行军打仗就以右方为尊贵。武力是不吉利的东西，不是君子应该使用的东西，即使在不得已使用武力的时候，也最好要心平气和，淡然处之。即使打了胜仗也不要得意自美，如果得意自美，那就等于乐于杀人。凡乐于杀人的人，天下人都不会归服他，他的心志也就无法推行于天下了。

吉庆的事（情）以左边为上，凶丧的事（情）以右方为上。（战时）偏将军居于左边，主将居于右边，说的就是行军打仗要按凶丧的礼仪来处置。杀了很多敌人，要以哀伤悲悯的心情去对待，即使打了胜仗，也要按凶丧的礼仪去处理。

【注】

① 开章用兵的不祥意味与上一章紧密相连。"夫兵者"一

本作"夫佳兵者",刘殿爵(D. C. Lau)据帛书本改,陈鼓应、王中江认同[1]。王念孙说"佳"为"唯"字之讹[2],刘殿爵等不同意。严灵峰引日本中井积德"'佳'字疑衍"[3]。"兵者"指兵器,战事。"夫"是发语词。

② "物"指人;"物或恶之"意为人所厌恶、憎恶的东西。

③ 贵左:古人以左为阳以右为阴,阳生而阴杀,左尊而右卑,左客而右主。古人坐北朝南,左为东方阳气生旺之地,光明朗现,生机勃发,以生为尊;右为西方阳气衰减之地,光明黯灭,生机减损,以杀为卑。

④ 恬淡:安静、沉着,心平气和。美:得意、自美、夸耀。任意杀伐者不得民心,不得天下,不可能长治久安。

⑤ 左文吉,右武凶,合于后天八卦易理,震卦居东,草木逢春生发;兑卦居西,草木临秋凋零;也与左青龙主吉,右白虎主凶的四兽位相应。《道德经》认为君子应当是领悟自然之意的人,是能够主动顺从自然之意的人,而杀人是明显违背自然之意的事情。可见《道德经》虽然没有如《易传》一般强调本体性的、本然"生生",以"生"为天地之根本的、源生性的大德,认为自然之意既有生机也有死机,生死同出而异名,不过,全书还是有明显的涵养生机的倾向,否则,全书之主旨——贵生、长生以及顺从自然之意协理万物就无从谈起。

⑥ 行军打战,即使打胜了,也要以凶丧之礼来处理。"哀悲"是悲伤哀悼。泣之:哭泣。另写为"莅"或"涖",罗运贤认为"泣"是"涖"之讹[4]。一说通"莅",临,面对、对待、到过、到场。这是对于杀生保持哀戚的心意。老子尚生、保生、

---

[1] 王中江:《老子》,国家图书馆出版社2017年版,第195页。
[2] 陈鼓应注译:《老子今注今译》(参照简帛本最新修订版),商务印书馆2003年版,第195页;董平:《老子研读》,中华书局2015年版,第149页。
[3] 陈鼓应注译:《老子今注今译》(参照简帛本最新修订版),商务印书馆2003年版,第196—197页。
[4] 朱谦之撰《老子校释》,中华书局2017年,第二版,第134页。

惜生，以"丧礼"喻鼓励士兵以必死之心上阵，激励士气一说貌似有理，但非老子惜生本意。

【明意】

老子对古代以军事立国的传统深有感触，认为军事力量并不是什么好东西，或者说，它本身就是违背自然之意而私心用智的产物，所以他强调，有道的君王不会把政权和统治建立在暴力机器的基础上。

物在世间不是自生就是自灭，但有时人也会把己意强加于他物，如对人与物之杀伐就是改变自然之意的己意私为。运用强悍的武力带有明显改变他人、他物，不让其他事物依从自然之意存在与发展的私意。所以对于理当顺从自然之意发展的一切存在来说，运用武力不是什么好事。

武器是种带有强烈改变他物的物化状态的，器具化、目标化他物状态的存在物，是了解"道—意"的圣人所不愿意去使用和相处的。有道的君子平时喜欢象征自生、生生不息的左边生命之道，而不愿意使用象征自灭、念念向死而去的右边武力之道。那种运用武力去改造、影响他人他物的，不可滥用其自然之意发展的武力，只可到了万不得已的时候才去使用。即使迫不得已使用武力应战，也应该用非常恬淡而淡然的态度来应对，根本不应该把武力当一回事。即使在万不得已使用了武力而且成功的时候，也千万不要自鸣得意，如果胜利了还自以为了不起，那么就是喜欢杀人，任何喜欢杀人的人，都不得人心，更不可能真正把自己的意志去实化于天下。

古代典礼仪式之中，左边主吉、主生，右边主凶、主杀，所以军队出征时执行杀人命令、而自己没有强烈杀人意志的偏将军居左，而主动发出杀伐意向之气的上将军居右，这是因为战争是杀人的凶事，要用丧礼的仪式原则来处理。打仗会死很多人，对这样的凶事要用悲伤、哀悼的心情来对待，哪怕战胜了也要用凶丧的礼仪，并以举行丧礼的悲伤心态去面对它。

杀伐是改变世间自然之意的进程，是把己意通过武力运用于征伐天下的过程。在这个过程当中，无论成败都令人伤心。即使是战胜的一方，也要用举办丧礼的态度来处理，这才是道意的合理实化过程。老子把对人的死亡的关切提升到国家胜负的更高层面上，而且不是简单地诉诸情感。

第三十二章　明名之止

道常、无名、朴。①虽小，天下莫能臣。②侯王若能守之，万物将自宾。③

天地相合，以降甘露，民莫之令而自均。④

始制有名，名亦既有，夫亦将知止，知止可以不殆。⑤

譬道之在天下，犹川谷之于江海。⑥

【译】

大道永恒，无可名状，处于纯真朴素的状态。虽然幽微无形，但天下没有人能支配它。王侯若能持守大道，抱朴无为，万物将会自动地来归服。

天地间阴阳之气交合，降下甘露，没有人指使天地，但雨露自然润泽均匀。

人开始制作成东西之后才有名称。名称有了之后，也要知道名称的界限而适可而止，知道适可而止可以避免危殆。

相比而言，大道之于天下的关系，就像江海为百川所归，"道"是万物的归属。

【注】

① "无名"（不可名状）和"朴"（纯真素朴）都是"道"的特征。"朴"放后句，则作为主词，可以忽略，并不增加意义，放前句，则形容道，有意义。

② 小：用以形容"道"隐而不可见、无形、空虚。"臣"

是使之服从；"莫能臣"是说没有人能使之臣服，进而支配它。

③ "宾"是宾服、服从、臣服之意。"自宾"是自将宾服于"道"，有归附且服从之意。侯王守道顺道则有道意，可以为主。理雅格将"万物将自宾"译成"submitthemselves to him"[1]，此"him"指代上帝，这是把道作为人格神来理解，但这种人格神和超越性的上帝观是老子所没有的。刘殿爵译成"submit of their own accord"；安乐哲译为"defer of their own accord"都是要突出"自"的意味。

④ 天地之间，阴阳相和，及时降下甘美的雨露。自均：自然均匀，引申义是不干预民众，不但人民会主动归附，而且天降祥露。侯王不以私意治国，则自然之意在世间运行，即能够有自然而然的损益之道，服从于天地自然的损益，民各适己性，和齐发展，雨露均沾。

⑤ 始制有名：万物兴作，于是产生了各种名称。"名"是名分，即官职的等级名称。可以不殆："不殆"指没有危险。顺天地自然之意治理天下就要建立一种管理体制，制定制度，确定名分，任命官长办事。名分有了之后，就要有所制约，适可而止；知道制约、适可而止，危险就小了很多。事物一旦落实于名相，即有与其名分、职分相应的限度，各事各物都有其自然之意的界限，也可以称为自然之止（分限）。《周易》艮卦有"止"意，天台宗有"止观"之说，强调的都是心意的分限和止息的艺术。在具体的管理过程中，主事者知道名分的限度，就可以避免逾越名分的危险出现，这是道家与儒家不同的"正名"观，即儒家为了纠正名分，不惜改变与名对应的实体或实情，本质上是"正实"；而道家之"正名"其实是顺同于"名"，不去改变与"名"对应的"实"，而且连关乎"名"的意念都要知"止"，不要运用过度，否则名相杂乱，互相倾轧，必然心意大

---

[1] James Legge, *The Texts of Taoism*: *The TaoTeh King*（*Tao Te Ching*）; *The Writings of Kwang-dze*（*Chuang Tzǔ*）2 vols, Oxford: Clarendon Press, 1891.

乱，气势散漫，功败垂成。[1]对于"殆"（危险）英译通常为"danger"，但failure and error其实更到位。

⑥ "之于"可以理解为"流入"，也可以理解为对应结构；"犹川谷之于江海"一说应为"道之在天下，譬犹江海之于川谷"。无论如何，都拿江海来比喻道为万物之归属，侯王当如道，总统天下一切自然之意。从养生的角度，要心平如明镜，气和如江海，念念顺从自然之意，而无私心邪意，天地之气皆来汇聚，神清气爽，延年益寿。[2]

【明意】

以意领悟道，即意贯通天地万物的自然之意，是自动收摄涵纳天地万物生生之意的内在力量，万物也就自动臣服于能以自然之意为宗旨进而起心动念的领导人（侯王）。可见，老子的侯王不是通常意义上的掌权者，而是掌握天地万物运行密码——自然之意的特殊人物。

道进入意这一过程，本身无须借助言语、名相来加以表达，它是如此的浑朴纯一，感觉无比微妙、难明。可是天下没有不臣服于这一"道—意"过程的东西，所以得道的侯王明白涵养自然之意，万物将随自然之意顺利成长。

甘露是天地阴阳交合的结晶，犹如阴力与阳力结合的意丹，即意念可跨时空融通结合，可以理解为意念融通修成意丹。因为甘露也要如此被意会，天道自然之意平等普遍地在一切自然之物当中发生作用。道进入意中，就不得不借助言语、名相，但名称只是借用的方便之方，运用名称需要知道适可而止。意念之发，当不要突破名相的界限，所谓"明于名相之止限"，与儒家"素

---

[1] 关于从道家开始的形名学、论理学，可参考郑开关于知识论语境中的形上学问题涉及道家形名问题的讨论。参郑开《道家形上学研究》（增订版），中国人民大学出版社2018年版，第107—135页；参曹峰《中国古代"名"的政治思想研究》，上海古籍出版社2017年版。

[2] 任法融：《道德经释义》，东方出版社2017年版，第83页。

位而行"之止于位,"止于至善"之止于最高的善,都是止,但略有不同。老子更多的是自然之止,人与人、物与物有自然分限,当止于不改变他物他心的自然之意。

滥用名相来敷衍大意,破坏自然之意的天然分限,最后一定不可能成功。知道言语、名相的边界,才能真正切入道意之境。道意之境时刻在事物与时交接的时空之中实化出来。所以领悟了道意之境,就好比领悟了千百条河流都将归于江河湖海一样。道之阴阳之力相交,皆要在意念实化的境遇之中加以领会。

儒家之止是从公共意义上说的,止于位是不越位,与孔子"正名",所谓"名不正则言不顺"类似,更多的名是与位相关的名,而不是物之名,或人之名(这是老子讲的名之止)。孔子关心的是社会生活中的名实不对应,有名无位即无实。止于至善则是心意之最高目标,是明德亲民之后能够治国平天下的最大之善,这种止自然是勉励自己把成就公共目标当作个人追求的目标,而不可以私意为主。

第三十三章　自胜者强

知人者智，自知者明。①
胜人者有力，自胜者强。②
知足者富，强行者有志。③
不失其所者久，死而不亡者寿。④

【译】
了解别人的人只能算有智慧而已，了解自己的人才算高明。

能战胜别人的人只能算作有力量而已，能战胜自己弱点的人才算强大。

能够知足淡泊财货的人富有，坚持不懈地勤行大道的人有志气。

有自知之明而且行事不超出自身限度的人长久，身死而精神不被遗忘的人，才算真正的长寿。

【注】
①　智慧通过知晓外物、通达外物体现出来，但自知的高明意境则通过反身性意念的作用表现出来。自知之难，难在知道自知之（道），即反身感应理解大道在自己身上的作用，也就是明白自己如何因道而得"德"，而有内在的本性，从而建立自己对自己本然德性的体知。这种内在德性（virtue）的体知，在认识过程中成为确定主体性（subjectivity）的根基。但这种主体性，不是相对客体性（objectivity）的外在对待之物，恰恰相反，它是透达于人内在德性之大道，能够因此感通所有人与所有物，这

种德性，是通达众生与一切存在的德性，是超越具体存在的殊相（particular）而通达宇宙的共相（universal），而且在意会本于道的德（性）的瞬间，德与道贯通，让意向性光明（lumination of intentionality）澄澈敞明起来，这才是真正的"明"。这种明，不仅仅是眼力好的 acuity[1]，而是照亮黑暗的 illuminant（光源），能够照明（lumination），帮助分辨（discernment）[2]，更是悟通黑暗的光明（enlightenment）[3]。

② 强：刚强、果决。"胜人"好像是征服他人相对自己的邪心邪念，"自胜"则是可以自我反身省察内心可能的邪念，并随时克服下去。意念发动，便有圣邪之战，善恶之分。如《尚书》"惟圣罔念作狂，惟狂克念作圣"说明圣与凡其实就在一念之间。宋常星说："只在此一念之微，觉照回来，便是圣贤，不能觉照，便是凡夫……返还造化之机，妙在一念回照。以念力自胜者，可以谓之强矣。"[4]可见真正的强人是意能、意劲、意量强大之人。

③ "知足"除了设定自己追求财富的限度之外，更重要的是，知道自己的自然之意与天俱来的分限，不超出自身的分限去追名逐利。"强"是努力；"强行"是坚持不懈、持之以恒，此处应该是刚强坚定地顺道而行。

④ 任由感官外驰，不能知止，不知足之"妄"（wanton or unrestrained）则终将"流离失所"而"亡"（vanish）[5]，

---

[1] 安乐哲，郝大维：《道不远人——比较哲学视域中的〈老子〉》，何金俐译，学苑出版社2004年版，第163页。

[2] D. C. Lau, *Tao Te Ching*, Hong Kong: Chinese University of Hong Kong Press, 2001, p. 51.

[3] Charles Q. Wu, *Thus Spoke Laozi: A New Translation with Commentaries of Daodejing*, Honolulu: University of Hawaii Press, and Beijing: Foreign Language Teaching and Research Press, 2016, p. 74.

[4] 宋常星：《道德经讲义》，台北：三民书局1970年初版，第54页。

[5] Charles Q. Wu, *Thus Spoke Laozi: A New Translation with Commentaries of Daodejing*, Honolulu: University of Hawaii Press, and Beijing: Foreign Language Teaching and Research Press, 2016, pp. 74–75.

既失去自己本来存在的有限性，也失去了通达无限大道的可能性。这是身之有限性，其实是心与道的无限性根基的吊诡之处；也是心意所止之分限，即心意面对纷纭万象的内在自我把控的力量，不为外在的名相和利益、粉饰所迷惑，心行无待，性止如山，通达道体，同于太虚，齐同天地。"寿"既是通常意义上的长寿，但这种长寿其实是超越生死的永恒，所以也是精神永续的真正长寿。

【明意】

智慧者的意念能够通达万事万物。不仅仅其意念通达事物，其意念在通达外物的同时，能够返身明察，这是反身性意念（reflexivity）[1]的作用。反身性意念时刻贯透在知晓外物和他人的意念之中。同样的道理，胜人是体力上强过他人显得更有力量，也可以解为意念发动似乎比他人更有力量，自胜则是能在自我反省邪意的发动时能够立即克服，如孔子"克己复礼"[2]。自我反省和当下克服自己的邪心邪念，比知晓外物、征服他人要难上加难。

知道道意之境的自足自生，是明白自然之意本身与无始以来的大道共生共成的无限富足。坚持把自然之意贯彻在心念发动的每一个瞬间，是有强大志向的表现。心念发动不偏离自然之意的意识境遇（或者意识之所）的人，会用意念长久持续地保持得道的境界。这种通于自然之意的心意境界，能超越有限的肉体，同天合道，即使肉身不在了，自然之意还会永久持续下去，与天地自然万物的生化同寿。人的心意通于自然之意，才会永生不变。

因此老子贵身，不是贵肉体之身，而贵肉身之为通达大道的基石和可能性。后世一味强调保养肉身，甚至成为道教功法的主

---

[1] 温海明：《儒家实意伦理学》，中国人民大学出版社2014年版，第25，149页。
[2] 《论语·颜渊》。

要内容，其实失其本旨，只是这一修身角度对身作为心之可超越性的有限基础的理解不够到位。"死而不亡"是因为人的心意通于永恒的大道，所以"身"死而心意不亡，才是《道德经》的本旨，也是后世道教的真义所在。死而不亡：身虽死而心通于"道"而犹存。"死"与"亡"不同，死而不被遗忘，永生于世间。

第三十四章　生物不主

大道氾兮，其可左右？①
万物恃之以生而不辞，功成而不有。②
衣养万物而不为主，可名于小；③万物归焉而不为主，可名为大。④
以其终不自为大，故能成其大。⑤

【译】
大道广泛流行啊！它像水一样没有定向，怎么能够左右和控制它呢？

万物依赖它生长，它不干涉。成就了造化万物的大功，而不自居其功。

养育万物，但并不主宰它们，可以把它称为"小"。万物归附它啊，但它并不主宰万物，可以把它称为"大"。

正是因为道始终不主宰万物以自命为大，所以反而成就了它的"大"。

【注】
① "氾"同"泛"，广泛或泛滥，普遍之意。自然之意充满世间，如水之就下，恒稳坚忍，无限充盈。这是一般的解释，从河上公注"无所不宜"，王弼注"无所不适"开始，古今大部分注家皆持此说，认为道可以左右逢源。张祥龙认为："道势如水，乘此势则可左可右，左右相救，总有生

机。"[1]英译一般为"It may go left or right"。不过,董平认为此解不得要领,"其"当为副词,通"岂",难道之意。"左右"即控制、把持、把捉、驾驭之意,言"道"不能拂逆,不能违越,只有顺应[2]。此说有理,考之本章下文,"不有"即不占有,"不为主"是不拥有,不控制,"无欲"是无控制欲、不主宰等艺术,说明董解前后呼应,今从之。不过,得道如冲浪一般,董平顺应道势解与张祥龙乘水之势之解并不矛盾。

② 辞:言词,称说。不辞,意为不说三道四,不推辞、不辞让。不有:不自以为有功。万物依赖自然之意而生长发育,但自然之意从未影响改动事物自身本然的发展轨迹,也就是不意图主宰、控制它们。这与一神论宗教里人格神的那种强大的、自始至终的主观控制力量有明显区别,自然之意不是主观控制一切的力量,而是自然生生,与物共生,不去宰制,但使万物生养、长存的力量。

③ 衣养:一本作"衣被",意为覆盖、涵养。常无欲:一本无此二字,认为此乃衍文,董平认为不能删去,与"小"相应。[3]小:微小、渺小,指道成就万物却不去试图主宰它们,在万物之中似乎很小,可是再小的事物当中都不可能没有道。

④ 不为主:不自以为主宰,并不是字面上不加以主宰之意,如陈荣捷译文"it does not master them"只得字面之意,虽然可以说,道对万物起帮助而非主宰作用,但最为根本的,是道成就万物的同时,并没有主观主宰的意愿,如刘殿爵译为"it lays no claim to being master"[4],庶几近之,强调道虽然主宰万物,而没有主观主宰的意志。

---

[1] 张祥龙:《海德格尔思想与中国天道:终极视域的开启与交融》(修订第三版),中国人民大学出版社2011年版,第226页。
[2] 董平:《老子研读》,中华书局2015年版,第157页。
[3] 同上书,第158页。
[4] D. C. Lau, *Lao Tzu*:*Tao Te Ching*, London:Penguin, 1963.

⑤ "大"可以理解为伟大。因其没有主宰的私意,所以能够成就其"大"。因为道没有主宰万物的主观意志,所以道是"大"的,而任何有主观主宰的意志的人的境界相比得道的境界,都是达不到道境的,所以都是"小"的。

【明意】

自然之意从其本体自然存在的角度,是自然大道的自然呈现,从其必经意而领会的角度,是认识大道时主体对自然大道的意会。自然之意既通达天地万物,又只有通过左与右这样的阴阳对立范畴才可以呈现出来。万物依赖道而生化,道为万物所领会,从不推辞;帮助万物生长,也从未主宰,更未居功。自然之意成就万物,却没有一个合适的名称。它供养万物生长发育,却从来不试图主宰它,因为自然之意表现出来从来没有私心、私意,所以也可以说它小而不大。

万物都必须通过道意才能呈现,所以道意是核心。万物于道意之中,如如朗显,自我呈现。道供养万物而不主宰,道意领会万物,但不操控万物的生化。领会自然之意,而不用私自的欲望,所以要小心谨慎,小处着眼,而领会万物的自然之意,就会感叹其重要与伟大。大道的运行落实于自然之意的生发,即意会大道的创生成长,自然之意不会自居盛大,不会主宰自己的创生之物,所以能够成就万物,也就成就了大道自身的伟大。

自然之意不主宰万物,与犹太—基督教的上帝形成鲜明对比。犹太—基督教的上帝造物之后,控制一切,主宰一切,甚至控制人的心意,主宰人当下的精神活动,一旦违背,即大加惩罚,但大道却任自然之意生生不息,从未用私意来主宰其所造物,全然一片生机,即使违道而死,也是自寻死路,非道主宰之结果。所有具有主观主宰意志的主宰者,其境界都是不得道的,其关联的意境,整体上就都达不到道意的境界。犹太—基督教的上帝因其主宰的意志特别突出,所以上帝之城不是顺自然之意的境界，上帝主宰的世界也就不是大道流行的境界。可以说，因其有意主宰世界，所以其世界偏离了道意的自然境界。

第三十五章　道意平泰

执大象，天下往。[1]往而不害，安平太。[2]

乐与饵，过客止。[3]

道之出口，淡乎其无味，视之不足见，听之不足闻，用之不可既[4]。

【译】

抱执大道，天下就会来归附。执道而往天下，道不伤人伤物，如此就会国泰民安，天下太平。

礼乐教化（歌舞表演）与物质享受会引诱过路人放弃他们本当继续前行的心志。

有道之言从口里说出，淡然无味。看它却看不见，听它却听不到，用它却取之不尽，用之不可穷竭。

【注】

① "大象"指大道之象。大道无形而有象，落实于自然之意则自然有其"意—象"，因大道之"意"会则必有其"象"。抱执大道的自然之意之象，即进入道意之境。"天下往"一般理解为天下自然归附。董平认为，当为"往天下"，则天下无往而不通达，无往而不平和，[1]董解可备一说。

② 跟之前32章"道常无名"后的"朴"一样，"往"解

---

[1] 董平：《老子研读》，中华书局2015年版，第159页。

为"归附"更有实义,而且意义更加丰富。所以,应该理解为大道往于天下,"往而不害"指自然之意不伤人害物。安平太:"安"是安宁;"平"是平和、安宁;"太"同"泰",通泰。一说"安"乃则、于是之意,不取。

③ 自然之意自然生发,不会像礼乐和歌舞那样诱惑路人放弃其本然的心志。"乐与饵"指音乐和美食。近人蒋锡昌认为,"乐"为五音,"饵"为五味。[1]

④ "既"是尽的意思,英译为"exhausted"。"可"通行本为"足",因郭店本、帛书甲乙本等本子作"可",王弼注"乃用之不可穷极也",改回"可",使内在理路通畅。与帛书甲乙本勘校,三句句末均无"也"字。贡华南认为,与儒家之"温"相比,道家哲学之味可谓"淡","淡"的味道在有无之间,安静自持,与世无争。[2]

【明意】

意对道之全体的意会,恍若通达天地万物之象,道必须通过"自然之意"的象为人所意会,这是一种自然之意通达宇宙万化之境的境界。能够把握这种境界,念念生发皆在自然之意之中,则天下的人皆来归往。在万物向自然之意归往的过程中,彼此既不互相妨害,而且也不妨害所归附的全体。大家因为共同顺应自然之意而处于安宁、平静、泰和的极致境界。

这种天下万物共同通达自然之意的境界,看起来恢宏广阔,似乎没有内容,也没有味道,不会像优美的音乐和散发香气的食物那样,让过路的人驻足停步,引诱他们改变本来的心意所向。用言语口舌来表达意对道的领会的那种自然之意的境界,是如此的平淡而无味,仿佛无形、无相、无迹,睁开眼睛

---

[1] 参黄克剑《老子疏解》,中华书局2017年版,第358页。
[2] 参贡华南《味觉思想》,生活·读书·新知三联书店2018年版,第280—298页。

想看清这种自然之意的境界，却什么也看不见；竖起耳朵想仔细听自然之意境界的声音，却什么也听不见；想去使用或利用意会领会道达到自然之意的境界，却仍然觉得似乎没有什么可以用得到的。

　　自然之意境如一种幽远平静的"玄冥之境"，万物皆顺自然之意而生而灭，而成而毁，平淡无言，如行云流水，花开花谢，大美无言，大音希声，却蕴涵无限力量，生生不息，意动通天。这种境界如此安详、平和、通泰，无色无味，色道不二，色即是道，道即是色，意不离色，意色不二，此种道意不二的高妙意境，是一切物存在的根本的、内在的深层状态。

第三十六章　微明利器

将欲歙之，必固张之；将欲弱之，必固强之；将欲废之，必固兴之；将欲取之，必固与之。①**是谓微明。**②

柔弱胜刚强。③

鱼不可脱于渊，国之利器不可以示人。④

【译】

要想缩小它，必须暂且扩张它；要想削弱它，必须暂且增强它；要想废弃它，必须暂且兴举它；要想夺取它，必须暂且给予它。这就叫作洞察幽微征兆的大智慧。

柔弱能够战胜刚强。

正如鱼不能离开深渊，国家的权谋利器也不可以向世人展示。

【注】

① "歙"是敛，合之意。固：暂且，一说"固必"，一定要；一说本来，先，理解为"凡物将要……必是其先曾……"句式，不取。取：一本作"夺"。与：给，同"予"字。曹峰认可陈鼓应、刘笑敢、邓联合等学者关于此章主要是"智慧论"而非"阴谋论"的看法。[1]

---

[1] 曹峰：《老子永远不老——〈老子〉研究新解》，中国人民大学出版社2018年版，第33页。

②　微明：自然之意在事物之中微妙的显明；一说微妙的先兆，洞彻幽微征兆的大智慧。较之"微"通常译为"subtle"，张钟元译为"invisible"更贴切[1]。柔力有无限的可能性，柔力是自然之意的柔性展示，自然之意从不以刚强示人。《韩非子·喻老》"起事于无形，而要大功于天下，是谓微明"的解释有明显的权术意味。老子更多的是强调"柔之胜强"的智慧。

③　这种智慧主要是意识到用意而顺自然力之无往不胜，用意于阴，而成事于阳，于阴力着意，而能够于阳境显化功用。曹峰认可任继愈理解为"深沉的预见"，可以理解为微妙、玄妙、不可思议的神明或智慧。[2]

④　脱：离开、脱离。利器，指之前的"微明"，即洞察道体，运道化物的大智慧；一说指权谋利器，薛蕙所说的威武权势；一说指国家的刑法等政教制度，犹如韩非说的赏罚。曹峰认为应该是刑罚、兵器之类引发的生杀予夺之权，必须慎用或不用。[3]"示人"是向世人展示，给人看，向人炫耀。过度阳刚、外显表现的力量犹如脱离水的鱼、故意炫耀的武力，都是容易刚强则折的。

【明意】

鱼以柔力游于水中，可以逍遥自在，一旦离开水，则必刚强，离死不远。国之利器，是顺自然之意而治国，让百姓如鱼之柔弱，游于柔治本性的水中，也就是以柔术治国，百姓温柔平和地生活，活在柔性的治术之渊中，如水之无形无相，悠游而不自知。百姓柔顺地生活在治者制造的温柔乡中，如鸟柔顺地展翅高飞在柔性的天空之中，鱼柔顺地游于无形无相的温柔之水中。至

---

[1] Chang Chung-yuan, *Tao: A New Way of Thinking. A Translation of Tao Te Ching*, New York, 1975.

[2] 曹峰：《老子永远不老——〈老子〉研究新解》，中国人民大学出版社2018年版，第45—46页。

[3] 同上书，第37页。

圣的自然之意，通人达天，极致美甚。

意对于道的领会，要通过用意的魄力改变意所关联的情境。这种意志改变境的意志力与魄力的展示过程，是通过无比微妙的运作而显明的。要让意用魄力而收缩其境关联之物，意念反而一定要先展开其意境；要让意念之境所关联的物弱化，反而一定要先强化该物在意中之境，要让意念之境所关联的物废去，反而一定要先兴起该物在意中之境。

要想获取或取得对象化的物，反而要先在该物在意念之中的关联之境中不断地给予它。任何意都有其境，只是要改变意所关联之物，则要先在意所关联之境做相反的工作，也就是说真正在意中对境加以改变，才是改变万物的核心。意念的成形和发用，跟意念作用于其境的魄力有重大的关联。这种意运用于境而改变事物的方式是极其微妙的，轻易不显示于他人。

老子这里给出了运意转境的高明法宝，即用"反者道之动"，利用"道"的生成与转换的反面性来主导意所在境中事物的运动和变化。通于《周易》的"通变"，即引导变化的艺术，老子这里上升到国家统治者的治术角度，认为不可以让一般人了解权术和利器。因为一旦为常人所用，就必然扭曲，所以不得不采取权变的手段，用于常人所不能够感知到的地方和领域。

第三十七章　无为而为

道常无为而无不为①。

侯王若能守之，万物将自化。②化而欲作，吾将镇之以无名之朴，③无名之朴，夫亦将不欲。④不欲以静，天下将自定。⑤

【译】

大道永远因顺自然看似无所作为，实际上却无所不为，成就万物。

王侯如果能持守这个道运化的常理，万物将会各顺己性，自行化生。在万物生化之中，如果贪欲萌作想要有所作为时，我将用无可名状的真朴状态来镇抚它。无可名状的真朴状态会安定消解它们的欲望，使之进入无欲状态。万物与人民都兴不起欲望而趋于清净，天下也就自然而然地复归于安定状态了。

【注】

① "无为而无不为"是顺接上一章的"微明"与"利器"而申论、充实其内涵。"无为"是指顺自然之意而不妄为，"无不为"是说自然之意无所不为，成就万物。阳光雨露给大地的生机，如道体无为，而功用无所不为。

② "之"指道，"守之"即守无为之道；一说守上句之理，即"道常无为而无不为"的自然之理。自化：自我化育、自生

自长。Arthur Waley 将"自化"译为"*at once be transformed*",[1]而安乐哲译文"develop along their own lines"更有神韵。事物都有其自在的潜能,管理的艺术在于激发其自生自为的内在力量,让其顺自然之意而生长发育,实化潜能。这种内在的潜能,道家没有赋予其道德意味,儒家则认为是天道自然之善,名之曰"良知""良能",其实是说顺自然之意的内在力量就是好的、善的。

③ "欲"指贪欲。无名之朴:"无名"指"道"之本始无名状态。"朴"形容"道"的真朴。相对于欲望之邪,道的真朴有神圣的意味,其能够镇邪,就有神奇的意味。从修身的角度来说,欲望和烦恼需要从根源上制伏镇压下去,让心意随顺自然之意。

④ 不欲:一本作"无欲"。镇之使之去除欲望,用"不"可以表示否定,与下句"不欲"相呼应。意为力图恢复大道没有欲望的"无欲"状态,"将"表示过程性。

⑤ 自定:一本作"自正"。天下自己安定,如刘殿爵译"at peace of its own record",归于自然之意之正,如安乐哲译"be properly ordered of its own accord"。

【明意】

道意之境总是意道合一,无所谓作为的。当道意不分,无所不至,道在万物之中,意也在万物之中,道即是意,意即是道,道意不二。随物附意,意随物显。如果能够领悟道意之境,并持守不失,则万物都顺自然之意而自生自化。在顺自然之意而化生的过程之中,如果有私心妄作的话,道意会用其本真质朴的自然之态来把握这种妄作的心意,使道意之境随自然之意而顺行,这是用道意的真朴自然之态来化解欲望,从而使得道意总是处于身心之意那种无欲的关系当中。在这种化欲之意的状态之中,一切

---

[1] Arthur Waley, *The Way and Its Power*, *A Study of the Tao Te Ching and Its Place in Chinese Thought*, Grove Press, 1934, 1958.

都从欲望状态回归到安宁的状态,而天下万物重回道意之中,自发自为,而结成意丹(意念之丹),即意念通于万化的丹道合一的化境。阴阳和合而生意丹,去欲而结丹,丹不是具体之物,而是意念顺于万物而达到的极致安宁、美妙的境界。

　　自然之意既是万物之总统,有领导万物之镇力,万物本来自然地归化于自然之意,如果统治者想用己意改变自然之意,那么就背离了自然之意本身自然无为的真诚朴素状态。如果得道之人能够调用自然之意,就可以用来镇住偏离自然之意的心向。这种制"意"之动而运物之化的境界,比起单纯地运用强力运化外物之动的境界高明很多。

第三十八章　失道后德

上德不德，是以有德；下德不失德，是以无德。①

上德无为而无以为；［下德为之而有以为。］②上仁为之而无以为；上义为之而有以为。上礼为之而莫之应，则攘臂而扔之。③

故失道而后德，失德而后仁，失仁而后义，失义而后礼。④夫礼者，忠信之薄，而乱之首。⑤前识者，道之华，而愚之始。⑥

是以大丈夫处其厚，不居其薄；⑦处其实，不居其华。故去彼取此。⑧

【译】

"上德"之人与道相合，对人有德而不自以为有德，所以才有"德"；"下德"之对人一有德就唯恐有失，所以反而无德了。

"上德"之人崇尚大道之德（得），无所作为，而且无心无意作为；［"下德"之人有所作为，而且是有心有意作为；］推崇"仁"的人按仁爱去有所作为，然而是无心无意作为；推崇"义"的人按情义去有所作为，然而是有心有意作为；推崇"礼"的人按照礼仪去有所作为，但如果得不到人们的响应，他就撸袖伸臂强拉人家来遵循礼仪。

所以，丧失了大道才讲道德，丧失了道德才讲仁爱，丧失了仁爱才讲公义，丧失了公义才讲礼仪。"礼"的出现是忠信淡薄的标志，而且是祸乱的开端。至于说从前那些自以为有见识的人，他们看重的不过是"道"的浮华外表，其实这些人所推崇的才真正是愚昧的开始。

因此大丈夫处于大道敦厚之身中，不着意于浅薄的表面礼仪上；以道之真朴实在立身，不停留在浅薄浮华的外表上。所以要舍弃那些礼仪表面的浮华，而取用合于道的、淳厚朴实的自然之意。

【注】

①　通行本《德经》以本章为首，马王堆帛书甲乙本与最早的注本《韩非子·解老》都是《德经》在前，所以此章为全书首章，重要性可想而知。本章将人分成有道（上德）、有（下）德、有仁、有义、有礼五种人。"上"有"尚"意，推广崇尚。"不德"是不表现为形式上的"德"，也即不刻意向外表现为有德。"上德不德"意为，具备上德的人，通达大道，因任自然，道遍群生，施化众人，毫不偏私，不因对人有德而居于德，也就不在乎表面形式上的德，其并没有自以为"有德"的意念。"下德不失德"，下德的人得"道"之分有（朴散为器）之"德"，于是恪守形式上的"德"，表现为"仁义礼智"之德，所以一对人有德就唯恐失去道德感，但越是不失德，越是不敢在形式上离开德，其意念也就一直持守"有德"的状态，其实这已经是离开"道"的状态了，所以"无德"。"无德"说明"下德"的人因为在乎德（具体的得）反而无法体现自己真正有德。真正的德（得）道是得到自然之意的境界，真正（德）得（道）的人时时刻刻都在自然之意之中，不会偏离自然之意。没有真正得到自然之意的人，偶然达到自然之意的境界，但很担心偏离开去，所以担心失德（得），其实就是没有真正得道，不可能时刻不偏离自然之意。Arthur Waley 把"德"译成"power"[1]；刘殿爵译成"virtue"[2]；安乐哲译成"most excellent""excel""highest

---

[1] Arthur Waley 译，《道德经》中英对照版，外语教学与研究出版社 1999 年版，第 79 页。

[2] D. C. Lau, *Tao Te Ching*, Hong Kong: Chinese University of Hong Kong Press, 2001, p. 57.

efficacy"[1];陈汉生认为,把"德"译成 virtuosity 强调行道的美感,而不纠结在对错两分的价值观当中。[2]

② "无以为"是无所作为,一说"以"即心,故意之意;"无以为"即无心作为。"上德无为而无以为"意为上德之人顺应自然,无所作为,也是因为其无心作为。"下德"的人有所作为,而且是有心有意作为。陈鼓应、董平认为"下德为之而有以为"应该删除[3];任法融认为有道理,因为"可道"体现于人则必为"下德"[4]。"德"本身无内外,也不可强求。"德"应该是"道"的自然外化,如果有意外化,就是不再是"道"自然显化的本相了。

③ "上仁"之人有为但未杂私心;"上义"之人为之但已杂私心;"上礼"之人为之而且伸手拉人、逼迫他人遵从。"攘臂"指伸出手臂;"扔"意为强力牵引。"攘臂而扔之"是撸袖伸臂强拉他人来遵循礼仪。

④ 这几句从道德、仁爱、公义、礼仪等而下之,境界越来越低,因为它们都是大道的分解性状态,是因为天下越来越无道,才会越来越受重视。"仁"可解为仁爱、仁心、仁情,其中"仁爱"最有儒家伦理之要求,所有人必须发动仁心,以仁情去仁爱他人的定言命令之意味,最接近儒家在任何情形下都必须实化仁爱之情的实意伦理[5]。"义"一解为"情义",但不如"公义"有公共性,故取后者。公义之"义"是分别善恶、惩奸除

---

[1] 安乐哲、郝大维:《道不远人——比较哲学视域中的〈老子〉》,何金俐译,学苑出版社2004年版,第174页。

[2] Chad Hansen, *Daodejing*: *On the Art of Harmony*, New York: Shelter Harbor Press, 2017, p.32.

[3] 参陈鼓应注译《老子今注今译》(参照简帛本最新修订版),商务印书馆2003年版,第217页引高明考证。董平认可,参其《老子研读》,中华书局2015年版,第168页。

[4] 任法融:《道德经释义》,东方出版社2017年版,总论,第6页。

[5] 参温海明《儒家实意伦理学》,中国人民大学出版社2014年版。

暴、扶危济困、顺天应人、不徇私情。[1]不过，道家反对把公义之"义"上升为普遍的、尤其是依附于政治社会制度的道德规范，反对他律性的道德。如果说儒家和道家的道德理论构成了先秦时期的主要"道德谱系"，那么，与儒家提倡"仁义"的道德伦理学相比，道家就是反"仁义"道德的"另类"伦理学。[2]

⑤ 薄：不足、衰薄。首：开始、开端。因为"仁""义""礼"为儒家所重，儒家推崇礼乐教化，老子是不赞同的，可以说，老子是要恢复大道之源，回到道德未分的原初自然之意的境界，而儒家却要在一个失乐园中，重建仁爱他人和世界的定言命令，在破碎的现实家园之外，重建充满仁爱的精神家园，即礼乐制度的系统。儒家虽无人格化的上帝，但有近似基督教的宗教情怀。但老子认为礼法体系本来就是控制人心的，而人心是越管越乱的，过度追求外在的约束导致的是人心真正的失范，祸乱反而不可避免了。

⑥ 前识者：先知先觉者，有先见之明者。"华"是本之所发，即道体所派生的。老子反对关于"道"的所谓先知先觉，因为这是自以为是的浮华愚蠢。董平以"识"为标识、标记，即前面所"识"所标记者，都是"华"（虚花），不同意从《韩非子·解老》开始的，河上公、严遵《指归》、王弼注等后世相对一致的解释。在老子看来，这些仁义礼智都是无源之水、无本之木，都是虚名假象，可是推崇仁义道德的人，却自以为是高明的前见，非要强加于世人。这样说也完全贯通。

⑦ 处其厚：立身于大道之敦厚、朴实的状态。薄：指表面外在的、带有强制意味的礼仪其实是衰朽、单薄、无力、虚浮的。

⑧ "实"与"华"作为一对相反概念，前者为本，后者为

---

[1] 任法融：《道德经释义》，东方出版社2017年版，第95页。
[2] 参郑开《道家形上学研究》（增订版），中国人民大学出版社2018年版，第209页。

虚。刘殿爵和陈荣捷译为"fruit"和"flower"较为写意,张钟元译为"reality"和"appearance"较直接表现其"本质"与"现象"的关系,也表现老子力图抓住根本大道的意旨。安乐哲强调道德的制度化或者外在置入的技术化道德只会让道德感变得更加空洞稀薄,所以强调道德的自生性和反身性[1]。

【明意】

尚德之人通于天地自然之意,其德以无意、无为、无相的方式自然天成,展示出来,以其看似无德、无为,而成就德行、德业、功德于世。下德之人心意不能用天地自然之意感通,其有所德行便有自我意识,而且持之不失,因其有执、有我,反而显得没有德行、德业,功德于世。

最高级的推崇仁义之士,其心念完全通于天地之间的仁爱之意,其仁爱顺应自然之意。无形、无相,好似无所作为。推崇情义之士,一切言行皆若于后天之情智礼义,所以一直在有为的境界之中。推崇礼义的人,其心意比较主观,所以别人不应该强拉他人,这就是要先推行自然之意,即意道之境。但这个境界是那么高深玄远,人们通常无法达到。所以人们在达不到道意之境的状态之后,屈而从之,追求德业有成的境界。可是德业的境界也有两分,高层的境界完成大功大德,如行云流水;而低层的境界完成小功小业,就居德居功,反而显得无德。

德业的境界之下是仁义的境界。高的仁爱之意的境界与自然之意境界相通,但低的仁爱境界执着礼仪、规矩,用外在的尺度要求他人,强行约束他人,境界实在是等而下之了。离开了大道的境界,即自然在道的境界,就要一直讲一直推崇"得(德)"的境界,其实,谈论得道的境界,已经开始偏离真正自然之意的境界了。只有连"德"(得"道")的境界都保持不住了,才会

---

[1] 安乐哲、郝大维:《道不远人——比较哲学视域中的〈老子〉》,何金俐译,学苑出版社2004年版,第176页。

不断强调仁爱的境界，也就是内在的"德"（得）缺失了，才会不断外求，并强调标签化的"仁德"。所以礼仪制度的确立和推行，是人心失范、道德沦陷之后不得已而为之的举措。宣传仁义道德，还自以为有崇高的见识，实在是失道之言，无本之木，虚伪浮夸，华而不实。

　　所以通达自然之意的得道之士，顺应自然之意那种敦朴与厚重的状态，而不在意仁人之意那种浅薄、浮空的表面文章。知道安适地顺应自然之意而为，坚实而厚重，不在意任何仁人之意展示的浮华外表。所以顺应自然之意之士，知道除去仁义的浮表，而顺应自然之意的真朴与厚实。

第三十九章　贱为贵本

昔之得一者①：天得一以清；地得一以宁；神得一以灵；谷得一以盈；万物得一以生；侯王得一以为天下正。②

其致之也，谓天无以清，将恐裂；地无以宁，将恐废；神无以灵，将恐歇；谷无以盈，将恐竭；万物无以生，将恐灭；侯王无以正，将恐蹶。③

故贵以贱为本，高以下为基。④

是以侯王自称孤、寡、不穀。此非以贱为本邪？非乎？⑤故至誉无誉。⑥是故不欲琭（lù）琭如玉，珞（luò）珞如石。⑦

【译】

自古以来那些得到道的：天得到道，才会清明深湛；地得到道，才会宁静安泰；神得到道，才会灵应不测；川谷得到道，才会充盈奔流；万物得到道，才会化生万千；王侯得到道，才会使得天下安定正平。

致使他们能够如此的，都是因为道。天如果没有使它清明的道，恐怕要分裂；地没有使它安宁的道，恐怕要崩塌；神如果没有使它灵应的道，恐怕要止歇；川谷如果没有使它充盈的道，恐怕要涸竭；万物如果没有使它化生的道，恐怕要绝灭；王侯如果没有使它能够安定平正天下的道，恐怕要覆灭。

所以说，天、地、神、谷、万物、王侯之高贵要以道的卑贱为根本，它们的崇高要以道之低下为基础。

因此王侯自称"孤（家）""寡（人）"、"不穀（受众人追捧）之人"。这不正是以卑贱为根本吗？难道不是这样吗？所以最高的赞誉其实是无须夸誉的。这就是所以不必艳羡美玉的华丽高贵，而应追求顽石一般的淳朴卑贱。

【注】

① 严遵《指归》："一者，道之子，神明之母……于道为小……一，其名也；德，其号也……守身者没"[1]，这里严遵将"一"作为道之子，但仍同于道，有"三位一体"之味道，即"道""一""德"三位一体，"道"为父，"一""德"与其为子与父的关系。"得一"即得道之意，此处"一"指代"道"。"道生一"是道生成、生出一，或者道显化为一。严遵认为："天地生于太和，太和生于虚冥"，可见，"道"的创生过程仍然保持其整全性（太和），而同时具备其原初的混沌性（虚冥）。从宇宙论角度看，后来宋明理学关于有无、无极太极之辨的韵味近之。从本体论角度看，这样的理论困境与"三位一体"的问题旨趣类似，殊途同归。从人生论的角度看，"一"可以指代人生的根本坐标、志向和方向，是人为自己的意识状态定下的基调，是人生意义的根源。一说"一"是先天混元一炁，是阴阳平衡、和谐统一的。[2]

② "灵"是有灵性或显得灵妙。"正"是安宁平正，如河上公注"为天下平正"。王弼本作"贞"，意为首领，或天下的法式、模范，英译常为"leaders"或"rulers"。

③ "其致之也"是致使他们能够如此的原因，也可以理解为推而言之。"谓"是假如说；帛书作"胃"。天无以清：天离开道，就得不到清明。废：荒废。王弼本作"发"，董平、黄克

---

[1]（汉）严遵：《老子指归》，王德有点校，中华书局1994年版，第9—10页。
[2] 任法融：《道德经释义》，东方出版社2017年版，第97页。另参马恒君《老子正宗》，华夏出版社2014年版，第129—130页。

剑、马恒君认可；黄克剑解为下陷，马恒君解为喷发。[1]陈鼓应据刘师培、严灵峰说改。[2]歇：消失、绝灭、停止。竭：干涸、枯竭。"正"是安宁平正，一本作"高贵"，一本作"贞"。蹶：跌倒、失败、挫折，引申为覆灭。意念通于道之"一"的状态决定天地是否清明，神灵是否灵验，万物是否能顺利生长。这是极言意念通乎"一"的神妙灵应状态。

④ 相对的范畴彼此相反相成，为意之作用于世之必然困境。之前的"一"既可以理解为本体论的道，也可以理解为意念与道合一的阴阳平衡之境，因为意必分道，但又保持反身性的统一性和整全性，因为意念与"道"融合而浑然不分，意念分出的阴阳对待、高低贵贱，在反身性意念的状态之中，又相互统一，互为因果，相反相成。

⑤ "自称"一本作"自谓"。"孤、寡、不穀"是古代帝王的自谦之称，意为"孤（家）""寡（人）""不穀（受百姓追捧）之人"，比喻自己孤独而非众人的中心，好像不能像车毂一般为众辐条的凑合之所。[3] 其目的在于以谦下的姿态博取下位的人民的宽容、理解和同情。另一方面，这样的说法也把自己与大众区别开来，有更接近"一"即道的意味。

⑥ 至誉无誉：最高的荣誉是无须称誉赞美的。河上公本作"数车无车"，当是"誉（譽）"被抄成"輿"，又简化为"车"。河上公、成玄英、李道纯、朱谦之都从"假名非真"的道理来解释，董平认为李道纯引成玄英说法证明唐代援佛入老已成风气[4]，此说虽有理，但汉代河上公即有此说，将车子细细数来，有车

---

[1] 参董平《老子研读》，中华书局2015年版，第173页；马恒君《老子正宗》，华夏出版社2014年版，第130页；黄克剑《老子疏解》，中华书局2017年版，第396页。

[2] 陈鼓应注译：《老子今注今译》（参照简帛本最新修订版），商务印书馆2003年版，第222页。

[3] 朱谦之撰：《老子校释》，中华书局2017年，第二版，第166—167页。

[4] 董平：《老子研读》，中华书局2015年版，第174页。

辐、车轮、车毂、车衡、车辇、车辕、车靰（wù）、车辙、车轩、车轼，都是车的分名，并不是车本身，与成玄英说法近似。此一虚假号之聚合并非事物真实本相的哲理，中国传统哲人在佛教出入之前即已悟得，并不能说全赖佛教之赐。而且这种说法，与前面就分解名相求大道不全而不可得的义理相贯通，所以不可说与本章文本内涵不相切，故河上公注等诸说当可备一说。曹峰认为，较早的王弼本、马王堆乙本、北大汉简本作"舆"，马王堆甲本作"轝"，河上公本作"車"，所以把"故致数舆无舆"的"舆"解读为"誉"是后起的。[1]黄克剑反对作"数车无车"，因"数"历代不得雅训，所以当为《庄子·至乐》之"至誉无誉"，虽始于唐人傅奕，但取其解。[2]李零认为帛书本做底本最好，此处还作"故致数誉无誉"，不过没有加以解释。[3]刘殿爵译成"highest renown is without renown"[4]。

⑦ 琭琭：形容玉石华美珍贵的样子。珞珞：形容普通石块粗糙坚硬的样子。玉石华美，但虚有其表；粗石坚硬，可以建设高楼大厦，这才像大道的坚实基础。一说既不追求玉石之华美，也不厌弃石头之粗鄙，而将它们平等看待，不分贵贱[5]。此说通于严遵认为圣人"不为石，不为玉，常在玉石之间；不多不少，不贵不贱"[6]，以及河上公"当处其中"之说。这种理解基本上是把"一"理解为阴阳对应统一体，前句也就倾向于"故致数舆无舆"。这说明，强调开头的"一"是道的整全性，

---

[1] 曹峰：《老子永远不老——〈老子〉研究新解》，中国人民大学出版社2018年版，第64—65页。

[2] 黄克剑：《老子疏解》，中华书局2017年版，第404页。

[3] 参李零《人往低处走：〈老子〉天下第一》，生活·读书·新知三联书店2014年版，第135—137页。

[4] D. C. Lau, *Tao Te Ching*, Hong Kong: Chinese University of Hong Kong Press, 2001, p.59.

[5] 任法融：《道德经释义》，东方出版社2017年版，第100页。

[6] 《老子》，（汉）河上公注，（三国）王弼注，（汉）严遵指归，刘思禾校点，上海古籍出版社2013年版，第88—89页。

还是阴阳一体性，才是后面的文字取舍和文本差异的真正原因，可见，文字的取舍不能单纯从版本的区别和沿革来加以判断，文字学、文献学的考据最后要统宗于义理的连贯性。

【明意】

天地自然之意既是道的显现，也是人对道的领悟。能够显现天地自然之意者，包括天、地、神、谷等自然之物，万物顺承自然之意，自然而然，清宁灵盈。侯王观之，悟得天地自然之意，能够让天下民心安定，人民忠诚正直，心意平正，从而天下安宁平和。

没有天地自然之意的显现，没有侯王运天地自然之意使之在世间施展、流布，一切自然现象就无法自然而然、和谐完美。天地自然之意谦柔居下，反而成为万物和谐发展的内在动力和根基所在。自然之意如顽石一般淳厚朴实、卑贱自处，可见其力量无穷无尽，是天地万物贞（正）一安宁的泉源。天地万物自然之意在日月经天之中，在花红柳绿之间，在白云苍狗、云卷云舒之际，在清风飞扬、沧海桑田的变化之间，貌似真朴无为，不着形迹，却是一切物被意领会的根源。

意会即意与道交会（汇），其对象是万物万事的自然之意，是自然之意在天地之间的万事如其自然而为人领悟的意念状态。宇宙从乾阳元气的运化开始，形成天地间万物万事天生地成，各正性命、生生不息，待意与会。因万物自在，自化无待，却不为人所知所识，所以其自然之意，必待人之意向与之交汇而开显，化为阴阳二气，化为三才四象五行六位之分，条分缕析，丝毫不爽。天人之道，因意转化，分门别类，感应互动，吉凶生之，趋吉避凶，运道之化，实意之功。身本意基，意因身发，守身出意，悟其道体，转化阴阳，制其贱本，可致高远；去其华名，自透实体，与时偕行，因物制化；循道为纲，化物为纪；流转太和，复归虚冥。

自然之意本混沌一体，无意无向（相），真纯自然，当其不与心意交接，其只是自在的自然之意。自然之意在自然万象之中，并不表达自己，也不主动自我显现，只是等待被领悟，从而开显澄明自身，也可以说自然之意本来没有，即使被领悟之后也是有而无之。所谓自然之意并不是有限的名相符号系统，而是犹如空虚无象（相），无形无迹的自然状态，如无意之意。所以执自然之意为有，即是不悟，即是执着而失之。

中国哲学在道与意的原生形态上，表现出"语出尽双，皆取对法"的无奈之境。这透彻地说明了对于真禅之道的言语困境。我们言谈必须要名言概念，但名言概念对于道意的本相是苍白无力的，所以只能依靠意会。在意念的发动处、生成处做工夫。可是，由于真相本体的有而无之，这种工夫的本体也是有而无之，不可执着的。

第四十章　反动弱用

反者道之动[①]**，弱者道之用。**[②]
天下万物生于有，有生于无。[③]

【译】

反复循环是道的运动状态，示弱不争是道发挥作用的方式。

天下万物都从"道"的实有状态中化生出来，"道"的实有状态则从其虚无状态中化生出来。

【注】

① "反者"是回返、返归、循环往复之意；一说意为相反、反对、对立面；英译有 returning, turning back（刘殿爵）[1]，reversal（陈汉生）[2]等。道之运动向自身回归，向相反方向而成。一说"反"是宇宙万物繁盛的反面，即虚静之处蕴藏着无穷的生发动力，可以从《周易》十二消息卦的阴阳消长表现出来。[3]"反"的根本在于意之反，因为事物本体无所谓正与反的区别，是因为事物与意交接，则必有正有反，事物的混沌性在与意交接的瞬间就必须消解，而"反"是意接物之必反，不仅仅

---

[1] D. C. Lau, *Tao Te Ching*, Hong Kong: Chinese University of Hong Kong Press, 2001, p.61.

[2] Hansen Chad, *Daodejing: On the Art of Harmony*, New York: Shelter Harbor Press, 2017, p.121.

[3] 任法融：《道德经释义》，东方出版社2017年版，第101页。

第四十章　反动弱用　223

是存在意义上的反，而且是事物运动意义上的反。

②　弱者：柔弱、渺小。道的作用显得温柔，示弱，而劲道在中。此处当有动词意味，即示弱、守弱、处弱。宋常星说："养道之人，意去邪思，心除妄想，止其强大之心，习学柔弱之志。言语柔和，不可与人争强；凡事谦退，不可与人取胜。"[1]

③　"有"指道落于形器而有形质；与一章中"有，名万物之母"的"有"近似，但与"有无相生"的"有"不同。郭店本作："生于有，生于无"，似乎反对"有生于无"。"无"与一章中的"无，名天地之始"的"无"近似，但与"有无相生"的"无"不同。此处"有"形有器之状从道之"无"形无相状态化生出来。天下万物产生于看得见的有形质，而有形质又产生于不可见的无形质。有无犹如阴阳，是一体两面，不是两种状态，所以有是无化生出来。一切与意交接的都是有，但一切与意交接之前，都是无，所以无是有无相生的无，是与有相对待的无。无是无法超越意，而只能意会的无形无相状态，而与意交接的，都是有形有象的状态。"无"只是道的"无态"，并不是道本身。借用海德格尔以"道（Tao, Ereignis 本成，大道发生）"为"有"，那么"无"则对应于谢林哲学的"Nicht wollen（意于无、无意）"、"gelassene Innigkeit（泰然自在的内在性）"，以及海德格尔所谓永不会消失的、保持与己身之中的"未曾（noch nicht）"[2]。张祥龙不赞成做宇宙发生论的解释，认为这样第一章，第十一章的"妙"义就生发不出来了，认为"无"就是"根本的构成"；构成域就是指有的构成态，不存在一个在一切有之外的"无"的境域。"真正的无境或道境就是我们对于有的构成式的领会，得道体无就意味着进入这样的领会境域。"[3]任法融认为道为先天一炁，因为

---

[1]　宋常星：《道德经讲义》，台北：三民书局1970年初版，第69页。
[2]　参赖贤宗《道家诠释学》，北京大学出版社2010年版，第88—89页。
[3]　参张祥龙《海德格尔思想与中国天道：终极视域的开启与交融》（修订第三版），中国人民大学出版社2011年版，第224页。

其"无"而能化生万物[1]。安乐哲译"有无"为 determinate and indeterminate（决定者与非决定者）[2]；理雅格译"有无"成"existent with name（有名的存有）"，"non existent with no name（无名的非存有）"[3]，刘殿爵译为"something"和"nothing"，各有道理。

【明意】

形下层面，具体的"有"来自于"有"的状态；一切"有"皆因"无"才能开显，"有"因"无"方能显现。形上层面，"有"即道，万物生于道，但"道"即无形象、无方所、无内外、无声响、无质料的纯"无"，道是有无相生、有无一体的。道是贯通本体与现象的、形上与形下的。中西方哲人对于流变的、过程性的现象世界给出的解释方式不同。中国哲人认为，道在一切流变的现象之间，在现象之外没有超越外在的道，要即流变的现象本身领悟道的开显，道的运动。西方哲人如赫拉克利特等认为一切皆流，则关于流变的现象我们只可能得到片段的经验，不可能得到永恒的"真理"，永恒的真理在流变的世界之外，超越于流变的现象之间。所以，西方哲人多认为，本体是不变的，而中国哲人多认为，本体如道是与物迁变的。王弼的"贵无论"出自对本章的注："有之所始，以无为本，将欲全有，必反于无也。"把"无"视为"有"之前的一种实存状态，这在逻辑上似乎成立，但思维上则难以自圆其说，因纯粹无很难生有，犹太—基督教认为上帝之意足以使世界从纯粹虚无当中生出（creatio ex nihilo），但中国哲人比较不强调造物主的"意"，那么上帝之意"无中生有"的催化剂在中国宇宙论传统中就不存在

---

[1] 任法融：《道德经释义》，东方出版社2017年版，总论，第6页。
[2] 安乐哲、郝大维：《道不远人——比较哲学视域中的〈老子〉》，何金俐译，学苑出版社2004年版，第180页。
[3] James Legge, *The Texts of Taoism*: *The TaoTeh King* (*Tao Te Ching*); *The Writings of Kwang-dze* (*Chuang Tzǔ*) 2 vols, Oxford: Clarendon Press, 1891.

了，最多只有一种逻辑转化的关系。所以中国的哲人在有无关系上更合理，是"依境而生"（*creatio in situ*）即把物存在的境遇当作"无"，物于境的全体之"无"中化生，转化而成，因为物都在自动、自发、自转、自成，这是自然之意化生万物的本体论。

自然之意的存在状态即是有而无之。万物其实每时每刻的存在都是一种有而无之的状态，即看起来"有化"，其实"无化"。所谓"有化"，即物之就其自然被意会为"有"。所谓"无化"，即物之就其自然被意会为"无"，在追根溯源上必须回到自然之意的状态。其实自然之意既在"有"之意中，即对事物领会于其"有"之意中，也在其"无"之意中，即对事物的存在顺其自然本然状态的"无"的意会。而不论是"有"还是"无"，都是自然之意被意会的不同维度。

"反"是意会的"反"，自然现象流转反复，但无所谓"反"与"不反"，只要意会了"正"便自然同时意会了"反"。"反"是相对于意会中的"正"而自然升起的。所以道意有正即有反，而且在正反之间循环往复。从动的角度意会道，永远都在"反"中。同理，一切事物的功能用途好像都有某种强力在内部主导，使其能够实现某种功能与用途。但这种功能与用途，无论是用的时候消耗变弱，还是究其来源，则必从弱中产生，所以永远在"强"与"弱"之间循环往复。

第四十一章　大道隐希

上士闻道，勤而行之；中士闻道，若存若亡；下士闻道，大笑之。不笑不足以为道。①故建言有之：②

明道若昧③，进道若退，夷道若纇（lèi）。④

上德若谷，大白若辱，广德若不足；建德若偷，质真若渝。⑤

大方无隅，大器晚成，大音希声，大象无形，道隐无名。⑥

夫唯道，善贷且成。⑦

【译】

志于道的上士（悟性高的利根之人）一听到大道，就坚持不懈地努力践行；中士（悟性中等的士人）一听到大道，觉得它若有若无，将信将疑；下士（悟性下等的士人）一听到大道，反而哈哈大笑，以为荒诞不经。如果不被这般俗陋的人嘲笑，那就不算是高深玄妙的大道了。所以，古代关于大道的建设性话语如下：

大道光明明白，却好像暗昧不清；在大道上修进，却好像是在退步；大道平顺，却好像崎岖不通。

合于大道的德崇高，却好像低下的山谷；大道清白洁净，却好像含垢受辱的样子；合于道的德广大，却好像不盈满不充足的样子。依大道建立德行，却好像在不断减损，永不自满的样子；大道本质纯真，却好像不断变化，变得污秽混浊。

大道方正，却好像没有棱角的样子；大道成就伟人与大物，很晚成就到近未完成；大道的自然之声听起来却好像稀微无声；大道之象看起来却好像无形无状；大道幽隐无法名状；辅助万物而没有名声。

只有大道啊，最善于济施而成就万物。

【注】

① "上"代表志于道的、悟性高的上根之人；"中"指随波逐流、胸无大志、根器一般的人；"下"是不思进取，不求上进，悟性偏低的人。"笑"代表对得道之士、得道境界的嘲讽、轻蔑，觉得荒诞不经，不可理喻，有悲凉之叹。

② 建言：建设性的话语，一说立言，或托始古人以立言。

③ 河上公注："明道之人，若暗昧无所见"，指领悟了光明大道的人，好像黯然无光，愚昧无知一般，但不是为了要去明道，就故意去修养出暗昧的状态。

④ 从心的角度理解道的开显，道的前进状态经过意会却好像倒退一样，不过不是通过故意修行意念的倒行逆施有助于领会道意的自然开显。夷道若颣：夷，平坦；颣，《说文》说是丝结，即丝上的疙瘩，引申为崎岖不平、坎坷曲折。因为"反者道之动"，所以修道是修其"返"，但绝不是刻意寻找对待方的反面就有助于悟道。领悟大道的平顺展开，看起来好像崎岖不平的山路一般，不过不是说故意走在坑坑洼洼的路面上，就有助于意会大道在脚下无限延展的平顺状态。

⑤ "上德若谷"指虚怀若谷，包容一切。大白若辱："辱"是黑垢，指纯白好像被玷辱的样子。一说此名应在"大方无隅"一句之前。"广德若不足"是说道之广布天下，不是疾风骤雨，而是绵绵不勤，好像有气无力，内力不足的样子。"建德"是修炼刚健的德性；"若偷"却是好像需要经过偷工减料的懒惰方式，懈怠的状态来达到；也就是刚健之德表现得好像怠惰的样子。"偷"意为惰。质真若渝："渝"是变，变化，一说变污。质朴而纯真好像浑浊不清的样子。大道真实实在地在时空之中存

续，但又在不断迁延流变当中。

⑥ 大方无隅：隅，角落、墙角。道是最方整的东西，却没有角。"器"是指有具体功用的器物，大器是超越了某些具体功能的大器物。"大器晚成"，帛书乙本作"大器免成"；一说"晚"通"免"，取义从未完成，犹如很晚完成至于几乎没有完成之时；英译如"The greatest artefact is never formed"（陈汉生）[1]。"大音希声"如庄子"天籁"之声，大道的声音是最大的声音，却没有音响；大道之象，是最大的法象，却无形无迹。

⑦ 善贷且成：贷，施与、给予，引申为帮助、辅助之意，如英译"furnishes all things and fulfills them"[2]。此句意为：道帮助万物善始善终，而万物自始至终也离不开道。

【明意】

能否悟道与根器大小、悟性高低直接有关。志于领悟道而且悟性高的人，能够自然而然顿悟自然之意，而且知道如何付诸实践，勤勉不失。中等悟性的人面对自然之意的生生不息，似有若无，不敢肯定。下等悟性的人，面对自然之意于万物之中视而不见，哈哈大笑，因为自然之意超越直接经验，对他们来说，完全无法理解。如果不被无能领悟自然之意的低俗之士嘲笑、谩骂，自然之意就实在没什么高深玄妙可言了。这是通过人对悟道之境的表现而言的。

自然之意自然开显，明明白白，可人们却往往视而不见，因为自然之意的表现总是出人意料，不是简单地用某种阳光正面的方式表达出来，甚至总是用浅陋卑俗的方式表现出来。其实自然之意的流转之处，所形成的自然状态没有任何外在的分别，人们用意努力分别的行为，对于自然之意的整全来说，本身就是错误

---

[1] Hansen Chad, *Daodejing: On the Art of Harmony*, New York: Shelter Harbor Press, 2017, p.122.

[2] Chang Chung-yuan, *Tao: A New Way of Thinking. A Translation of Tao Te Ching*, New York, 1975.

的理解方式，因为悟得自然之意完全不应该依赖分别辨析，也就是说，自然之意本来就是自然而然，自然之意当如其所是地，如其本然地加以意会。万千现象之中都有自然之意在生发流转，并可为人所意会，悟与不悟，不取决于因缘是否巧合，而取决于结缘者的悟性如何。

能够悟通自然之意的人其意念发动，顺承天道，念念接于天机，天机发动纯粹自然，而不偏于阴阳任何一面。不同的概念和逻辑拼接而成的知识体系，只是对自然之意被领会状态的意会，表现出来都是对立的状态，但本质都是自然的、无对待的状态。

悟得自然之意的境界超越世间一切对待，返归于真朴自然的状态，完全与对待世界、分别世界、功利世界中的人对应不上，所以必然被他们奚落与嘲笑。他们不可能领略圣人悟得自然之意的那种深沉、微妙、幽远、浩瀚、飘逸、虚静、无法言说，也无法描述、书写下来的那种神妙境界，他们只能陷入矛盾、对立、非白即黑、非真即假、非直即曲等无休无止、争斗不休的对待世界之中去。所以要超越这个对待的世界，进入无对待世界，需要长期的修行，因此才会有大器晚成的说法，也就是大道需要很长时间才能到达有缘的人那边，能够成就万物于无声无形无状无名的状态之中，只是付出而不收获，成就万物而不言功德。

第四十二章　阴阳损益

道生一，一生二，二生三，三生万物。①万物负阴而抱阳，冲气以为和。②

人之所恶（wù），唯孤、寡、不穀，而王公以为称。③故物或损之而益，或益之而损。④

人之所教（jiào），我亦教（jiāo）之。"强梁者不得其死"，吾将以为教（jiào）父（fǔ）。⑤

【译】

混沌如一的道化生太极，太极化生为阴阳二气，阴阳二气化生二气之和气，此和气即万物之本源，阴阳和气化生万物。万物背负着阴，怀抱着阳，阴阳二气在氤氲相荡中形成阴阳和气之和体。

人们所厌恶的就是"孤（家）""寡（人）""不穀（聚人）之人"，但王公却以此自称，那是因为得道的王公深明阴阳和体为万物之本的道理。因为事物都是阴阳和体，所以每当它们受到减损，就反而会得到增益；得到增益，就反而会受到减损。

前人教给我这个道理，如今我也拿来转教别人。"现在强横的人，将来不会得到善终"，我要把这句话体现的阴阳损益的道理当作施教的宗旨。

【注】

① "道生一"的"生"当是转化、化生、化为、显现等

意；牟宗三认为是"不生之生"，庄子和王弼的讲法不能够说明三生万物，他认为，道从无到玄转化，是一种消极的生，而不是一种积极的生，"只表示一种静观之貌的宇宙论语句"[1]。"一"是"道"的数字表示，即道是无对待、绝对、无双的；也有称"一"指"道"的。一、二、三可以理解为能量的转化，三是万有之数，只要有三就可以生出一切。另"三"通"参"，如《周易参同契》之"参"，即阴阳参而生化万物。应该说，"二"指阴阳二气，从后有"万物负阴而抱阳"可以说明，阴阳是万物被意会之后的两面，而且是必然如此的。"道"本身包含着对应的两方面，换言之，阴阳二气的统一体即是"道"。因此，对应双方都包含在"一"中。"三"是阴阳和气，是万物能够生生不息的、和合之气的基础，是由对应双方感应融通而生的阴阳和合之体，阴阳合体，化生转化，生成万物。安乐哲将"一""二""三"分别译为"continuity""difference""plurality"[2]。林安梧"存有三态论"认为，"二"是对偶，"三"为定而未执。郑开认为"生"是亲缘关系的表述。[3]

② 负阴而抱阳：背阴而向阳，指万物内部都有阴有阳，阴阳因意会而必分。"冲"为"盅"的借字（第四章），意为虚，"冲气"可以理解为"中和"之气和虚气，或冲突、交融之意。"冲气以为和"意为阴阳二气在氤氲相荡中形成阴阳和气，并冲突交和，实现均匀和谐状态，从而形成新的气之和体。张祥龙指出，阴阳不是基本元素，所构成的气也不是具体物，而是一种

---

[1] 牟宗三：《才性与玄理》，第163页。转引自刘笑敢《老子之道：关于世界之统一性的解释——兼论"道"在科学与宗教之间的位置与意义》，《道家文化研究》（第十五辑），生活·读书·新知三联书店1999年版，第94页。

[2] 安乐哲、郝大维：《道不远人——比较哲学视域中的〈老子〉》，何金俐译，学苑出版社2004年版，第185页。

[3] 郑开：《道家形上学研究》（增订版），中国人民大学出版社2018年版，第68页。

"原发的构成态","一种得机中时的势态"。[1]

③ "孤、寡、不谷"都是古时候君主用以自称的谦辞,意思是我跟大家一样都是阴阳和体,不可因为地位高下而有区别。显示君王并不自居高贵,大家本来一体,世俗的权势和地位并不说明内在和气的高低贵贱。君主的谦辞是为了在其名称被意会的过程当中自居减损,以期人民反而称益他,如果自我增益,自居高尊贵稀,则必反为人民所厌弃。

④ 事物都是阴阳合体的,所以有时如果减损其阴面,必会使其阳面得到增益;有时如果增益其阴力,则必使其阳力受到减损。老子在第四十二章明确指出,"物或损之而益,或益之而损",与《周易》第四十一卦损卦、第四十二卦益卦在章节顺序和内容上的偶合,以及在损益之道上的同质性,说明《易》与《道德经》作为中国哲学的奠基之作,或有着不可思议的先行结构融通意味。《道德经》是在讲阴阳和气,阴气与阳气损益和转化时提及损益之道,与《周易》阴阳损益的道理,以及损卦和益卦所明确昭示的损益转化之道——"凡益之道,与时偕行"(《益卦·彖》),更是带有几乎完全同质的阴阳本体论基石意味。

⑤ "父"有释为"始",有释为"本",有释为"规矩""教父",可理解为根本和指导思想或施教的宗旨,如张钟元译"basic motto"[2],比"强横的人不会得到善终"一般的道理更有阴阳和体的味道。陈鼓应疑似"人之所恶……吾将以为教父"是三十九章错简移来[3],但帛书本和其他本有。从阴阳和气到损益之道,意义贯通;而"强梁者不得其死"可谓损之道的一个例证,义理可通。

---

[1] 张祥龙:《海德格尔思想与中国天道:终极视域的开启与交融》(修订第三版),中国人民大学出版社2011年版,第227页。

[2] Chang Chung-yuan, *Tao: A New Way of Thinking. A Translation of Tao Te Ching*, New York, 1975.

[3] 陈鼓应注译:《老子今注今译》(参照简帛本最新修订版),商务印书馆2003年版,第238页。

【明意】

天道冲虚无形，不知其始，无所谓在与不在，其中有自然之意，也只是无形之初始的异名而已，混沌缥缈，玄冥无状，包概天地，化生万物。自然之意因其本然自在的状态可以化身为一个整全，这个整全一旦被意会，即落入分别对待。而整全与分别对待之间犹如阴阳感应合力，不可分割而化生万物。万物之存在，只要进入意识，即落入阴阳对待。只有在阴阳对待的状态之中，宇宙元气才能冲（中）和，并以和气的状态存续。自然之意在世界上的存在状态是何等自然地开显！因其自然开显而几乎没有独立存在的状态。人主得悟自然之意于万物之中不自我彰显、谦虚低下的姿态，而特意用明显谦下的语言，表示自己顺应天道自然之意。人生存在自然之意的世界之中，本来不需要对待，但道无对待则不能被意会，不在矛盾中反而不能表达整体的自然之意，所以自然之意不得不以对待、矛盾的方式彰显出来。

既然自然之意不得不以对待的方式彰显，所以得道之人意会自然之意就可选其谦虚居下的层面。如果不顺从自然之意而强加己意，其结果可能死而不得其所，因为人改变他人的自然之意的同时，其实已经改变自身的自然之意。

意识发动一旦确立居于两端的一端，则另一端也自然彰显发动，同时共存。确定某种低下谦恭的端点，往往是为了更加明确地定义和把握另一面，也就可善于把握事件的全体。因为谦柔居下，人们竞相争益之，这样，在上位者反而对自然之意展现的全体，有更加完备和整全的领会。这是老子居柔贵下的领导艺术，但前提是已有高尊之位的领导者，自居柔下而不断得到增益。对待即阴阳，是因为人的意念只能有一个方向，如闪电划破黑暗，必分明暗、上下、左右、前后，唯此可以意会意念之光所照之境，此认识之绝境，阴阳之必生也如此。而阴阳之自在运动，连同认识阴阳的自然之意而为三，自然之意划破阴阳也合于阴阳，如太极图中分阴阳鱼的中曲线，无此线不成阴阳之互根，无自然之意不成阴阳自在之运动，如所谓"神明交，清浊分，太和行乎荡荡之野，纤妙之中，而万物生焉"[1]之"三生万物"之意。阴阳转化，合于自然之意，则万物化生，皆因自然之意之意会，于无极无象之道体中，意会出无数的刻度，比如从无形的时间存在中，区分出年月日时之刻度及精准的历法，于上下前后区分出无限的空间刻度，小至电子核子运动，大至星系之存亡，皆意念于虚空之中所分辨出之刻度，借助科学、必然性与因果律，改变了人与环境本然生存的自然之意。老子反对这种过度自信的、以为人可以征服自然的"强横"努力，认为最后必然不得善终。于环境日益恶化，人之生存条件每况愈下的今日，老子的警示对于生态环境问题不可谓没有智慧和道理。

---

[1]《老子》，（汉）河上公注，（三国）王弼注，（汉）严遵指归，刘思禾校点，上海古籍出版社2013年版，第113页。

第四十三章　意柔至坚

天下之至柔，驰骋天下之至坚。①
无有入无间（jiàn），吾是以知无为之有益。②
不言之教，无为之益，天下希及之。③

【译】
心意是天下最柔弱，但能够驾驭并穿行过世间最坚硬的东西。

心意有着无形的力量，强大到可以穿透没有间隙的东西。我因此认识到心意自然无为的益处。

心口"不言"而教化众生，自然"无为"而利益天下，普天之下很少有人能够做到。

【注】
① 至柔之道，蕴藏于一切物之中，包括坚实的物。"圣人之意存之物也，故字曰至柔，名曰无形。"[1]心思意念无形无相，是天下最为柔韧，又最有力量的存在，这样的说法自庄子就开始出现[2]。"驰骋"形容马奔跑的样子。意虽至柔，却可以

---

[1] 《老子》，（汉）河上公注，（三国）王弼注，（汉）严遵指归，刘思禾校点，上海古籍出版社2013年版，第100—101页。
[2] 参马恒君《老子正宗》，华夏出版社2014年版，第143—144页。引《庄子·在宥》："老聃曰：'女慎，无撄人心。人心排下而进上，上下囚杀，淖约柔乎刚强，廉刿雕琢，其热焦火，其寒凝冰，其疾俯仰之间而再抚四海之外。其居也，渊而静；其动也，县而天。偾骄而不可系者，其唯人心乎！'"这是借老子之口来说明人心无所不至，柔顺胜过刚强。

在天下至为刚强的事物之中奔跑往来，如入无人之境，有庄子庖丁"以无厚入有间"的意味。一说"天下之至柔"的是遍满太空的真空妙气，"无为"而无不为之道与此无形之气有异曲同工之妙。[1]

② "无有"形容道之物性体，也说明心意有无形的力量；"无间"指坚实而没有间隙的状态。"无有入无间"指心意之无形的力量能够穿透没有间隙的东西，所以至为强大。儒家平天下自"正心诚意"开始，最高境界是如天行"天何言哉"（《论语·阳货》）；《系辞传》"寂然不动，感而遂通"，若只是解释为群生，则范围过窄。《周易》是从后天通达先天的有为法，而《道德经》是无为法。"寂然不动"是《周易》的有为法的最高境界，而老子的自然之意本来无为，所以"无为"之不动，是指道之运化的状态本身而言，其次才是人悟道的境界。

③ "希"多本作"稀"，如传世本傅奕本、陈景元本以及赵志坚本，意为稀少，极少。"教"可以不言，可以默会，这是中国哲学的重要传统，没有神性，但有宗教感，如孔子与弟子闵子骞的对话，庄子与惠子论"鱼之乐"[2]都是情境自生的不言之教。儒家"天何言哉"，道家"道可道非常道"，禅宗"拈花微笑"等极致智慧，都与西方借助概念与逻辑体系的知识论相区别，也与西方把默会知识归于宗教冥想等传统相区分。

【明意】

自然之意虽然看起来至为柔顺，但在天下所有最坚硬强固的东西中间都有自然之意，而且自然之意完全不以实存的状态显现出来，所以可以说是"无有"（That-which-is-without-form），在无法测度的空间当中展开显现出来。无为是自然之意自然显现的一种状态，也就是自然之意好像什么都不做。这种什么都不说、不

---

[1] 任法融：《道德经释义》，东方出版社2017年版，第108页。
[2] 参温海明《儒家实意伦理学》第四章，中国人民大学出版社2014年版。

做而自然完成、成就天下所有万物的终极智慧，恰恰是几乎所有事物都缺乏的。

　　自然之意就其显现来说，是无时空、无方所的。因为它不在任何具体事物上体现出来。所以自然之意的实存，好像时间的存在，似乎没有任何实体的形迹可寻。可是它却无时不在，无处不有。时间以自然之意的方式生成和存在，而万物就其本身存在的根本状态来说都如时间，只能由"意"来领会而带入存在。如果"意"不能领会，就无法进入存在，只是一种自在而已。如人在跨时空的飞行当中，改变了时间的刻度，空间的状态，但没有改变自然之意跨越时空的自然存续之根本"生"成状态。

　　时间在实存的当下被意会为"时间性"，即时间被意会为主客合一的时空片段，之所以是时空片段，因为没有脱离具体存在境遇的抽象时间，一切时间被领会都关联着生存境遇。回忆是对时间性的调动，往往伴随着内在趋向的、非反思的情感因素；而期盼是对时间性展开的计划，是对当下生存时空的超越和跳转。在回应和期盼中，自然之意被主观的情感因素推到一边，情感似乎在调动和创造新的时空，而回忆中曾经存续的自然之意，以及期盼中尚未展开的自然之意，都因为主体意向的主观性退于显现的"时间性"之后了。一个沉湎于过往失声痛哭的人，其当下时空境遇被超越了。一个因为情感失意而被抛弃，感觉被放逐到荒原上的人，必须试图在新的、变动的、时空境遇中重建自认为合理的、超越当下的、已然失落的时间性。同理，一个回忆美好情感片段的人，其所努力的，是将过去的时间性保留在当下，其实也是对当下境遇的超越。换言之，当下情感所处理的时空，才是真实存在的时空，而当下的自然之意显现的时空，如果不进入意会的状态，就只是作为当下时间性的时空背景被悬置和忽视。

第四十四章　爱身知止

名与身孰亲？身与货孰多？得与亡孰病？①
甚爱必大费，多藏必厚亡。②
故知足不辱，知止不殆，可以长久。③

【译】

一个人的名声和身体相比，哪一个与自己更加亲近？身体与财货比起来，哪一样对自己更为贵重？得到名利与丧失生命相比，哪一样对自己更为有害？

过分地追名逐利就必定要付出重大的代价；过分积敛财货，将来必定会招致惨重的损失。

所以说，懂得满足，就不会受到困辱；懂得适可而止，就不会有危殆；这样才可以保持长生久安。

【注】

① "亲"是"近"之意；"多"是轻重比较之意；货，财富。得：指名利；亡，指丧失性命；"病"指令人忧虑的有害状态。王弼注："贪货无厌，其身必少"；陈鼓应认为"多"作"重"的意思，意为贵重[1]。老子明确认为，身体的健康是一切意识生成发动和实化的根基。

---

［1］陈鼓应注译：《老子今注今译》（参照简帛本最新修订版），商务印书馆2003年版，第241—242页。

② "甚爱必大费"指过于爱惜以至于吝啬就必定要付出很大的耗费。"多藏必厚亡"指收藏丰厚的财货就必定会招致惨重的损失,英译如"Many loves entails great costs. // Many riches entail heavy losses"[1]。爱是付出强烈的意向,付出强烈的意识能量,所以必然耗费大量的心力。收藏也要付出强烈的意向能量,被外物积累的能量假象所蒙蔽。老子反对追名逐利,尤其不可以身殉名,舍身逐利。人在追逐外物的过程中,也把自己降低成为逐物的器具,与"物"处于同一个水平上了,使自己的心为形役,离开了本真自在的生命存在状态。

③ 知足不辱:今本没有"故"字,据帛书补之。"知足"是懂得名誉与财货的满足度,以及追逐手段的正当性和限度,"知止"使自己不会走向目的的反面,陷入危险的境地,"知止"让自己不要过分陷入名与利的追逐和争夺,控制好身与意的边界,保证自己一直能看到"人生边上"的风景,不会陷入自己人生无边无际的幻觉。

【明意】

意随机而发,无方无所;念起而执之,定其所向,故意发为念,则意念动处,每时每刻必有所指。意念所指的对象即构成当下心意的实际境遇。当意念指向名声、财货等身外之物时,自然会有得失利弊的评判,也就是哪一种最为合适,或者对自己最为有利。其实,相比一个人身外之物的多少来说,一切得失,除开与肉体关联的物质性存在,即可说都是精神的。既然有些部分不能为自己控制,但一个人成熟之后的生存境遇,应该都要自己当下一念负责。那么得失利害的评判,归根结底还是存乎一心即一意之间。

围绕"我""己""私"等实存问题的思考,首先是得失的

---

[1] Jerry C. Welch, *The Tao Te Ching by Lao Tzu*, Mawangdui version, 1998, http://spirit-alembic.com/thou.html.

分寸，其次是足与止的分寸，本来人的身体有限，有其自然的足与止的尺度，但人在世间总容易私欲膨胀，希望得到更多、更好的东西。相比于肉体与心灵意识的真实性，外在的一切都可以被认为是幻妄的，因为执之不失，就是对心灵意识存在境遇的迷失，不知道意识本身可以不依赖于外境。而这也是对意识之空境的领会之根本。这是足止非空，是身体的界限所带出的心灵的界限，所以是自然意识的边界。总之，对自我边界的清醒理解有助于确认和维系意识的边界。

意识边界的自知与维护涉及意念实化的艺术，即意识之必实化为物，但何为名，何为利，何者分散精气，何者养生？这是修意的关键，也就是反身之意的领悟和自修。意念之必外化，而纯粹任其外化，则心意散乱，生气流散，日渐沉沦，久有祸殃。唯意念在实化过程之中，能够自知返己，知止不乱，方能保持精气，养足神明。可见单纯实化意念去追名逐利，必然伤精害神，代价惨重，重则身死国灭为天下笑，因而最重要的是能够在实化意念的过程之中，用反身之意绝名除利，修道养德，从而化精为神，化神为明，长存不灭。可见，知意念实化之所止，可以让精神永恒不灭。

第四十五章　清净正平

大成若缺，其用不弊。①大盈若冲，其用不穷。②
大直若屈，大巧若拙（zhuō），大辩若讷（nè）。③
静胜躁，寒胜热。④清静为天下正。⑤

【译】
（道是）最完善的东西，它随物而成，因此看似有所欠缺，但实际上它的作用永远不会停竭；（道是）最充盈的东西，它随物施与，看起来好像是虚空一样，但实际上它的作用是没有穷尽的。

（道是）最直的东西，它随物赋形，看起来好像屈曲的样子；（道是）最灵巧的东西，因顺自然而成器，看起来好像很笨拙的样子；（道是）最卓越的辩才，顺自然之意而言，看起来好像不善言辞的样子。

清静克服扰动，寒冷克服暑热。清静无为才能让天下安定正平。

【注】
①　"大成"有大有成就、成就一切之意。一说指"道是最为完善、完美的存在物，如果解释成具体物则无法传递老子"成"就之全体无缺，但又好像缺点神韵。一说万物由道之气化凝聚而成，而自然元气本如真空一般，可以生物生人，有无限

妙用。[1]

② 冲：通"盅"，虚廓、空虚之意。道充盈于万物之中，无限满溢，如虚空一般，此即"道即是空"，也因其空虚，才永不穷竭。

③ 屈：曲。讷：拙嘴笨舌。这里强调顺自然之意因物顺物，委曲求全，无为无造，但成就万物于无言之境。

④ 静胜躁，寒胜热：清静克服扰动，寒冷克服暑热。通行本原文"躁胜寒，静胜热"不能得出"清静为天下正"的结论[2]。

⑤ "正"是安定正平，一说通"政"，英译多取此意，如"be the ruler of the world"[3]。大道之行，看起来是阴力（意）显明，但大道最后必然制胜阳力（意），阴阳必然相互转化，老子强调不可拘泥于阳力（意），而要深悟阴力（意）。

【明意】

自然之意随物而成，其用永不穷竭，可是好像缺点什么。自然之意遍及一切，盈满充沛，但看起来却好像空空如也，空、屈、拙、讷，看似没什么，所以才有无穷的功用，反而成就了一切。无形无象的自然之意以其笨拙，才有灵巧；以其清静，才能制动；以其清凉，反制暑热；因其显得清静无为，所以才能够给天下带来太平。

道充盈于一切之中，似有若无，若不被领会为自然之意这种主客合一的认识对象，道并不彰显自身，道必于意中自然显现。这种存在论上的"无中显有"，是自然之意让"道"生起而成。

万物皆化，现象时刻运动，如何于运动之中领会运动的过

---

[1] 任法融：《道德经释义》，东方出版社2017年版，第110页。
[2] 参陈鼓应《老子今注今译》，1984年版，第241—242页注释，此注有理，但2003年版将此注删去。
[3] Wing-tsit Chan, *A Source Book of Chinese Philosophy*, Princeton: Princeton University Press, 1963, p.162.

程，老子给出清净之方，正是反其动而静之。清静应于万物之化，融贯事物之动；自然之意是通达神明的太和自发自生的意念之力，是太清化境的一面镜子，映照出冲虚化境，浩荡无边，玄荡无垠，道通无限，直达天地。

第四十六章　知足常足

天下有道，却走马以粪；^①天下无道，戎马生于郊。^②
祸莫大于不知足，咎莫大于欲得。^③
故知足之足，常足矣。^④

【译】

治理天下有"道"，天下太平无战事，快马被退还到田间给农夫用来耕种治田。治理天下无"道"，征战四起，以至于连怀胎的母马也被送上战场，在郊野生下小马驹。

没有比一味索取更大的祸患了，没有比贪得无厌更大的过失了。

所以知道到什么地步就该满足的人，方能永葆自得自足之道。

【注】

①　却：屏去，退回。走马以粪：粪，耕种，播种。此句意为用战马耕种田地。此处用粪引申为治田，指和平时期，天下无战事，战马回到田里耕作。

②　戎马：战马。生于郊：指母马被迫在战场的郊外产下小马驹；一说"生"为"出现"，即战马出现在郊野上，指代发生战争，作"生产"更能凸显战争的惨烈。

③　一本"欲得"作"可欲"。人欲之无穷，祸国殃民，迫使牲畜都违背自然之意，无法顺其自然地生长生活。

④ "知足"即"知止","故知足之足,常足矣"指知道满足界限的满足,才能够真正常常感到满足;又此处呼应开头"天下有道",此道为自得而自足之道,故意为常常满足于自得自足之道。陈荣捷译文"He who is contented with contentment is always contented"[1]即此意。暗指统治者之知足,才是有道的表现,才是通于自然之意、不妄心妄作的表现。

【明意】

统治者制定国家政策,决定人民的出生与入死,当限制人口的时候,出生可能艰难,但葬地不足,入死也成问题,所以说人民的生命,系于君主(统治者)一点不假。但反过来说,君王之治能否长久,则取决于是否得到人民的支持,如果人民起义反抗,则君王之治难以持久,从这个意义上说,君王之命也系于人民之意。因此,君主(统治者)是否得道,且在治理的时候是否运道恰如其分,可以说至关重要。如果君王失道,不仅丧失民心,也无从立国,宗庙崩溃,所以君为民源,民为君根,可谓缺一不可,一荣俱荣,一损俱损。无道之君,纵欲荒淫,天下大乱,民不聊生,最后必伤自己,所以统治者知道欲望的分限非常重要。有道之君,必然知自然之意的界限,心起知止,意动知足,心意守分,而天下归之。

治理天下当顺从自然之意,即便征战的马匹也可回归自然耕作的状态。如果治理天下无道,战乱频仍,那么战马也找不到生产的地方,在战场边荒郊野外就生产了。可见天下的纷争与战争都来自于领导者不能自我控制的欲望,因为其心意不愿随顺自然之意而知足,容易导致很多灾祸。因为总是想夺取、获得,就会造成很多罪咎和灾殃。

人的自我意识的本分与其间的得失是非常困难的问题,很难

---

[1] Wing-tsit Chan, *A Source Book of Chinese Philosophy*, Princeton: Princeton University Press, 1963, p.162.

把控好其间的分寸，这就有一个随顺自然之意的分寸问题。哪一个分寸算是合乎自然之意呢？自我对自然之意分寸的领会和界定，等于自我实现认知自己的本性，认清并接受本性的分限。所以自我意识的反观自我，其实也是自我考察、自己顺从天道自然之意的分寸。

第四十七章　离意无道

不出户，知天下；不窥牖（yǒu），见（jiàn）天道。①
其出弥远，其知弥少。②
是以圣人不行而知，不见（jiàn）而明，不为而成。③

【译】

（圣人）不出门户，就能够推知天下的事理；不望窗外，就可以认识天地自然之道。

心意向外求得越多，离"道"越远，关于"道"所知的就越少。

所以，悟"道"的圣人不待远行，其心意发动足以推知天下的事理；他不必向外观察，其心意就能明了"天道"；他不必造作施为，就能够成就功业。

【注】

① "户"是门，"窥"是从小孔隙往外看；"牖"是窗。"天道"指日月星辰运行的自然规律。这句是要说明心意通天，天下不在心意之外，如《周易·系辞传》："寂然不动，感而遂通"，"天下同归而殊途，一致而百虑"，了解天地大道，不能通过"出户""窥牖"等动的方式，而应通过静思反省等静的方式，才能排除运用感官的具体的闻见之知，才能达到天道之真知，实现荀子所谓"虚壹而静，谓之大清明。万物莫形而不见，莫见而不论，莫论而失位。坐于室而见四海，处于今而论久远，

疏观万物而知其情，参稽治乱而通其度，经纬天地而材官万物，制割大理而宇宙里（理）矣"的境界。（《荀子·解蔽第二十一》）这是通过内省内观而向内求知，反而可以通于万物的认识论。因为控制心意不外驰，反而让心灵的能量增强，让意念发动有意能转化外境的事物。

② 传统解释如"奔逐得越远所知道的道理就越少"不合适，不是知道的知识少，而是关于道的领悟少，而且因为追求知识，阻隔了对于道的本体性领悟，越是执着于外在的、客观、具体的知识和身外的荣华富贵，对于世界本体和生命生生之力的领悟力往往越低。心灵本来纯净，反观而明，如果逐物，而不是清洗灵魂，则难以保持明亮如镜的心灵智慧。

③ "不见而明"，王弼本作"不见而名"；理雅格等把"明"译成名："gave their (right) names to things without seeing them"[1]，不如带有"明"意的译文，如刘殿爵译"identify without having to see"[2]带有给对象身份（identity）而阐明之意；安乐哲译为"understand clearly without seeing anything out of the ordinary"[3]；不需要观察（窗外）就可以推明天道。不为：无为、不妄为。针对前面足不出户和不窥来说，"不"强调亲眼，圣人之心与物相通，合于物的节拍，不必亲自行动、见到、去做，就可以明白一切，[4]成就万物。可见，功业始自内心，大道不离心意。

【明意】

心之能知万物，因万物相感，以类知之。易有咸卦，言阴

---

[1] James Legge, *The Texts of Taoism*: *The TaoTeh King* (*Tao Te Ching*); *The Writings of Kwang-dze* (*Chuang Tzǔ*) 2 vols, Oxford: Clarendon Press, 1891.

[2] D. C. Lau, *Tao Te Ching*, Hong Kong: Chinese University of Hong Kong Press, 2001, p.69.

[3] 安乐哲、郝大维：《道不远人——比较哲学视域中的〈老子〉》，何金俐译，学苑出版社2004年版，第196页。

[4] 马恒君：《老子正宗》，华夏出版社2014年版，第155页。

阳相感之道，亦有《中孚》九二爻辞："鸣鹤在阴，其子和之，我有好爵，吾与尔靡之"；《系辞传》："言出乎身，加乎民；行发乎迩，见乎远；言行，君子之枢机。枢机之发，荣辱之主也。言行，君子之所以动天地也，可不慎乎？"心意之动天下，万物皆可感通，故在室内可知天下之动，因万物之间，同频共振，现于远方，心意灵敏，即可征知。古人意味天下一气，气息感应，彼此不论相隔多远，皆能相感，故心意一动，可以通达天下。

儒家看天下同体之仁，因其生生；老子之道，虽及生生，而不及仁义，但生物必感，却是异文同旨。儒家落于人伦，则于心意之感之间，未必常明本体之通。圣人见天地自然之生生，即悟天地自然之意，遍贯一切生物，因其意动，即知全境；意动必感，阴阳必变，故于生意之发当极度小心，不可意出而难回，意动而天翻地覆，阴阳改换而无法控制。意生于此，必应于彼，意发乎迩，必感于远！故运自然之意，转化天地阴阳之功，此老子本旨。运意于阴，不行不见不为，却能成事于阳，行远见道，无所不成。

离开心意则无法见道，对道的领悟就越少。圣人的心意直通自然之意，心意发动，即关照全体世界。所以得道之人不用离开住处，就可以领悟天道；不用仔细考察万物，但对事物之变的领会却能够无所不知，所以也可以说，如果人缺乏反思的能力，不能够意识到内在的心意时刻通达大道，那么走得越远，虽然知识增进，但对于大道的领悟，却所得越少；因为心智往外驰行的越多，对于自然之意无为、无象的状态领会就越少。

心意向内反观自省的能力最为关键，如果能够领悟到自我意识的分寸，与是否领悟自然之意有莫大的关系，那么心意打开，离悟道就不远了。时刻修炼自我的心意，使之顺应自然，心之所得自然与内心的自然之意相符，因为认识感悟了自然之意，就能与万物感通。这种心意通达万物的境界，不仅《道德经》如此强调，其实先秦时期的大多数思想家也都是如此看待的，圣人作为最高理想境界的人,其起心动念时刻通达天道之本原,与其若合符契,通达自然之意是如此主动、内在、自觉、本然,好像心意与天、人之存在与天,从来就没有分离过,这是中国古代哲学和思想文化的厚重遗产[1],必历千秋万代而常新。

---

[1] 参董平《老子研读》,中华书局2015年版,第286页。

第四十八章　意为无为

为学日益，为道日损，①损之又损，以至于无为。②
无为而无不为。③
取天下常以无事。及其有事，不足以取天下。④

【译】

求世俗学问的人，其关于仁义礼乐（现象）的知识一天比一天增加；修生命（本体）大道的人，其知欲智巧一天比一天减少。把为学日益的欲念减损又减损，直到心念清明无为，所发皆合于自然之意的境界，心念所发皆通于道，因顺自然。

自然之意看似无所作为，实际上却无所不为，成就万物。

治理天下的人总是要以清净无事的意念状态作为治国之本。只要君主意欲有所作为，就不可能治理天下了。

【注】

① 为学日益："为学"是意念外射以求相应的努力求知过程，传统认为学习就是探求关于外物的知识，不过，此处的"学"应当指关于现象的具体知识，一说指老子看不上的政教礼乐（河上公注），应当也泛指一切意念向外投射的意识活动过程。"日益"指人的知见智巧与日俱增。为道日损："为道"是意念的内观与意识活动的内向含摄，通过意识活动的自我反省（self-reflection）形成自我省察、觉知的过程，带有冥想或体验的意味，但可以遍及一切意识活动，即意念发动处，不仅仅是意念

向外投射，而且时刻保留内观自觉状态、途径，领悟事物未分化状态的"道"。此处的"道"，指道意、自然之意、无为而无不为之意。[1]

② 损，指意向外化的情欲文饰，在意向学会内观与自省之后，日渐消泯减损。刘殿爵译为"does less"[2]，比通常译为"decrease"好。

③ 无为而无不为：指意向能够反省和内观之后，向外投射的意识活动时刻保持内在的自觉，于是一切向外的"为"，都好像同时又是向内的"无为"，而一切向内涵摄的"无为"状态，其实时刻融摄着一切向外投射的意识活动，所以"无为"之意，其实无所不为，遍该万物，一意包融天下万物。

④ 河上公注："取，治也。"可见"取"可以理解为心念之治、以内向的意念摄化万物。无事：是意向内化而不投向外物，不对外物构成干扰。"有事"指意向有为，则扰乱万物兴作的频率，如从政者，政令繁苛，扰乱民生，无法安治天下。

【明意】

立于自然之意者不需要刻意增加对世界的具体认识，因为外在情境与缘力不足以增加对自然之意的了解，所以不需要再于经验知识上用功。心灵通于自然之意，是一种自得自为的领悟状态，即心意的发动与天道自然的节奏相合拍，这种对自然之意的领悟状态是一种契合理解世界本体的状态，所以不需要过多外在经验知识加以支持，所以学习外在知识以丰富经验的状态，与深

---

[1] 杜保瑞认为："人类的认识活动中必须经由人类的意识活动之后才使得它们的已经存在的事实得以彰显，所以人类的'赋予认知'之作用是天地万物之'在认识上'的存在的必要条件，所以可以说天地万物的彰显是在于人类的认知意识里，这个认知意识即是一个'有'，是一个在平常生活世界中的一个特意认取的活动，从而使得任一世界成为了有意义的存在结构，使得它发生了。"参杜保瑞《反者道之动：老子新说》，华文出版社1997年版，第31页。

[2] D. C. Lau, *Lao Tzu: Tao Te Ching*, London: Penguin, 1963.

究世界本体而力求减少经验的状态背道而驰。

最好的政治是主政者的心意时刻顺从自然之意,让君王与臣民都顺从自然之意的政治,可是这样的政治虽是理想化的无为无事,但都要顺自然之意。要时刻意识到生命存在本身可以轻柔、平和、自适,不需要过度依赖任何身外之物。君主之意发动如未发动,动意时如如不动,若无事之状,反而通达天下一切。

意念与世界的沟通,先是汲取营养,其次是维持心念和信息系统的平衡,保持与外在世界交流的信息系统的状态。自然之意是其所是,造就了世间的一切。自然之意成就自身、设定自身,另外也设定跟自身相关的一切存在,所以自然之意是一切存在的尺度,是一切存在物自然而然存在的尺度。人身上的自然之意表现在心念发动的境界之中,在心意反观的内在境遇中自然生成。

涵养自然之意的境界,要自然放下对外在事物知识的占有和执着,去除知识对求道心灵的遮蔽,契合于自然之意的本然实存。心意与道无对,自然之意与万物无对,消融不分。心意发动皆为自然之意,即似无作为,而无所不为,意贯天下,融贯万物,虽无为无事,而能制天下万化。

意念必发,故生而有"有为"的倾向,要让意念"无为",是比停止现实的行为更高的境界,但这恰是老子所追求的。但意念不可能停止,必然发动,只是意念于发动之间,当"应无所住而生其心"(《金刚经》),也就是不可执着于外物,亦不可执着于意念本身,而要让意念生发,皆自然而然,完全中道而行,合乎天地,不生仁心,不起恶念,一切意念皆合于自然之意,归于自然之象,即无形无相之境,心意无强力,无私心,不生事,不用术,自然之意如如本然,如源泉自出,万物自化,而人欲不与。此后天制意返回先天无为之境的艺术,乃通贯《道德经》全书之宗旨。

第四十九章　浑孩天下

圣人无常心，以百姓心为心。①

善者，吾善之；不善者，吾亦善之，德善。②信者，吾信之；不信者，吾亦信之，德信。③

圣人在天下，歙（xī）歙焉，为天下浑其心。百姓皆注其耳目，圣人皆孩之。④

【译】

圣人没有固定执着的心意，而是以百姓的心意作为自己的心意。[1]

对于善良的人，我善待他；对于不善良的人，我也同样善待他，这样就可以让天下风气得到改善，帮助人人同归于善。对于守信的人，我信任他；对于不守信的人，我也同样信任他，这样可以使天下风气趋向诚信，从而使人人同归于信。

有道的圣人在其位，谨慎收敛自己的欲意，总是把天下的心意归于浑然一体，作为自己的心意。百姓们都关注其眼睛所见，耳朵所闻，但圣人能够消解他们的耳目聪明，让他们都回到婴孩般无知无欲的纯朴状态。

【注】

① "无常心"一本作"常无心"，帛书乙本作"恒无心"，

---

[1] "固定"，参傅佩荣《傅佩荣译解老子》，东方出版社2012年版，第106页。

通常理解为长久保持无私心，能够放下对自我的执着，以"道"为中心而不以自我为中心。董平认为"心"为思虑之心，非"本心"之心，"无心"即无所执持的"私意"，"常心"则是"成心"与"成见"[1]。圣人体道，无日常之心，故"无常心"比"常无心"更通畅。此意与陈荣捷译文"no fixed (personal ideas)"[2]通，也跟许渊冲译文"no personal will"相似。圣人心意之发，不为常见所缚，常若心无所发（no constant mind of his own）[3]，意无所指，意该万物（think and feel immediately）[4]，生生流动，无偏无私。

② "德"假借为"得"。《管子·心术上》："德者，得也。得也者，其谓所得以然也。"天下万物经过意会必有善恶，但"我"却一视同仁地善待它们，这既是一种道德本体性的善，也因为意向可以以善为本，而使得一切与意展开的意境都得到善意的投射，从而成就最大的善，无论是对发出善意的自己，还是接受善意的他人，都是通乎天道自然之善的状态。

③ 圣人超越了一切对待，不被善或不善，守信或不守信等相对状态所束缚，用无差别的善意去信任一切人一切事，不再分别计较，从而感化本来不信任他人的人。

④ 歙：吸气。此处指意欲向内收敛。帛书甲乙本后有"焉"字，较好，可理解为对相对的双方圣人、百姓不做价值的判断，采取一致的态度。"浑"即"混"；"浑其心"是使人心思意念转化复归于浑朴状态。圣人治世之心意总是合于自然之意。"注"是注意、集中、聚焦，指百姓的注意力都集中在耳朵听得

---

[1] 董平：《老子研读》，中华书局2015年版，第202页。

[2] Wing-tsit Chan, *A Source Book of Chinese Philosophy*, Princeton: Princeton University Press, 1963, p.162.

[3] D. C. Lau, *Tao Te Ching*, Hong Kong: Chinese University of Hong Kong Press, 2001, p.71.

[4] 安乐哲，郝大维：《道不远人——比较哲学视域中的〈老子〉》，何金俐译，学苑出版社2004年版，第201页。

到、眼睛看得到的事物，处于意欲发散的状态。圣人能使百姓们都收敛其意欲向外驰骋的意识状态，回复到婴孩般纯真质朴的状态。圣人能够消解百姓的耳目聪明，因为圣人有榜样的力量。一解百姓都作为圣人的耳目能帮助圣人（河上公）。"孩"可当成孩童，但也同时使得他们成为孩童。老子跟孔子一样，如果圣人无知无欲，百姓的眼睛耳朵都没有用了。但现实如新闻自由在一定程度上可能过分放大百姓向外驰的欲意，导致人性恶膨胀，这是违背老子的治国理念的。董平同意高亨的看法，认为"孩"通"阂"，隔阂，关闭之意[1]，认为是隔离消除百姓的知见，使他们的心意浑然一体。虽有理，但此为"有为"，老子不取。考之河上公、严遵、王弼等注，"孩"即圣人爱百姓如婴儿，使百姓回到赤子之心、心物一体、心通万物的状态，可通。

【明意】

圣人之意通于自然之意，无私心之发，起心动念皆合乎自然之意，故无私心之用。圣人没有分别之意，所以善与不善这样的区分在自然之意面前没有意义，不起分别之念。百姓受圣人不起于分别心的教化，也知道收摄反听，不逐外物，返回如婴儿一般的状态。

圣人之心顺天地自然之意而无分别，直通天地与百姓同体，故非实有，而是一种意念之境。这种意念之境可以贯彻至所有人的心念之境。圣人的自然之意犹如阳光，阳光即意念的指向，及于一切物、一切境上，一种主客合一的境遇构成了温暖寒冷之境。这是阳光及于物而感，构成一种境遇性的存在，其他事物感觉不到温暖吗？温暖是纯粹主观的吗？温暖是要用意领会的。但这温暖不是私意，而是自然之意的一种存在方式。阳光及物，万物复苏，春生夏长，秋收冬藏，这里面都有自然之意的作用，而作用于一切物的这种自然之意的整体就是自然意境。

---

[1] 董平：《老子研读》，中华书局2015年版，第204页。

自然之意本身清澈澄明，虽为人的意念之基石，但与意欲之心无涉。人的意念作为自然之意的延伸，本体清澈澄明；只是人意感境，便有价值判断，如温暖寒冷是对天气的感受，善恶是人意对自然之意的感受之价值分别。圣人之要人不落分别，如赤子般回到先天的原初性经验状态。威廉·詹姆士（William James）所谓"纯粹经验"（pure experience）是心物不分，物我融贯的经验，在此章即"浑其心"，而且是典型的孩子眼光，赤子经验。圣人没有常心，即回到赤子之心，并以赤子之心对待他人他物，使百姓也返归赤子之心，语脉一贯。

得"道"修德之圣人，其无心如赤子，心意发动与物浑然不分，心包天地，无私意做主，入于清净之境，出入虚无之乡，非使心意运用思虑可以达到，而要返回赤子之心，不生欲望之心，不受不取，意化阴阳，如如不动，不落对待，一切皆善，一切皆信，浑心如无意，本然如孩童，意发天然，如无心意，贯天通地，以赤子之心，导百姓复婴儿之状，上下浑心，民心转换，群生一体，万化一意。

第五十章　摄生无死

　　出生入死。生之徒，十有三；死之徒，十有三；人之生，动之死地，亦十有三。①夫何故？以其生生之厚。②

　　盖闻善摄生者：陆行不遇兕（sì）虎，入军不被（pī）甲兵。兕无所投其角，虎无所措其爪（zhǎo），兵无所容其刃。③夫何故？以其无死地。④

【译】

　　人最初出于世而生，最终入于地而死。在所有人中，能够寿终正寝，长寿而终的人有十分之三；不能安享天年，短命而亡的人有十分之三；本来可以安享天年，却私心妄作自取其亡的，也占十分之三。这是什么缘故呢？这是因为过分重视生命，在养生方面太过用心了。

　　听说，真正善于养护自己生命的人：（在养生方面无所用心，反而能够）在陆地上行走，不会被凶恶的犀牛和猛虎所遇伤，在战争中也不会受到利器的伤害。犀牛无法用尖角来伤害他，老虎无法用利爪来伤害他，手持利器的人也无法用锋刃来伤害他。这是什么缘故呢？因为他在养生方面无所用心，反而既没有致命的要害，也不会进入致死的处境。

【注】

　　① 出生入死：出世为生，入地为死，人之生命，或生或死。一说离开生存也就走向死亡。"徒"应释为"类"。"生之

徒"即长寿之人。十有三：十分之三。但河上公认为是"九窍四关"；林语堂说是"四肢九窍"[1]。死之徒：属于夭折的一类。"人之生，动之于死地"意为有些人本来可以安享天年，长生久视的，但因私心妄作，追名逐利、纵情声色或养生过度，而意外地提早走向死亡之路。老子不认为死亡可以如基督教那般为永生克服，所以养生延长生命、延迟死亡的到来是对抗速朽肉身的现实策略。

② 生生之厚：由于求生的欲望太强，在养生方面过度用心，也可能因营养过剩，奉养过厚，进而伤身。可见，养生虽然是老子关注的主旨之一，但老子也提醒我们要注意养生的分寸和尺度，不可因保养过度而伤身。

③ "遇"是遇到，引申为遇到并受伤害，不是遇不到，而是即使遇到也不被伤害。"摄"即收敛养生，《庄子·养生主》的"生主"即生命的主体，即精神。"摄生"指养生之道，即保养自己，"摄生者"即剩下的十分之一，这样的人心物相通，意物一体，清虚恬淡，慈悲善世。因其意念皆顺从自然之意，而能够控制身外情境之中的意念，连危险都自然躲开他，似乎其意念有控制外物的力量，其实是心物交融的自然感应状态所致。陈鼓应和傅佩荣都认为"兕"是属于犀牛类的动物。"入军不被甲兵"指战争中不被利器所伤害。善于养生的人，能够依从生命本来的状态，而入其自然无为之境界，处险若夷，不为外在的危险所伤。

④ "无死地"分两层意思讲，自身没有致死的要害暴露于外，也会善于避免进入遭遇死亡的危险处境，如刘殿爵译文"no realm of death"；Robert G. Henricks 译为"there is no place for death in them"[2]亦近之。能够达到质朴宁静、真气融通、物我

---

[1] 林语堂：《老子的智慧》，陕西师范大学出版社2006年版，第178页。
[2] Robert G. Henricks, *Lao Tzu's Te-Tao Ching: A New Translation Based on the Recently Discovered Ma-Wang-Tui Texts*, New York: Ballantine, 1989.

两忘境界的人，如婴儿般纯洁柔弱，周身邪气不侵，自然不会得病，也就不会被伤害。张祥龙指出，中国古人认为人生世界为唯一真实世界，"这个世界既是我们经验的，又是玄妙的或有无相生相成的，因为我们的生存经验本身就充满了张力而玄之又玄"。[1]

【明意】

真正善于养生之士，其心思意念调整到运用身体的状态完全顺应自然，无纤毫主观欲望。因为人的心思意念与动物及兵争的自然之意相吻合，即使在极度危险的境遇中，都能够使自己避开危险而不受伤，因为他起心动念如行云流水一般，犀牛的尖角，猛虎的爪牙，兵器的锋刃，都不能对于无形无象的养生之士施加伤害，有若庖丁化刀为刃，游刃有余，因刃无形，所以刃不与物接，两不相伤。善于养生者也是这样，其以无形无质之身入于险地，如蹈平地，因其化身为无身，则不再有危险可言，一切都是自然的状态，顺自然之状态存在就是自然之生，也就是无所谓非自然之死。

所以那些过度养生的人，总是在意生命生存安危的人，反而很容易陷入危险的情境之中，而被死神缠绕。死神也是自然之意之神，如果一个人顺从自然之意，死神就不会轻易出现，因为在等待自然死亡的那个时刻到来。死在时间上是一种"临在"，与一切在同在，也是一切在的"临在"，即将要降临的存在，是一种实存，作为一种自然之意的开显维度，在当下自然之意的生发过程之中，有不同的显现方式。佛家认为死的临在是一种于一切缘起性空的当下实存的共在；相比之下，儒家的"未知生，焉知死"（《论语·先进》）则是对死亡临在的一种悬隔，让生机向死而生，让意生在当下，而不去观意生同时升起的意死之状态。养生在这个意义上，是养意念之生机，如何让意念的生机脱离与之

---

[1] 张祥龙：《海德格尔思想与中国天道：终极视域的开启与交融》（修订第三版），中国人民大学出版社 2011 年版，第 240 页。

伴随的意念的死机。

　　道家道教重养生，无疑也是养意念之生机，着力用意于阳力的提升，让生命的生机当下得以保全，加以延续，而不寄托给来生，不期待来世。可见，儒道的时间被意会出来都是今世的时间性，儒家悬搁但直面死亡的临在，道家把死亡之临在作为自然生意之阴阳合体生发的另一面，接纳生机升起的同时，死机亦如如朗现，如是自然，接纳无碍。而犹太与基督教传统的时间意会出来是等待来世降临，逃避面对当下和今世时间性的意会状态。佛家消解死亡的"临在"于缘起性空之中，一切实存皆于当下归于死亡的"空"，色即是空，既是空间上的，也是时间上的，即时间中当下所有的"色"，都在时间持续的瞬间消解于无空间的"空"和无时间性的"空"，即当下的时空存续皆归于"空"，也就无所谓生，无所谓死，而死的临在与生的发动一起被消解了。

第五十一章　长而不宰

道生之，德畜（xù）之，物形之，势成之。① 是以万物莫不尊道而贵德。②

道之尊，德之贵，夫莫之命而常自然。③

故道生之，德畜之；长之育之，亭之毒之，养之覆之。④ 生而不有，为而不恃，长而不宰，是谓玄德。⑤

【译】

道任自然之意而生成万物，德因万物之意而蓄养万物。万物呈现出各种各样的形态，形势使万物成长。因此，万物没有不尊崇道而贵重德的。

道之所以受到尊崇，德之所以贵重，就是由于道生长万物而不加以干涉，德畜养万物而不加以主宰，顺其自然。

因而，道任自然之意而生长万物，德因万物之意而养育万物；道与德使万物生长，使万物发育；让万物停歇安宁，使万物深藏成熟；爱养万物，庇护万物。生长万物而不强加己意，兴作万物而不逞自意之能，长养万物而不意图主宰，这就是幽深玄妙的德。

【注】

① 一切物皆因"道"而生，物各得"道"而有"德"。"德"蓄养万物而物渐成"形"，物"形"受"势"之倾向与条件而成就。"势"指万物生长发育的情势状态；一说"势"是

力；一说为对立，也有人将"势"作"器"。此处用第十章解释，强调自然之意与万物之意。关于"物形之"，傅佩荣译成：由物质来赋形[1]。安乐哲译成"events shape them"[2]。Robert G. Henricks 的译文有比较明显的西方哲学色彩："Substance give them form and their unique capacities complete them."[3] 相对来说，Stephen Mitchell 的译文则近于安乐哲的翻译策略："takes on a physical body, let circumstance complete it."[4] "道"之创生万物，也是"道"自然表现为万物，这种自然表现过程没有丝毫的主观意志参与和控制的力量。

② 万物皆从"道"来而具"德"，所以万物都必须遵从道并且自贵其德，因此无之道与其德即是"道德"，这是天与天下万物一体性的本体论论证。尊崇并遵从道是万物之生皆顺自然之意，贵德是内在的自然之意得到保养和蓄积。道家的宇宙论避免了如犹太—基督教一般的超越的创造者和原初创造行为观念，避免了先于宇宙的变化源头的实体观念，避免了外在的能量之源的观念，也避免了造物主的目的、观念或者计划。[5]

③ 莫之命而常自然：道与德虽为万物生作之根，"莫之命"是没有任何外在力量命令，非常明显地反对造物主论的说法，即"道"和"德"都不是有意志的上帝或神，不命令世界存在和万物生成，与犹太—基督教、伊斯兰教等一神教的造物主概念完全不同。但从不干涉或主宰万物，而任万物自化自成。

④ 亭之毒之：一本作"成之熟之"。亭：《说文》："亭：人所安定也。亭，停也。""毒"的本义是毋使生长，引申为逼

---

[1] 傅佩荣：《傅佩荣译解老子》，东方出版社 2012 年版，第 110 页。

[2] 安乐哲、郝大维：《道不远人——比较哲学视域中的〈老子〉》，何金俐译，学苑出版社 2004 年版，第 206 页。

[3] Robert G. Henricks, *Lao Tzu's Te-Tao Ching: A New Translation Based on the Recently Discovered Ma-Wang-Tui Texts*, New York: Ballantine, 1989.

[4] Stephen Mitchell, *The Tao Te Ching by Lao Tzu*, 1988.

[5] 参 [德] 汉斯-格奥尔格·梅勒（Hans-Georg Moeller）：《〈道德经〉的哲学：一个德国人眼中的老子》，刘增光译，人民出版社 2010 年版，第 68 页。

迫万物收敛深藏，经历挫折而逐渐走向成熟，比喻万物顺自然之意成长的过程并不是一帆风顺的。养：爱养、护养。覆：庇护、保护，一说盖。"养之覆之"进一步说明自然之意通于万物之意。

⑤ 玄德：即最幽深玄妙的上德（mysterious virtue）[1]，它让万物生长，但不强加己意，即养育兴作万物而不自逞意识之能，使万物生长养育的"玄德"（profound efficacy）[2]，从未试图主宰他们。

【明意】

意对道的领悟是通过"道生"而得知的，即道之生生不息、自然创生的状态，而这种生机化的生成状态，与意的当下生成性之间形成一种同构关系，即道之生有其自然之意，而意的当下生成也顺其自然之意，道的自然之意与意的自然之意之间完全融通一体。自然之意即顺道生之意，意道为德，及得自然之意之境，故有蓄积蓄止之境，而物顺自然之意而成形，形势要能够形成，必顺自然之意方可。自然之意如自然之命令，但自然而然（天命之谓性），自然之意于世间创生不息，而道与德之分也是意生瞬间的整体与具体之分。

人的心灵意识本来只是自然之意的一种自然转化的形式，正如植物的生存之意，是在阳光下受阳意的牵引，让自身的养分从根系当中开始吸收升腾，虽然阴性的质料本来自然要下降，但正是配合了阳意的阴质才构成了植物的机体。动物也一样，动物的形质本身一直在走向衰朽的途中，但正是配合心神志意的肉体成为了机体的本身。如果形质不再配合创生阳意为主的心思意念，形质立马就成为死的形质，也就不再是有生机的机体了。可见，所谓机体是以心思意念的活动为前提的，一旦心思意念不再顺自

---

[1] D. C. Lau, *Tao Te Ching*, Hong Kong: Chinese University of Hong Kong Press, 2001, p. 75.

[2] 安乐哲、郝大维：《道不远人——比较哲学视域中的〈老子〉》，何金俐译，学苑出版社2004年版，第207页。

然之意而动，肉体和形质的自然之意就终止了。当然，自然之意并不是消亡，而是如能量一样转移到其他机体和时空中间去了。

　　自然之意贯注于事物之中，形成事物天赋的性状，如男女、智愚、音容笑貌等不易改变的性状，构成事物之"性"；"性"为万事万物生成与发展的基础。自然之意顺适外物外事变化而产生"情"，说明"性"接于外物而有情感变化，如忧愁喜怒等；"情"当顺自然之意而调节。"欲"是接于外物之后有所黏滞，遮蔽本然自然之意的意欲发动，是内在主观难以摆脱的牵绊倾向；故"欲"当受自然之意的节制而减少，达到清心寡欲的状态才好。自然之意落实于个体心灵，发动而成为心思"意"虑，如计谋决断等，都是意念的实化，所以，个人之"意"是自然之意在个人身心结构上的具体化。"志"是个人心意之长远期盼与谋划，自然之意引导个人之"志"并合乎个人之"志"。个人心意延绵成"志"，而志向长期的实化构成个人的命运。事物本性在世间经历的本然轨迹，是事物本来的命运，故称"天命"，即天地自然之意表现于人的本然轨迹；人间的偶然遭遇构成无法改变的必然历程，是个人遭遇的事件累积而成之命，即"遭命"，也是自然之意在世间与外缘的偶然遭遇；人的心思意念应随事物的变化而变化，尽可能趋吉避凶，在实意过程之中，成就随顺的命运，称为"随命"，这是事物在世间经历的实际命运。这就包括自然之意遭受挫折和摧残，不断得到捶打锻炼，但最后还是要顺从自然之意来实化自己的意志力和心念力。

第五十二章　持道养意

天下有始，以为天下母。①既得其母，以知其子；既知其子，复守其母，没（mò）身不殆。②

塞（sāi）其兑，闭其门，终身不勤。③开其兑，济其事，终身不救。④

见（jiàn）小曰明，守柔曰强。⑤用其光，复归其明，无遗身殃，⑥是为袭常。⑦

【译】

天地万物本身都有共同的本源，就可以把它作为天地万物的母体。既然能够认识天地万物之母的道，就可以认识天地万物；既认识天地万物，又能秉守这个创造天地万物的道，那么，即使此身不在，也没有危殆了。

塞住欲念的孔穴，闭起欲念的门径，终身都不会有烦扰之事。如果打开欲念的孔穴，满足欲念的目标，[1]就会心烦意乱，终身不可救药。

能够察见到细微的道，叫作微弱的清"明"；能够持守柔弱的道，叫作生命力的刚"强"。运用心灵能够"明"道的光芒，不断返回道体的清明，这样就能够不给自身造成灾殃，这就叫作如何使生命之道保持恒久的道意之境。

---

[1] 傅佩荣：《傅佩荣译解老子》，东方出版社2012年版，第112页。

【注】

① 老子肯定天下有始,认为天地万物有共同的本源"道";《易》之宇宙论以太极为始;但孔子与佛教之"无始",是以创世的情境为始。始:本始,此处指"道"。一说"始"包括童女般的"无"和母亲般的"有";"道"创造万物从无到有,有孕育和生成两个阶段。[1]

② 母:根源,此处指"道"。子:派生物,指由"母"所产生的万物。一切创世论或世界起源论都要处理创造者与被造物之间的关系,母子关系是一种"生",道为本原,物为现象,既是母生子,有如母子既分又不分的关系。终生守住造物之母,则受道体的庇护,心意时刻通达自然之意的境界已经超越生死,即使此身不在,境界仍然保持,也不会有区别,所以精神近于大道的境界超越肉身存续与否,无所谓危险。

③ "兑"指口,类似于《说卦》"兑为口",引申为孔穴,这里指人的耳目鼻口等七窍;"门"指门径。"塞其兑,闭其门"意为:塞住嗜欲的孔穴,闭上欲念的门径。除了认识论的意义之外,此句也有明显的修炼意味,要想修回大道,首先要关闭心意与世间气息交流的通道,这样才能保守内在的精气。勤:劳作,勤劳,一说不再烦扰。董平认为通"尽",终生受用不尽之意。

④ 开其兑,济其事:打开嗜欲的孔穴,满足欲念的目标,让意识向外实化,必然心烦意乱,终生无法解救摆脱。

⑤ 见小曰明:小,细微。能察见细微,叫作微弱的清"明",意识在清明的状态中,显得刚强,犹如生命之力,因显其柔弱,而益发刚强。

⑥ 用其光,复归其明:发光体本身为"明",照向外物为光。无遗身殃:不给自身带来麻烦和灾祸,因意识内观,不向外扰物,因而安宁且安全。心意有"明"道之光,善加利用,返

---

[1] 张其成:《张其成全解道德经》,华夏出版社2017年版,第208—209页。

回"道"体清明的状态,是从意识向外迷失走向道体清明的内观与明觉。

⑦ 袭常:王弼本做"习常",练习、实践之意,意为袭承恒久保持生命之常道。马恒君认为,袭是蹈袭、走上、相合之意,指走上了养生的正道。[1] Stephen Mitchell 译成 "practicing eternity"[2] 和 Robert G. Henricks 译成 "Following the Constant"[3] 都强调永生的维度。安乐哲译为 "according with common sense" 强调常识的意义。

【明意】

由上章关于意始于机体之源的论述向前推进,天下一切事物的缘生创造端点皆在自然之意,故自然之意可谓天下之母。只要明白贯通了自然之意,则天下万物皆顺理而可推之。自然之意不仅是本体性的存在,而且含有自然本身的意向与意志的意思。自然如道,本无所谓意,但因其为人意会方有自然,故有其自然之意,但又不仅仅是被意会之意,而是自然本然的意。从意会自然而有自然之意的角度,可以说自然之意生成自然,也就是生天下万物(而有自然之名)。没有自然之意即无所谓自然,没有道意,就无所谓道。自然之意有其内在性和本体性,是一切存在物的存在本体,也是宇宙和天地万化的宇宙论根源。

由天下万物之实存而推之自然之意的存在真实不虚,好像从机体生机出发领会心思意念的真实存在一般,即使机体不在,其自然之意也将永不磨灭。为了保养自然之意,则需要收摄反听,让真气从五官与外物交流之中返观内视。(吊诡的是,承前所论)如果机体的气息不升腾,意念不发动,则自然的生物,从植物到动物到人,都不可能生存。所以若要止住真气的流动,阻止

---

[1] 马恒君:《老子正宗》,华夏出版社 2014 年版,第 170 页。

[2] Stephen Mitchell, *The Tao Te Ching by Lao Tzu*, 1988.

[3] Robert G. Henricks, *Lao Tzu's Te-Tao Ching: A New Translation Based on the Recently Discovered Ma-Wang-Tui Texts*, New York: Ballantine, 1989.

真气与宇宙之间的交流，这本身就有违自然之意。但意念可以控制真气流散的过程，不让人的真气流失过快，知道珍惜保养自己的元气，则可以减缓真气与天地之间气息的交流过程，甚至可以吸风饮露，吸收天地之间的精气来重振与提升体内真阳元气。

可见，意念发动，随时与天地交流，但人可以通过修炼谨守意念与天地沟通的尺度与分寸来涵养元气。这是建立在对意当下之在的本体论领会之基础上的，即意会是当下生存的本相，而意念与事物交汇是存在的根本样态，但是如何观照和反省，如何控制和把握意念与事物交汇的力度、尺度、范围、深度等，不取决于意会到的情境本身，而取决于意会过程本身，尤其是用意的状态和力量。

第五十三章　施为非道

使我介然有知，行于大道，唯施是畏。^①大道甚夷，而人好径。^②

朝（cháo）甚除，田甚芜，仓甚虚；服文采，带利剑，厌饮食；财货有余，是谓盗夸。^③非道也哉！^④

【译】

假如君主（我）对道稍有所知，那么如果能够独立自主推行大道，最怕的就是有所施为。大道虽然平坦，但君主却（被迫）喜欢走邪径小路。

朝堂修治得越整洁（朝政越腐败），农田越荒芜，仓库越空虚；可是人君仍穿着锦绣的衣服，佩戴着锋利的宝剑，饱餐精美的饮食；搜刮占有富余的财货，这些做法都把百姓引入邪道，招引百姓去当强盗，进而争相夸耀。（这种招引百姓去做强盗的行径）是多么无道啊！

【注】

① "我"指代君主，一说指有道的圣人，或认为老子在这里托言自己，此处从河上公注，马恒君解[1]。"介"是微小；"介然有知"是微有所知，稍有知识。马叙伦认为通"哲"，高

---

[1] 马恒君：《老子正宗》，华夏出版社2014年版，第172页。

亨认为通"（黠 xiá）"，董平认为是有卓异、特别之意。[1]"道"既指无形的大道，也指有形的大路，与"径"相对。"施"指施为，因老子认为，用心去施为即是邪道，并在此章后半部分加以具体说明；一说邪心邪念，偏邪的行为；一说通"迤"（yǐ），旁歧的小径，意通。

② 夷：平坦。人，指君主，一本作"民"。"径"引申为相对于大道的小路和邪径，英译一般为"by-paths"。

③ 除：因修饰而整洁，这里指因过度修饰而奢靡，是朝政败坏的表现。朝甚除：朝堂修治得越整洁，宫室建造得越整齐美观，必然过分消耗国力和民力，其实朝政非常败坏，导致民不聊生。把朝堂整洁理解为耗用过度奢靡、朝政败坏的一种表现，必导致农田荒芜，年岁无收；仓库空虚，国无库存。厌饮食：厌，饱足、满足、足够，饱得不愿再吃。"盗夸"即大盗、盗魁；"夸"，《韩非子·解老》作"竽"。

④ 用盗寇欺压百姓的方式统治的结果，老百姓就会被逼上梁山，走上造反的绝路、小路、斜路，最后与统治者治国的初衷相违背。

【明意】

此接前章所论，心思意念的流散为人生的败笔，故需极为担心失气、散气。同理，如果本来已经理解和掌握了圣人之道，那就要随时随地担心领悟的圣人之道可能流失。本来理解与保养自然之意的大道非常平坦简便，但君主却往往要走小路、邪路，也就是心思意念不愿意顺自然之意而发动，由于君主穷奢极欲，人民只好落草为寇，这本身就是违背自然之意的统治方式。

老子对人民抱有深切同情，也对君主背离自然之意的统治方式痛加挞伐。一方面因为道家顺应自然，看似无情，但人不可能完全无情，可见道家的同情，是天道自然之意的同情，不带主观

---

[1] 董平：《老子研读》，中华书局 2015 年版，第 214 页。

意愿、纯粹顺从自然之意的同情。换言之，自然之意会倾向于帮扶和同情弱者，尤其是弱者是强者的主观意志逼迫和制造出来的时候，天道自然会倾向于平衡和调节这其中的分寸。这是自然之意发动而成的合理同情，不同于儒家带有主观思考和反思过后的同情，尤其是仁爱的同情。可见，儒家仁爱他人的同情，不被道家接受为自然的同情。老子顺从天道自然这种同情，跟孟子的恻隐之心的同情有明显区别，孟子的恻隐之心虽然基于非反思的情感自然发动的基础，但主要是反思之后才可能建构为仁爱之心的开端；而老子的同情，虽然也跟孟子一样是对弱者的同情，但主要是天道自然平衡的一种显现，是人心顺自然之意而发动的天然表现。

人修意念，通达自然之意，即人的意念发动，完全和顺于自然之意，故无主观的人意和私意。顺自然之意则清明朗现，生命力发毅坚强，保持顺应自然之意的状态，则生命力本然的自然之意得到保养，生机得以保持不失，自然之意生生不息是生命体通天合道的原生情境，也是意生之境。

第五十四章　抱道观德

善建者不拔,善抱者不脱,子孙以祭祀不辍(chuò)。①

修之于身,其德乃真;修之于家,其德乃余;修之于乡,其德乃长(cháng);修之于邦,其德乃丰;修之于天下,其德乃普。②

故以身观身,以家观家,以乡观乡,以邦观邦,以天下观天下。③吾何以知天下然哉?以此。④

【译】

善用"道"建德成事的不可能拔除,善用"道"抱朴守业的不会脱离祖上的余荫,后世子孙若能身体力行这个"道",则社稷宗庙的祭祀,必将世世代代相传不绝。

用这个"道"来修身,全真保身,这样"德"就会真实淳厚;用这个"道"来治家,六亲和睦,这样"德"就有余庆及于后世;用这个"道"来治乡,乡邻和谐,这样"德"就会延绵长久;用这个"道"来治国,政事安定,这样"德"就会丰盛硕大;用这个"道"来治天下,万物自化,这样"德"就会普照天下。

所以,要从我自身的修身之"道"来观照别人;以修"道"之家来观照他家;以修"道"之乡来观照他乡;以修"道"之国来观照他国;以修"道"之天下来观照古今天下。我怎么知道天下的情况会是这样子的呢?就凭借以上修"道"的方法和道理。

【注】

① 抱：抱住、固定、牢固。辍，停止、断绝、终止。"子孙以祭祀不辍"意为祖祖孙孙都能够遵守"善建""善抱"于道的道理，知道如何守护原则，那么后代的余荫就不会终止。善于建德成事的，因其得道而不是因其实力，所以不可能拔除；善于抱朴守业的，因其顺道而守，明白事理，所以不会脱离祖上的余荫；因此，后世子孙都应该身体力行，建于"道"抱于"德"的道理，努力使得社稷宗庙的祭祀，世世代代相传不绝。这种宗庙祭祀的德业，通常的理解是归于儒家的，老子此处并不排除建德立业，但强调只有抱"道"观"德"，才能保身修德，延续福泽。

② "真"是真气长存，可益寿延年。此处突出"道"与"德"的关系。修的是大道，成全的是人的德性和德行，即自身的德性和全家德行。当自身的德修好了，可带动家乡国家礼乐昌明、父慈子孝、家庭和睦，自然"有余"，实现尊老敬长，乡邻和谐。"长"是长久，一解丰足、富余；一解尊崇，应该比为人之长更好些。"邦"一本作"国"。老子希望达到不教而治的理想境界，用这个道理来修身，则自身的德性就会真实纯正；治家则德行就会富余；治乡则德行就会长久；治国则德行就会丰盛硕大；治理天下则德行就会普照天下。

③ "观"是修身之法门，是在意识投射向外观察的同时，保持清楚明白的内省和反观，因而内观可谓洗涤心灵，放下私心私意的过程，所以"观"是同时向外和向内的明观，都是于黑暗中观照而明亮起来的意味。道家与儒家对于"观"的意识有别。观卦为《周易》第二十卦，有宗庙祭祀的大观之意，而老子在此处有从有道者的眼光来反观自身，进而观察天下的意味。可以如此理解：要从我自身的修身之道来观照别人；以观自家来观照他家；以观自乡来观照他乡；以观自国来观照他国；以观今日的天下来观照将来的天下。当然，老子的"观"与《周易》

观卦的"观"虽然都有充沛的本体论和认识论意味，不过其内涵并不完全相同。《周易》的"观"是意识之中融入充沛生机的人文之观，老子的观是将天地自然之意作为观的根本状态，以天道之观自然观察人身、家庭与天下那种自然之观，其人文与人情的意味比儒家淡薄多了。以道家的"玄观"观之，即使在阳光下观察外在的一切，与在黑夜中观察的状态并无二致；而向内观察，虽然似乎黑暗无光，只能在玄黑之中观，此即所谓"玄观"，但依然有意识投射光亮于其上使其明亮起来的意味。也正是在这种"玄观"的意义上，才可能"观自在菩萨"（《心经》）和"应作如是观"（《金刚经》），可见，佛家的"观"比道家的"玄观"更加玄妙，因为不仅仅要"观"本身，而且要"观"空，"观"色空不二，比道家的"有无一体"更进一步。

④ 河上公、严遵《指归》、王弼注皆以修道之身、家、乡、国观不修道者，陈鼓应同。[1]董平认为是从个人的言行、风气观其是否顺道而修德，认为天下国家的风俗完全系于统治者一人修道观德的水平。[2]第54章之前老子基本没有怎么谈论修德、祭祀等后世认为接近儒家的说法，之前的相关内容基本都是以攻击儒家为主。

【明意】

善于持守自然之意者，其顺自然之意而有所建立的功业不可能消弭。善于保持自然之意的不可能脱离开自然之意，因为一个人知道自然之意如何代代相传，所以子孙累世不绝。把自然之意领悟之后用于修身，自身的自然之德与日俱增，其真德真气也就得到了保养。把自然之意推之于家庭，其德业才有可能丰盛富余。

---

[1] 陈鼓应注译：《老子今注今译》（参照简帛本最新修订版），商务印书馆2003年版，第272页。

[2] 董平：《老子研读》，中华书局2015年版，第217页。

当自然之意为村民们领悟践行，淳朴深厚的民生之德就自然生长。当自然之意被邦国的人民所理解和遵从，则邦国的德业就会丰富盛大。当自然之意为天下之人所理解领会，则自然之德就广遍周普，为万物万事所自然顺应。

以身体的自然之意观察天下人之身的自然之意，完全融通。以家庭的自然之意观察天下之家的自然之意也非有二致。以乡村跟国家天下来观察，都如出一辙，殊途同归，异国同意。天下之风气，确实系于统治者是否顺从自然之意，自身抱道观德，与天同一，无为无不为，返璞归真，从而身心条畅，家和万事兴，乡里善俗，国富民实，天下大同。故一人之意，可以衡量天下，而天下之意，观乎一人之意，故能否抱道见德，十分紧要。此处用生命本真状态的"老子"来比喻内涵深厚道德之人。也就是得"道"并修道有得而成就内在德性的人，最高境界是如婴儿一般，或者说返老还童，越修越年轻。

第五十五章　守精强德

含德之厚，比于赤子：①毒虫不螫（shì），猛兽不据，攫（jué）鸟不搏。②骨弱筋柔而握固，③未知牝牡（pìn mǔ）之合而朘（zuī）作，精之至也。④终日号（háo）而不嗄（shà），和之至也。⑤

知和曰常，知常曰明，益生曰祥，心使气曰强。⑥

物壮则老，谓之不道，不道早已。⑦

【译】

能够深厚地含养"道"之"德"的人，就像初生的婴儿：毒虫不刺伤他，猛兽不抓伤他，凶鸟不扑击他。他的骨骼软弱，筋很柔和，但拳头却握得很牢固，他虽然不知道男女交合之事，但他的小生殖器却常常勃起，这是因为精气充沛至极的缘故。他整天号哭，但嗓子却不会沙哑，这是因为元气冲和醇厚的缘故。

知道元气冲和的道理有助于保守常道，认识保守常道的道理叫作高明。人意欲用外在贪利去补益生命元气，其实会带来灾殃；心用欲念去指使和气，其实就是逞强，逞强则无法持久。

物之所以会由强盛迅速转到衰老，是因为人把欲意强加于自然之意；这就叫不合于自然元气保养之"道"，不遵守保养元气的常道就会过早死亡。

【注】

① 禀赋是先天的，德性是内在的，德行是外在的，每个人的先天禀赋有差别，但后天修为的德行否能够保持或返回先天的德性，才是人之修"德"的根本区别所在。万物得道而后成就其自身之"德"，不仅得道而成就先天的德性，而且需要得道以成就后天的德行状态。可是一般人得道成就先天德性之后，就忘了后天也要得道、修养德行才能保持生命的生机，忘却了应该时刻保持如婴儿般元气充沛的状态。

② 毒虫：指蛇、蝎、蜂之类的有毒虫子。王弼本与帛书甲乙本作"蜂虿"（chài），不取。螫：毒虫子用毒刺咬人。据（繁体"據"）：兽类用爪、足来攫取物品。攫鸟：用脚爪抓取食物的鸟，例如鹰隼一类的鸟。搏：鹰隼用爪击物。

③ 河上公注：赤子筋骨柔弱，而持物坚固，以其意专心不移也。这是强调孩子筋骨虽然柔弱，但抓取外物的意念却坚定不移。一生中最后对外物的抓取，不是手的抓取，而是"意"的抓取，而抓取的坚定不移是每个孩子一开始的本性。

④ 朘，男孩的生殖器。作：婴孩生殖器勃起，是和气自然发动之象。道家养生强调调动、保持阳气，要经过修炼才能回到先天的道境，这种道家式的性是"性无为的"（sexually inactive）或者是"非性的"（non-sexual），有一种"对性的悖论性控制"（the paradoxical anchoring of the sexual in the non-sexual）[1]，与柏拉图式关于欲望的观念是相反的，后者认为精神生产力比单纯的生理生产具有更高价值。[2]

⑤ 嗄：噪音嘶哑。《玉篇·口部》："嗄，气逆也。"[3] 婴儿啼哭很久而不会嘶哑，是因为其哭声始自丹田之气，而运乎周

---

[1] 参〔德〕汉斯-格奥尔格·梅勒（Hans-Georg Moeller）《〈道德经〉的哲学：一个德国人眼中的老子》，刘增光译，人民出版社2010年版，第32页。

[2] 同上书，第39页。

[3] 参黄克剑《老子疏解》，中华书局2017年版，第521页。

身，全身相"和"，共振而出，而不是在嗓子用力，所以长久都不会嘶哑。

⑥ 知和曰常：常：指事物运作的规律。和：指阴阳二气合和的状态。益生：补益生命元气，一说纵欲贪生；一说即五十章所谓"生生"，意即不因任自然，反而以人为的方式努力增益其生。[1] 祥：指妖殃、不祥的征兆。强：指心意的逞强、改变天然和气，强悖自然之意的自然发动。自然之意只有在心意平静的状态当中才能顺从，元气才能流动，在身流经百脉，"畅于四肢，发于事业，美之至也"。(《坤·文言》) 如果用私意使强，则气息失序，神乱身伤而业败。

⑦ "壮"是强盛、强壮。"则"强调迅速，违反自然之意，强加于物，很快、迅速地发生变化。此处与三十章内容相同，但语境不同，三十章谈治国，五十五章谈养生，译解也就不同。用欲望来支配身体的元气，就偏离了自然之气本来的和谐之道。

【明意】

心思意念能够深通于自然之意之运化的人，好比能够有赤子之心、婴儿之意，路遇危险之地却如履平地，因其元气充和，自然之意饱满，所以阳力坚强，通于天地，持久不失。好像《系辞传》"夫乾，天下之至健也，德行恒易以知险。夫坤，天下之至顺也，德行恒简以知阻"所言，修炼至一定境界，阳意可以长久不失，因其真气之德饱满，真气流动起来，即可知道前行之险阻。除了精气充沛，更知道如何持守阳力，使之合于自然之意而不失。好像新生的婴儿，成天啼哭却不会嘶哑，因其自然之意主导，并没有违逆自然。所以知道自然之意的和谐原理，就是心思意念皆通于天地之常道。知道如何每时每刻起心动念以通于天地之常道，则日月经天，光明灿烂，心念发动自然之意充沛，就可以每分每秒地有益身心，让身心元气充和，让心思意念每时每刻

---

[1] 参黄克剑《老子疏解》，中华书局2017年版，第523页。

能够调动周身的元气运行，这时就会元气充沛，筋骨坚强，精气强固，阳力饱满，这就是心思意念皆通于天、通于道的极致境界。

器质之物壮盛到一定程度，终归会走向衰老，不能持续壮盛，因为无法持续自然之意的饱满状态，这样就会走向自然之道的反面，也就会提早结束自然之意在人身和物体上显现的时间长度。所以修从"道"而得的"德"显得至关重要，修好了"德"，可以保身、护身、养身，如蹈平地，因守精气足以强德，运化和气而与天地相通。修德的至境如婴儿，顺自然之意而心思意念不为物扰，不为事迁，同于大化，强意不生，心志和顺，实意动天，精气化德，与天地同时，与日月同光。

第五十六章　玄同大道

知者不言，言者不知。①

塞（sāi）其兑，闭其门；挫其锐，解其纷；和其光，同其尘，是谓玄同。②

故不可得而亲，不可得而疏；不可得而利，不可得而害；不可得而贵，不可得而贱。故为天下贵。③

【译】

悟知大道的人明白道体精微，不可言传；喜欢谈论大道的人，其实既不了解大道，又不明智。

悟知大道的人塞住欲念通达世间的孔穴，闭起欲念的门径，消磨自身的锋芒，化解欲念的纷扰，含敛自己的光耀，混同世上的尘俗。他就达到了与大道"玄同"的境界。

修养达到"玄同"境界的人，就没有人能够使他特别亲近，也没有人可以使他特别疏远；谁也不能使他获利，谁也不能使他受害；谁也不能使他高贵，谁也不能使他低贱。因此，他才为天下人所尊贵。

【注】

①　知者不言，言者不知：此句是说，明白大道的人体会到大道的无法言传，喜欢谈论大道的人多半对道一知半解。另一种解释是把"知"解为"智"，即聪明的人明白事理，言必有中，所言不多，而到处说长论短的人，可以说并不聪明。还有一种解

释是，得"道"的人不强施号令，让一切顺乎自然；而强施号令的人，应该说却没有得"道"。此处依下文"玄同"之境，采用第一种解释，即道是无法言说的本体，体道的状态和境界无法诉诸言语文字，而知解的现象，虽是道的显现，但只是谈论关于现象的知识，却永远对道的本体隔靴搔痒。"道"一说引导，有治国之意。可见"道"对养生和治国都有意义。

② 塞其兑，闭其门：塞堵嗜欲的孔窍，关闭起嗜欲的门径。挫其锐，解其纷，和其光，同其尘：此句意为挫去其锐气，解除其纷扰，平和其光耀，混同其尘世。玄同：玄妙齐同，老子多处用到"玄"字，道不可道，便是"玄道"，玄冥之道；德不可得，无为之德，便是"玄德"；天地不自生而生万物，生生不息，便是"玄牝"。此处指得"道"之后，与物混同无分无别的境界。这种"无我"之境把我的一切心思意念化同与其所在之境，内意即通达外境，心物齐同，既无分别，即无纷扰，本真收敛，冥然混同，这是无法言说的玄妙齐同之境，与庄子"齐物"之旨相通，也启发了后来郭象"独化于玄冥之境"的化境。当意会与道相通之时，可以感受到一种玄妙不测的通达状态，无法言说，如 Arthur Waley 译"玄同"为"the mysterious leveling"[1]，可以一参。

③ 不可得而亲，不可得而疏；不可得而利，不可得而害；不可得而贵，不可得而贱：这几句是说意念与大道"玄同"的境界已经超出了世间一切亲疏、利害、贵贱等世俗的范畴。意念的自发顺成，通达自然之意，没有丝毫主观意欲的干扰。这是与"道"混同的、一视同仁的"自在"之境，人的心与意的"自为"也被消解在一切"自在"的状态之中了。在与道混同的"自在"境界里，人的一切"自为"，心与意发动的作为，都不再能够对道的自在状态产生人为的影响，不能亲近它，疏远它；

---

[1] Arthur Waley, *The Way and Its Power*, *A Study of the Tao Te Ching and Its Place in Chinese Thought*, Grove Press, 1934, 1958.

使之受益，或加害它；无法使之高贵，也无法令其卑贱；因为自为的分别心，已经被自在的无分别的玄同之境彻底超越了。一解谁也得不到他的亲近、疏远、利害、损害、贵重、轻贱等，境界虽通，只是亲疏利害，贵贱的主动与被动之分，通达大道者完全顺从自然之意，似乎没有主动为之的心意，故取被动态，强调其无主动之心意；一解这种状态是对深远不测的、混元一气的无极大道的描述。[1]

【明意】

心思意念皆通于自然之意的人，起心动念顺承自然之意，不会去故意言说什么，而言说很多的人却往往是对自然之意缺乏感受和体察的人。顺从自然之意的人，知道收摄返听，不让感官成为消耗元气的通道，放下自己心灵意识当中可能与周围一切冲突的潜在锋芒，不让欲念升起来影响自然之意的自然流动，把心思、神识之光收敛含藏，自己在意念中升起一瞬间即能控制并化解心识之乱象，收摄到如尘土般混同于尘世的状态，接近于《参同契》之土意运水收火，从而让自己起心动念皆混同于自然之意的生发之境，这是一种心思与天地玄妙冥合、玄通一体的境界。

心思意念念念皆于天地自然之意的人，对于天地之间的一切没有分别的心思，无所谓特别亲近的或者刻意疏远的，无所谓使之得到的或者伤害他的，无所谓使之高贵的或者使之低贱的，正因为他们每时每刻的起心动念皆通于天地自然之意，所以已经达到让天地万物都珍视的境界了。

可见，道之贵在"自在"，贵在无对无待，贵在超言绝相。这种对"道"的玄同体悟，不可通过知识传授的方式让人知解，甚至父子、君臣、师生之间，也无法传授，却可诉诸文字，以待有缘之人顿悟心开。"玄同"之境并不传递任何新的知识，但千百年来却令悟道者心驰神往。与"道"有缘的人，见到有道在

---

[1] 任法融：《道德经释义》，东方出版社2017年版，第130页。

道的文字，如孩子认得娘亲，自然顿悟心开，神游其间，不忍释卷。修心实意的功夫，也可以超越时空阻隔，到达有缘的人那里。这就是所谓得道之言的那种精神不朽，神明永存的自在之境。

第五十七章　无为自化

以正治国,以奇用兵,以无事取天下。①吾何以知其然哉?以此:②

天下多忌讳,而民弥贫;人多利器,国家滋昏;人多伎(jì)巧,奇物滋起;法令滋彰,盗贼多有。③

故圣人云:我无为,而民自化;我好静,而民自正;我无事,而民自富;我无欲,而民自朴。④

【译】

以无为清静的正道去治理国家,以奇谋诈术等奇术去指挥打仗,以清静无为,不扰害人民来治理天下。我怎么知道应该是这样的呢?根据就在以下的事实:

天下的禁忌越多,人民动辄得咎,就越陷于贫困;人民所拥有的权谋和精巧工具越多,国家就越滋生昏乱;人民的机心智巧越多,奇物邪事就不断滋长;法规政令越是明确森严,盗贼越是不断增加。

所以圣人说:我自然无为,人民就自我化育;我喜好清静,人民就自然归正;我无事搅扰,人民就自然富足;我没有欲念,人民就自然淳朴。

【注】

① "正"指无为、清静之道,老子的正道就是无为清净之道,一说正即"政",大中至正之治国方略。"奇"是不正,奇

巧、诡秘。取天下：治理天下。

② 以此：此，指下面一段文字。"以此"是以下面这段话为根据的意思。

③ 忌讳：禁忌、避讳，用法规和禁令使得人民的言论和行动没有自由。"贫"郭店本作"畔"，通"叛"，背叛。人：一本作"民"，一本作"朝"。利器：锐利的武器。王弼认为"利器"是"凡所以利己之器"。河上公认为：利器者，权也。二者都有理，应该说王弼更全面。"伎巧"指技巧，智巧，一作"知巧"；"人多伎巧"意为人们的伎巧很多。奇物：邪事、奇事，新奇之物。法律条文规定越严苛，违背法令的人就越多，显得强盗和贼寇越来越多，本来的好人都变成了坏人。不取河上公、帛书乙本之"物"解。[1]

④ 我无为，而民自化：自化，自我化育。我无为而人民就自然顺化了。这是自然之意作为意物之意玄意门打开的"玄同"境界，意通于物，心物一体，万物齐同，开庄子"齐物"之旨。安乐哲译文突出了几个跟"无"有关的词的译法，如"无为"即"do things noncoercively（非强制性地作为）"；"无事"即"non-interfering in our governance（不干扰政事）"；"无欲"即"objectless in our desires（非目标性非对象化的欲望）"[2]，都有一定道理。

【明意】

统治者当以顺应自然之意的正道来治理国家，以顺应自然之意的奇思妙想来用兵如神，以无事于人民的无为状态来运作天下。治国的理想状态是顺应自然之意的，老子用反面的论证来说明，治理天下，假如不顺应自然之意，则私意横行，规章制度混

---

[1] 董平：《老子研读》，中华书局2015年版，第224页。
[2] 安乐哲、郝大维：《道不远人——比较哲学视域中的〈老子〉》，何金俐译，学苑出版社2004年版，第220—221页。

乱，让老百姓动辄得咎，人民生活越来越贫困艰辛。

当人民不顺其自然之意生活，乐衷于谋取巧利，运用权谋，就会互相倾轧，国家陷入混乱无序的状态。人民不顺自然之意而任其邪心恶念疯长，古怪淫邪的事情就会层出不穷，不见停歇。管理国政的规章制度不顺从自然之意，则法令森严，人们不知所从，强盗恶人不断增加。所以顺从天地自然之意的圣人，取顺应自然之意的中道去行动，人民也顺从自然之意而无心顺化，统治者顺从自然之意而安宁平正，人们的自然之意就会自然生发，进而创造丰盈，生活富足。总之，统治者顺应自然之意而不强加自己的欲念，人们的生活就会自然淳朴。

统治者的有为和无为是一种阴阳关系，其施政与民众的生活之间也是一种阴阳关系，即国进民退，国退民进，有若阴长则阳消，阴消则阳长。老子强调统治者之治术不宜过分阳刚，否则明察过度，百姓动辄得咎，不得不背叛作乱，好人也变成坏人，于是天下大乱，反而陷入阳意的反面。如果能够顿悟阴柔的好处，之后顺自然之意而转化阴阳，等于是用意于阴，而成事于阳，统治者之心阴柔，则百姓受到感化，自正自朴，反而国富民强。老子强调运用阴意（力）的好处，即阴意（力）虽不显于当时，但其能量会随着时间的延续在空间中转化出来，这是实化意念的关键，非至圣达奥之人，不明白时间与空间能量相生转化之理。

老子追求的天下大同之境，不是儒家意义上的天下为公，礼乐和同，秩序显明之大同，而是统治者顺自然之意而无心无意之大同境界，即心意通达天下，治世如若无治，成事如若无成，此大通境界可以理解为意念的坎陷机制，即正向有为的意念，要实化为大象无形的意念，实则虚之，虚则实之；或者说，实化意念得到的是意念的影像，这影像虽然是实化出来的，却充满虚意，虚影犹如真实一般；甚至可以说，意念实化的是意念发动之前的先行记忆，即意之发动之前的先行状态，是宇宙混沌未分之前的先天状态，虽然实化的时空都是向后，但实化连带出来的是时空尚未彰显之前的先天状态。老子把人主看作天下之心，心意动则天下感应相随，故人主之心意无为，则天下民众感恩其德，反而奋发有为；人主之心意无事牵扰，则天下河清海晏，升平宁静；人主之心意无欲，则民众意气平和，朴质无华。故天下之正，系于人主当下心念之发，其所发合于自然之意，则天下之意皆归于正，其意实通于孔子"政者，正也"，正心于自然之意是也。

第五十八章　方直不迷

其政闷闷，其民淳淳；其政察察，其民缺缺。①

祸兮，福之所倚；福兮，祸之所伏。孰知其极？其无正邪？②

正复为奇，善复为妖。人之迷，其日固久。③

是以圣人方而不割，廉而不刿（guì），直而不肆，光而不耀。④

【译】

政治粗疏宽容，人民就淳厚浑朴；政治苛酷分明，人民就狡猾精明。

灾祸啊，正是幸福所依傍的地方；幸福啊，正是灾祸所潜伏的地方。谁能知道终究是灾祸呢？还是幸福呢？难道就没有把握它们的正确方法了吗？

正直忽然转变为诡诈，善良忽然转变为邪恶，人们对"正奇善妖"迅速转换的迷惑，由来已久了。

因此，圣人在治理天下的时候，行事方正而不生硬勉强，棱角分明而不伤害他人，直率耿介而不恣肆妄为，光明韬晦而不刺眼耀目。

【注】

① "闷闷"是模糊不清，昏昏昧昧的状态，有宽厚之意，指统治者的意念不显精明之察，犹若昏昧无明不清的浑闷之状。

淳淳：一本作"沌沌"，淳朴厚道的意思，是人民混混沌沌地与自然之意共在，没有太多机心智巧，反而宽厚自然。察察：因严厉、苛刻而清楚明白，形容意识的精明察断，分毫不爽，表现在法令上细密繁苛，动辄得咎。缺缺：狡黠、伪诈、抱怨、不满之意，意识因明察而不完美，充满缺憾，而缺憾是痛苦和纷争的开端。刘殿爵译文 "When the government is muddled, the pepple are simple. When the government is alert, the people are cunning."[1] 和 Stephen Mitchell 的译文 "If a country is governed with tolerance, the people are comfortable and honest. If a country is governed with repression, the people are depressed and crafty"[2] 各得一偏。

② 祸福相生转化的道理，犹如大道的运行，永不停止。正：标准、确定；其：指福、祸变换。"其无正也"意为：它们并没有确定的标准。物极必反，福与祸交替转换，是道运行的正常状态，也是自然之意的本然显现状态，应该视之如通天地本然的自然之状，没有任何情绪反应为好。

③ 正：方正、端正；奇：反常、邪；善，善良；妖，邪恶。"正复为奇，善复为妖"意为：正直忽然转变为诡诈，善良忽然转变为邪恶。通常人们迷惑于祸、福之门，而不知其循环相生之理。常人宠辱若惊，不知祸福相依转换是天道常理，而过度反应，殊为不必。

④ "方"是方正。一说方读"旁"，普遍、广大之意。[3]明道之人普遍等视万物，无所分别，于物无伤。方而不割：方正而不割伤人。"廉"多注为"棱"，指棱角分明，棱体有刃；一说锐利；一说清廉，廉洁，如王弼，河上公本作"廉而不害"。"刿"是割伤、刺伤。"廉而不刿"意为：以刃伤人，棱角分明但不伤害人。直而不肆：直率而不放肆。光而不耀：光亮而不刺

---

[1] D. C. Lau, *Lao Tzu: Tao Te Ching*, London: Penguin, 1963.
[2] Stephen Mitchell, *The Tao Te Ching by Lao Tzu*, 1988.
[3] 董平：《老子研读》，中华书局2015年版，第227页。

眼。指明体达道之人，超脱于事物的相对性之外，和光同尘，同于大道，无所滞着，不陷于一隅。

【明意】

国家政治要顺从自然之意，不事声张，粗疏宽厚，人民自然质朴淳厚。如果从政者强加己意于自然之意，显得严酷明辨，人民就只有狡黠应对，使得心灵残损破败。可见，灾祸与福佑之转化往往是不可思议的。自然之意无分无别，而人们却以自己的得失去努力判断分别。自然之意无所谓进退损益，人们却以自己的得失利害论断成败祸福，所以从人自私自利的眼光看去，好像顺应自然之意的一切转换是那么变幻莫测，不可思议。可是难道就没有切入自然之意的门道了吗？因为人们总是以个人的利害论断世间的事物与阴阳的消长，所以看似一切都在变来变去，自己难以测度，难以把控。其实正奇之变，往复之异，都是人基于自己的得失而迷忘自然之意，不能见悟自然之意的本然状态导致的。领悟自然之意的圣人保持元气自然生发的状态，不会运用私意去勉强，任自然之意自然生发，而不强力改变，使人民的自然之意展现得生机盎然，平直施展却不肆意生发，亦即自然之意显现的光芒照物，温润平和，不耀人眼目。

道与悟道者一体，但悟道者在以道观物时，却未必没有一种超越的眼光，即道与悟道者本然内在一体，但运道观物时，却似道超越一切存在，成为以虚无之体对应有形之物，以无状之体衡量固体的方圆，以无声之在应有声之生，以光明朗照全境。无论所造之物，所映之境中的祸福如何相生转化，道体生生，一直超越具体的祸福，甚至道体本身即是祸福转化的内在根据。这就好比一个得道的统治者（圣人）要超越其所统治的一切，并且不为其所统治的一切的正反、祸福的转化而迷惑，也就自然宽厚、方正、直率而不迷糊，这是一种圣人与道典型的和同、内在于道的状态。圣人有运道而超越万物的眼光，其得道而有德，可以齐同于天地，其运道则能光耀四海，融通万物于无形无相之化境。

第五十九章　啬精长生

治人事天，莫若啬（sè）。①

夫唯啬，是谓早服；早服谓之重积德，重积德则无不克；无不克，则莫知其极；莫知其极，可以有国；有国之母，可以长久。②

是谓深根固柢、长生久视之道。③

【译】

治理人民和养护天生气秉，没有比爱惜民力和储存精气更为重要的了。

爱惜精气，就叫作及早防护；早做防护就是重视积累自己的"德"性；重视不断积累"德"，就没有什么不能克服的；无往而不胜，就没有人能够知道你的"德"的限度；具备了这种无法估量的"德"的力量，你就可以担负治理国家的重任。掌握了这个治理国家的根本大道，国家就可以长治久安。

这就叫作让根基深厚，本元坚固，让生命不衰，长久存在的大道。

【注】

① "啬"是爱惜、收敛、含藏保养精气，让精神与精气内敛而不流散。Stephen Mitchell 译为 "moderation"。"治人"即治理百姓，应该爱惜民力；"事天"即保守精气、养护天生气秉，养身护心；"天"的解释有两种，一是指天生的身心，一是指自

然。"治人事天"意为治理人民与保养天赋之气。从护养身体，保养元气的道理延伸到治国，就是要爱惜民力，关注民生，国君应该像保养自己身体一样爱惜自己的子民，视之如同手足。

② "早服"是及早防护，早为准备，是说爱惜精气就是在早做准备，顺天合道。重积德：不断地积德，如《系辞传》："成性存存。""重"是重视（音zhòng）或不断积累（音chóng）两个意思都有，"德"是得于道之内在本性。"无不克"是没有什么不能克服的。儒家很少讲无往不克，反对这种过分自我想象的说法；一说为能，无所不能。"有国"含有保国，即承担治理国家之重任的意思。"母"指治国的根本大道。

③ "视"是用眼看，人需活着才能看，养精蓄锐进而意会大道可助个体生命长久而不衰。长生久视：长久地维持、长久存在。"柢"即"蒂"，河上公注："人能以气为根，以精为蒂，如树根不深则不拔，蒂不坚则落，言当深藏其气，固守其精，使无漏泄。"长生不老的道理也在这里。长生不死，可以久视而活，犹如婴儿，握固不失，把握根蒂，自然长生。

【明意】

要想治理民众或侍奉上天，没有比珍惜自然之意更加切实有效的法门了。自然之意每时每刻随着身体的运动而生发，不需要特别去珍惜、吝惜，好像保守身体的元气一样，人其实需要特别保守依于元气而产生的一切精神运动状态，要在心思意念的发动之初去及早防护，从心思的根源发动处去把握调控自然之意的生发状态。

这种从心思意念发动的根源处去反思处理意念与自然之意沟通分寸的努力，是一种极端重视德行的努力，因为一切德行的展开都是从心思意念发动的瞬间开始的。如果能够从起心动念的根源处关注心思发动的瞬间是否通达于自然之意，则没有什么不能攻克的事情，因为这是心念发动之处的根源与力量所在。

如果能够从起心动念的瞬间去做是否合于自然之意的功夫，

那么心思意念通达自然之意会有无往不克的神奇力量。能够从起心动念处接续自然之意的人，可以承担起治国理政的重任，把握了这个治国的根本法门，就可以让自然之意成为治国者心意源源不断的力量源泉，就可以不断强化根基，让精气与心念的来源强固到无坚不摧的状态。这样就可以使得生命长久，让心思清明、心念广远，心中元气通达天地，念念充满自然之意，达到光明朗照而力量充沛之境。

  人生于世，一阴一阳之和气而已，养生的根本在于持守和气，其中最为精华的部分即为精气，应当细心维护，使之坚固不失，这是相信精神之运化通于天道之神明。人之超越有限肉体的努力，不仅在肉体本身的修炼，而在精神之能及于宇宙大化，但精神之长生久视，源于肉体根本的精气强固，方能炼精化气，炼气化神，炼神还虚，上下与天地同流，与古今同寿。

第六十章　圣神交泽

治大国，若烹小鲜①。

以道莅（lì）天下，其鬼不神。非其鬼不神，其神不伤人。非其神不伤人，圣人亦不伤人。②

夫两不相伤，故德交归焉。③

【译】

治理大国就好像煎烹小鱼一样，不可随意翻动，始终需要保持自然无为的状态。

用"道"治理天下，政事清明，鬼也不敢以其神妙作用来影响人间的事情。不是鬼本身不能发挥其神妙的影响，而是它神妙的影响不再能够伤人了。之所以鬼神不能够伤害人，那是因为圣人有道无为，它们自然就不能够伤害人了。

这样，鬼神和圣人都不伤害人了，所以，人民能够享受到神与圣的共同恩德的润泽。

【注】

①　小鲜：小鱼。烹煎小鱼是不易的，翻动过勤则糊烂，火候的把控也不易，比喻人的心意与精神状态不轻举妄动，才能不让正在烹煎的小鱼走样，也就是不要侵扰外物，要郑重其事，而且小心翼翼，才能帮助外物顺自然之意而平稳发展壮大。烹煮小鱼要注意时机与火候，而控制时机其实是要努力控制自己意念与外物交关的瞬间，而火候的唯一性和不可重复性，往往是烹饪艺

术的精华，政治和管理的艺术，其实殊途同归，不是任何道理和原则可以生搬硬套的，所谓运用之妙，存乎一心，其实是存乎心与物沟通的瞬间，不可以掺杂任何个人私意，需要彻底放下自我，让心意完全通乎自然之意的那种意味。

② 莅：临、临视、治理。道莅天下是以正道治理天下。其鬼不神：鬼不起作用，指鬼的邪道不再能够侵害正道。鬼是精神性的存在，而不是物质性的存在，也不是人格化的鬼。非：不唯、不仅。鬼之邪道并不因为圣人之正道就不起作用了，但因为不敌圣人之正道，所以不再能够发挥伤人的作用了，甚至显得连鬼神都来庇护人们了。

③ 两不相伤："伤"是侵犯压迫之感，指鬼神和圣人都不侵越人；可译为"neither does any harm"[1]。故德交归焉：王弼注："神圣合道，交归之也。"让人民享受神灵与圣人共同的恩泽，让人民重新具备"神"与"圣"这样的德性。换言之，圣人的统治不仅要保证自己的自然之意顺施天下，而且让天地鬼神都来佑助人民，让圣与神交替交感来庇护民众平安前行。河上公认为，圣人之治可以让"人得治于阳，鬼得治于阴，人得全其性命，鬼得保其精神，故德交归焉"。可见，圣人之治让人与鬼各安其分，鬼也就不出来伤人了。宇宙间无论好坏，有益无益的力量，在无为之德面前，都受到感召，自然两不相伤，最终一切完全契合于神灵和圣人通于天地自然之意的无为之大德。"德"刘殿爵译成"merit"[2]，安乐哲译为"powers"[3]，陈汉生译为"virtuosities"[4]。

---

[1] D. C. Lau, *Lao Tzu: Tao Te Ching*, London: Penguin, 1963.

[2] D. C. Lau, *Tao Te Ching*, Hong Kong: Chinese University of Hong Kong Press, 2001, p. 89.

[3] 安乐哲、郝大维：《道不远人——比较哲学视域中的〈老子〉》，何金俐译，学苑出版社 2004 年版，第 229 页。

[4] Chad, Hansen: *Daodejing: On the Art of Harmony*, New York: Shelter Harbor Press, 2017, p. 161.

【明意】

治理大国要顺应自然之意，好像烹炒小鱼小虾，顺着炒，举重若轻，如临深渊，明察秋毫，不要翻来覆去，否则很快就四分五裂。领悟自然之意需要很高的悟性，而持守不失不仅要悟性，还需要修为，即控制意念分寸的能力。可见自然之意得之不易，持守更难，要有能力尽量持之不失。

一旦对自然之意有所意会，就要在意念中以清净自守的方式持之不失，不可躁动不安偏离自然之意，否则一定会对事情的发展有不好的影响。遵从自然之意，治国理政一切自然而然，就容易达到海清河晏的大治状态，好像连鬼神都不出来搅扰捣乱。不是鬼神变得不伤人了，而是顺从自然之意的统治者，他的心思意念已经被自然之意所收摄了，那样连鬼神的乱神、烦神也都被自然之意含摄收服，也就不再出来捣乱了一样。

圣人遵从自然之意，本来就不伤人。当圣人与鬼神都遵从自然之意而安宁共处的时候，人民就能享受天人共同的护持。自然之意本自天然，如果统治者能意会并护持它，就能让人民的心思意念顺从天道自然之意，连鬼神也顺服，共同营造一种天人共同护持意念生发的福运之境。

鬼神掌管的是国之阴面，圣人治国，不仅要处理人事的阳面，还要阴阳兼治，既让人事清静，也要让鬼神平易。成事于阳，但也要善于借助鬼神神妙莫测的功力，让鬼神养于阴境的神力关键时刻发挥作用，才能促进养于阳境的人事的光明和盛大。养阴有福，养阳修德，鬼神阴力发动，可以改变阳境的福泽；促进人事阳力大兴，更显圣人明察之恩泽。圣人顺应自然之意治理大国，善于借助阴阳之合力，运道宏德，天机显化，实意大成。

第六十一章　国之谦下

大国者下流，天下之交，天下之牝。①牝常以静胜牡，以静为下。②

故大国以下小国，则取小国；小国以下大国，则取大国。故或下以取，或下而取③。

大国不过欲兼畜（xù）人，小国不过欲入事人。夫两者各得所欲，大者宜为下。④

【译】

大国要像江海居于下游一样，为天下归附的交汇之所，处在天下雌静的位置。雌性常以安静守定胜过刚强躁动的雄性，这是因为它柔静谦下。

所以，大国对小国谦下有礼，就可以取得小国的信任和归附；小国对大国谦下忍让，就可以取得大国的容纳和庇护。所以，或者大国对小国谦下而取得小国的依附，或者小国对大国谦下而取得大国的庇护。

大国不过是想要得到小国的拥戴，小国不过是想要归附大国。这样双方都能够满足自己的愿望，所以，大国就更应当主动谦下。

【注】

① 帛书甲本"国"作"邦"，陈鼓应因此都改为"邦"[1]，

---

[1] 陈鼓应注译：《老子今注今译》（参照简帛本最新修订版），商务印书馆2003年版，第283页。

今仍按通行本不改，因意思相同。"交"是如水之下流而交汇、汇集、汇总，引申为比合亲依，如雌性动物因其雌静而能让其他邦国来归附。"天下之交，天下之牝也"一本作"天下之牝，天下之交也"，如此改是把"交"理解为雌雄交配[1]，是有生机的、与阳力交关的"牝"，是在交配中雌性因其静下而能够征服雄性的"牝"，犹如风水上阴阳之气交汇，充满生机，状如女阴的宝穴。从全章主要讨论国之谦下来说，"交"理解为天下邦国如水下流而汇聚，比理解为雌性交配时之静下状态，要更加合理一些。

② 母性和阴力以其包藏容纳的能力显示其坚强有力的一面，能够吸收强大以致无穷的能量，并能够在再生过程中实化其之前从天地吸收的能量，所以静而有力，静而能胜。老子强调弱胜强，静胜动，柔胜刚，这里的胜不是字面的取胜，更不是力量的胜负之胜，而更多是一种克制之力，即克服与控制对方，不在强力，而在于有心意发动的力量，即"意—力"的存在和发展。

③ 或下而取：下，谦下；取，取得，一说借为聚；一说有"容受"之意，可以理解为阴力（意）以其谦下而吸取阳力（意）的能量。英译为"absorb"近其意，如林振述（Paul J. Lin）的译文："Therefore, one either puts himself beneath to absorb others, or puts himself under to join with others."[2]

④ 畜：畜牧，使为臣仆。兼畜人：把人聚在一起，如畜牧一般加以养护。大国谦下能兼容并蓄，不断让小国来归附，积累自己的意能，则国势日强。把以"下"而取作为一种权谋智慧，未必是老子本意，但可视为老子自然之意作为反弱之意玄意门打开之后的延伸之道。

---

[1] 董平：《老子研读》，中华书局2015年版，第233页。
[2] Paul J. Lin, *A Translation of Lao Tzu's Tao Te Ching and Wang Pi's Commentary*, Ann Arbor, MI: Center for Chinese Studies, University of Michigan, 1977.

【明意】

大国之道，地广民众，国势强大，因其本来就自然居于雄强的状态，所以如果大国的治理者益发雄强，必将走向自然之意的反面。越是雄强的大国，越要吸取雌静守弱的智慧，以虚击实，以无胜有，以卑克高，才能越发强大。国之真正的强大，在老子眼中，是君民一体，上下一心，民众可以为君王赴汤蹈火，共进共退，如此一来，他国不战而退，不战而降。自然之意如水之下流，治国者洞悉人之趋利也是如此，顺自然之意而治，自然越发强大。

自然之意以柔弱、雌静的方式显现自身，并静待能悟自然之意者来理解和交汇。越是巨大的邦国，治理者的心思意念就越要谦虚卑下，因为只有谦恭处下才能让自己领悟的自然之意与民众的自然之意交融汇通，所以在全天下都要采取慈弱的低姿态，才能与大国的臣民心意相通，这跟自然界当中雌性常以安心、寂静的姿态赢得雄性的关注一样。雌静的意识状态虽然表现得谦恭居下，但意念之发可以收摄全体，心意顺从自然之意，越是低微、谦卑越是可以收摄全局。

在大国与小国的关系中，越大的邦国其治理者越应该顺应自然之意，表现得谦柔处下，这是处理与其他小国关系的法宝，因为谦虚有礼可以得到小国的依赖。小国忍让退守，可以让大国包容涵纳。这里双方都顺应自然之意，虽然有功利主义的味道，但正因为结果对双方都好，所以应该这样做。虽然如此，但老子提倡自然之意当以谦虚容纳的状态显现并展开其自身，应该是没有多少问题的。越自然，越低下，越平和，越能够促进团体性心意之间的互信、互动和互助。治国理政、宗教团体之间的交融互信，都宜依从心意的自然之境，而不宜诉诸暴力，可见，老子的思想是非暴力主义。

第六十二章　道如神奥

道者，万物之奥①，善人之宝，不善人之所保②。

美言可以市尊，美行可以加人。③人之不善，何弃之有？故立天子，置三公，虽有拱璧以先驷（sì）马，不如坐进此道。④

古之所以贵此道者何？不曰：求以得，有罪以免邪（yé）？故为天下贵。⑤

【译】

"道"是荫庇万物之所，是善（于得道）之人的珍宝，也是不善（于得道）的人所要保持的和依靠的。

美好（在道）的言辞可以换来别人对你的尊重；良好的行为可以加持人们走上正道。即使那些不善（于得道）的人，又怎么敢于舍弃"道"呢？（因为他们需要"道"的庇护）。所以在天子即位、设置三公的时候，虽然有先奉上拱璧，后奉上驷马的献礼仪式，还不如把大"道"作为献礼进献。

古人重视此"道"的原因是什么呢？不正是由于：有求于"道"，愿望即可得到满足，即使犯罪也可以获得免除吗？所以，"道"为天下人所尊贵。

【注】

① "奥"是房屋的西南角，引申为隐藏、幽秘之所，含有庇荫之意；一说为深，不被人看见的地方；其实道因荫庇而深奥，两说不必仅执其一；一说为"注"，意为汇聚之地；或通

"主",即万物之主;一说有妙运之意。[1]通贯全章,道不仅仅是万物之主,而且是万物的庇护者和保佑者。

② 善与不善不是伦理上的意义,而是善于得道或者不善于得道的区别,当然,善于得道的人,也就表现为伦理意义上的善心善行之人,即随顺自然之意而发于人伦日用而有善言嘉行之人。不善人之所保:不善于得道之人也要保持它,保持道才能保护自己。

③ 美言可以市尊:美好的言辞,可以换来别人对你的敬仰。帛书本、河上公、王弼本作"美言可以市,尊行可以加人",脱"美"字[2],字数不同,也不押韵;一解"市"为名词,即公平交易之所。[3]一说"市"为"劝",诱劝之意,即对道美而言之,可以劝勉人。[4]"加"如"披",增益、加持于人,影响他人而使有利益,增进其价值。美行可以加人:良好的行为,可以见重于人,赢得他人的尊敬。

④ 三公:太师、太傅、太保。拱璧以先驷马:拱璧,指双手捧着贵重的玉;驷马,四匹马驾的车。古代的献礼,轻物在先,重物在后。坐进此道:坐而静呈,献上清静无为的道。荣华富贵固然很好,但都没有"道"重要,"道"才是真正可贵的,只有尊道贵德,才能保有一切,不可轻重倒置。

⑤ 求以得:有求就得到。有罪以免邪:有罪的人得到"道",可以免去罪过,帮助他免除罪业。此章老子把道送上了神的位置,为后世神化道埋下伏笔。虽然《周易》观卦象辞有"观天之神道,而四时不忒。圣人以神道设教,而天下服矣"的说法,可以说是后世认为《周易》"神道设教"的根据,但《周易》卦爻辞系统本身却是上古哲人摆脱宗教崇拜和神道意识,走

---

[1] 任法融:《道德经释义》,东方出版社2017年版,第143页。
[2] 刘笑敢:《老子古今:五种对勘与评析引论》,中国社会科学出版社2006年版,第591页。
[3] 任法融:《道德经释义》,东方出版社2017年版,第144页。
[4] 参黄克剑《老子疏解》,中华书局2017年版,第581页。

向人文理性努力的结晶。

【明意】

善于悟通自然之意的人,心意通达于无形之奥,其立身行事,语默动静,皆如天行,合于人心,不恃其有;功成事遂,不显其名,不居其功,重道如无。自然之意在事物之中是何其的奥妙、隐微、幽渺、难显,圣人心意通达自然之意,意会到自然之意是天显的宝贝,可以加持自己和他人,所以要特别地加以珍惜。心意不通于自然之意的人,意识不到自己应该珍惜自然之意,如果人们最终还是不能意识到自然之意的本然存在状态,那只是人们缺乏反身意识,不能自我觉察到而已。

美言是顺从自然之意的言辞,美行是顺从自然之意的行为。人即使不顺从自然之意而行动,也只是因为他没有意识和感受到自然之意的实存而已。自然之意依然在那里,不会放弃任何人。自然之意是一切存在自然发动的精神向度,体察涵养出自然之意有助于提升人精神存在的阳意力度,表现为意念创生的力量,而存在物的生命轨迹皆是意念创生(intentional creativity)的过程。身体作为意念创生的背景(context),一切意念的实化过程都是境域性创生(contextual creativity)。

道即是自然之意的境遇。不论人是否领悟到自然之意,是否顺应自然之意而行,道作为自然之意的创生背景就一直在那里,所以自然之意也可以理解为"道—生"(dao-creativity)。道之创生成就一切,加持一切,使得道拥有一切无与伦比的内在力量和价值,故当为人所贵。人只要顺应道的创生,就是顺应自然之意,也就自然会有被道保佑之感,故应当特别敬畏和珍视自然之意。

道为万物汇聚与归附之所,也是万物之所创生和发动之基,因其神秘奥妙而有宗教性意味,其女性的包容涵纳之力从未离开,所以即使在后来的道教中,道被偶像化为神,也没有过度阳刚和排他性,没有毁灭其他偶像的倾向。道教作为中国传统宗教之根，以其坤德，以其厚德而承载一切，吸收一切，包容一切，带有天然的非暴力宗教性。道教也没有在国难之时上升为国家宗教，所以没有跟暴力机器整合，成为国家意志的一部分，没有忠君和敢死的印迹，这些都天然地为老子所排斥，以致后世的道教难以被国家意志化。

第六十三章　图难于易

为无为，事无事，味无味。① 大小多少。报怨以德。②

图难于其易，为大于其细。天下难事，必作于易；天下大事，必作于细。是以圣人终不为大，故能成其大。③

夫轻诺必寡信，多易必多难（nán）。是以圣人犹难之，故终无难矣。④

【译】

做那些别人还没有觉察到，但你觉得应该做的工作；办那些还没有发生事故之前，但你觉得应该办的事情；感知那些还没有散发出气味，但你觉得应该闻到的气味。这是把小的征兆看得很大，使少的状态逐渐增多，也就是防微杜渐、未雨绸缪的因应方式。怀抱恩德之心，用施与恩德的做法对待他人的怨恨，以此防范祸患于未萌之时。

解决难事，一定从还容易解决的地方去化解；成就大事，一定从事情微细的部分开始做起。天下的难事，都是从容易的地方发展起来的，天下的大事都是由细小的部分积累形成的。因此，圣人始终不直接去做大事，所以才能够成就大的功业。

轻易就许诺的人，必定很少能够守信；把事情看得太容易的人，肯定会遭遇到很多困难。因此，连圣人都总是把困难看得严重一些，所以终究没有什么真正称得上困难的事情。

【注】

① 为无为，事无事，味无味：把无为当作为，即顺应自然正当而为；把无事当作事，是以不生事的态度来行事；把无味当作有味，是要去品味复杂人为之前的味道。这句解释争议很大，高明认为是并列句，董平赞成。[1] 圣人小心敬畏地行事，不敢有自己任何私意的为，以私心去做任何事，甚至不敢有自己主观体验的味道。这说明，"味"是情境性的，只有情境性的原汁原味是真实味道，任何主观认为的味道，都是偏离原味的，不合适的。一解为"为，无为；事，无事；味，无味；"即随顺自然之意之为看似无所作为，其实无所不为；顺于自然之意而成事者，看似无所事事，其实无事不成；顺于自然之意而品味世间百态者，不执着于情欲之味，恬淡虚无，淡乎其无味，而意味深长。[2] 贡华南认为，"淡"不仅仅是恬淡无味，而且非以体味、玩味的方式无法领会个中三昧。味觉活动中人与对象之间距离为零，内外融合，主客交融。[3]

② 大小多少：大生于小，多起于少。另一解释是大的看作小，小的看作大，多的看作少，少的看作多；还有一说是，去其大，取其小，去其多，取其少。报怨以德：用施与恩德的做法对待他人的怨恨，以此防范祸患于未萌之时。儒家强调直道事人，以直报怨，认为以德报怨，则无以报德，这样讲听起来有理，细究则未必。以德报怨是宽大怜悯为怀才能做到，既然连有怨于己的人都能以德相报，自然以更大的德来回报恩德并不成为问题，而不应该有无以报德的忧虑。这里涉及一个修德的人，给出他人的德的力量和边界。相比之下，孔子强调的是以德报怨的公共性与社会影响，及其示范效应，而不是强调行为主体施行仁德的内

---

[1] 董平：《老子研读》，中华书局2015年版，第237页。
[2] 参任法融：《道德经释义》，东方出版社2017年版，第146页。
[3] 参贡华南《味觉思想》，生活·读书·新知三联书店2018年版，第3页，第281页。

在力量。本章强调人的主观动因，不依他人的怨仇而改变内在给出仁德的力量，能够以仁德之心回报仇怨之人，则其心给出仁德的力量才真正强固，至于社会公共性的影响，他人是否可以学习和模仿，并不是老子在意的，所以也可以说老子在意的是一个人给予仁德、关爱他人的动机性力量。

③ 难事都从易事演进而来。"为"取"做"意，"不为大"是说有道的圣人不直接去做大事，一说不自以为大，也可通。成就天下之大事难事，皆起于极其细微的心意之间，必于心念发动之处，存其善意，培养其生生之源，德性深厚，深耕日久，方能德行圆满。

④ 先做易事也要本着做难事那种严肃面对的态度。犹：总是，还是。难：动词，以……为难。王弼本有"矣"，帛书本作"故终于无难"。众人求易而避难，都有好逸恶劳之心，但求易（自然之意）却很难，因此圣人走相反的路，以易（意）为难，以难为易（意），则无难而有易（天地自然之意）了。

【明意】

圣人明白一切事情都从细小的几微变化开始，意念对现实阴阳的改变，只能一点点来，不可以操之过急。所以要自信意念改变现实世界的力量，要不断实化意念于细微之处，不要好高骛远，空谈无根。即使极其微小的实化意念的努力，也不要看得过分简单，自以为想做到即可做到。轻许诺言，必然有可能做不到，影响自己对他人的信用，也影响对自己的信心，以为实化意念很容易，最后必然因为不顺而平添很多阻碍。所以圣人在每个意念实化的瞬间都慎终如始，如履薄冰，知难守雌，这样才能把意念一步步实化出来，而不会有最后的难处。

顺应自然之意而为，就需要对自然之意的生成与存在方式有特别的敏感度。在事情隐而未兆之时，自然之意已经隐身其中，而且会扩大至极致状态，所以能够顺应自然之意而为的人，对于隐微不显的自然之意具有非同寻常的敏感度。所以在尚未觉察到，似乎无可作为的时刻就去做应该做的事情。在事情还没有发展产生，还没有展开，形而未兆的状态之中，就去把它处理好，就可以很好地处理事变。对于还没有发生和散发的味道，顺应自然之意的人已经感知并且能够闻到，并做出相应的因应措施。

《中庸》有言："戒慎乎其所不睹，恐惧乎其所不闻。"老子虽然没有提戒慎恐惧的情感，但通于自然之意的人，自然而然有一种对于大道流动的敬畏之心，领悟到自然之意虽然微妙难明，但一旦明白即可以通达天下事情的整个发展过程。而天下所有大的难以做好的事情，都要从微小毫末的地方做起，而自然之意的一致性在事件的发展过程中基本不变。所以在事件的开端，在心念与事件结合的端点去用功，即可以把握事件整体性的发展方向，因为顺应自然之意就能够把握和调控事件的发展状态。通于自然之意的人总是细心处理与自然之意相关的小事，小中见大，而自然能够成就大的功业，因为自然之意的性质和状态是一致不变的。

第六十四章　慎始无败

其安易持，其未兆易谋；其脆易泮（pàn），其微易散。为之于未有，治之于未乱。①

合抱之木，生于毫末；九层之台，起于累土；千里之行，始于足下。②

为者败之，执者失之。是以圣人无为故无败，无执故无失。③

民之从事，常于几（jī）成而败之。慎终如始，则无败事。④

是以圣人欲不欲，不贵难得之货；学不学，复众人之所过；以辅万物之自然而不敢为。⑤

【译】

局面安定时容易维持，事情还没有出现征兆的时候容易谋划；事物尚处于脆弱阶段时容易破坏；事物在细微时容易消散。处理事情要在它尚未发生之前就未雨绸缪；治理国政要在祸乱没有产生以前就先行控制。

合抱的大树，生长于细小的萌芽；九层的高台，筑起于每一筐泥土；千里的远行，从脚下每一步开始。

有意强为的定会招致失败，过分执着的定会遭受损失。因此圣人无所作为，所以不会招致失败；无所执着，所以不会遭受损失。

人们做事情，往往在快要成功时失败，如果当事情快要完成的时候，也像开始时那样谨慎，就不会失败了。

因此，圣人追求众人所不想得到的（道），不看重难以得到的财货；学习众人所不愿学习的（道），以矫正众人的过失来复归自然正道；这样来辅助顺应万物的自然本性，而不敢强意有所造为。

【注】

① 其脆易泮：泮，散，解。物品脆弱就容易破坏消解，例如如履薄冰。做事要注意萌芽的状态，将发而未发的状态是最为关键的，即《易》所谓"几微"状态。要在迹象还没有显化的状态当中去适当把握和控制才会显化出效果。

② 毫末：细小的萌芽。累土：堆土。坚实的基础都来自于极度细微的努力。

③ 为者败之，执者失之：一说是二十九章错简于此。无为才能合于大道，执一即主观加以执力，强意而行就一定偏离自然之意，必然失败。

④ 是以圣人无为故无败，无执故无失：此句仍疑为二十九章错简于本章。用极度慎终如始的敬畏态度来处理一切细节，那样就基本不可能失败。

⑤ 学：指众人所不学的"道"，一说指办事有错的教训。而不敢为：不敢强为，一说疑为错简。河上公注"不敢有所造为"。圣人不看重正常人难以得到的财货和利益，因为圣人的欲望如"道"一般，没有欲望；圣人无过，因为圣人学的是不学，即不学细枝末节、无关紧要之学，所以才能抓住自然之意的根本，丝毫不敢勉强而为。

【明意】

圣人学习自然之意而得治身之道，领悟守道之真意，因循天地之间的自然之意而行，担心造作偏离天地自然之意的本体，所以圣人主动辅佐天行，佑助大地的运化，不敢将私心私意以为的善强加于其所在的情境，只敢时刻顺从自然之意，成就天地自然之善。这与最后一章相互呼应。

　　人们依顺自然之意成事，难乎其难，所以成就大事的人总是担心自己的心思意念不能顺应自然之意，其中的艰辛困苦不为外人所知。也正因为把握自然之意的分寸非常艰难，所以能够比较好地切近自然之意生成的中道状态，那种切近自然之意的隐微和艰辛的状态真不容易啊！《尚书·大禹谟》有"人心惟危，道心惟微"的名句，说明人心只能尽力切近自然之意的中道状态，所以在自然之意还很安宁的时候，心意易于持守。当自然之意还没有明显征兆的时候，心意易于谋划如何顺应自然之意的状态。

　　所以对自然之意有所意会的人，要在自然之意该显未显的几微状态去处理与谋划，用于治国成事，就是于未乱的状态中及早处理，使之不会偏离意念的想象与掌控。不能领悟顺应自然之意而强为之人终将失败。而执己之意于自然之意之上的人，一定会连自己的意念都无法持守。通达自然之意的人，顺应自然之意思考行事，好像什么事都没有做一样，当然无所谓失败，不执着己意，当然无所谓失去。

　　从字面意义为人所理解的角度看，字的意义有仰角，即跃出纸面的立体意义，而字本身并没有仰角，不过在纸的平面上静默着，所以字的意义是否能够立体化，取决于人们理解字面上的字的角度。通达自然之意的人深知自然之意之微妙难解，所以从事情开头到末尾都会极度小心，因而最后不会失败。所以通达自然之意的圣人，只是随顺自然之意的生发，让自己的自然之意与天下事物的自然之境和谐共振，而不敢加以任何一点私心杂念于其中。

第六十五章　善道愚民

古之善为道者，非以明民，将以愚之。①

民之难治，以其智多。故以智治国，国之贼；不以智治国，国之福。②

知此两者，亦稽（jī）式。常知稽式，是谓玄德。③玄德深矣，远矣，与物反矣，然后乃至大顺。④

【译】

古代善于推行大"道"的人，不是用"道"来教导人民精明智巧，而是用"道"来教导人民无知敦厚。

人民之所以难于治理，乃是因为他们智巧诡诈太多。所以用精明智巧治理国家，是国家的祸害；不用精明智巧治理国家，才是国家的福祚。

懂得这两种治国模式的差别，也就明白了治国的法则。推行大道者总是处于明白治国法则的状态，就达致幽深玄妙的"德"。幽深玄妙的"德"深不可测啊，远不可及啊，和顺万物之意，一起复归到真朴状态，然后就达到与"道"完全顺同的境界。

【注】

① "明民"是启迪民智，让人民知晓巧诈，化道为术（治国之术）。将以愚之：愚，敦厚、朴实，没有巧诈之心。不是愚弄、蒙昧。此句意为使老百姓无巧诈之心，敦厚朴实、善良忠

厚。愚以合道，是天道自然之善的体现。

② 智：巧诈、奸诈，而非为智慧、知识。贼：伤害的意思。

③ 两者：指上文"以智治国，国之贼；不以智治国，国之福"。稽式：考察、推衍出（治国的）模式、法式、法则，一本作"楷式"，意为标准，陈汉生译为"enshrine models"。陈汉生将"玄德"译成"unfathomable virtuosity"[1]。

④ 与物反矣：反，通"返"。此句意为"德"和事物复归于真朴，但深不可测，远不可及，反莫能克。本章从治国的角度理解道的方式，可与第十章相互参看。"大顺"是顺同自然之意，又深又远，与物相融，心物融为一体。

【明意】

善于顺自然之意治国理政的君主，重视的是人民是否顺自然之意。既然人民很难明白自然之意，就不再教导他们，甚至不想让他们对自然之真意了解太多。人民不花工夫去了解如何通达自然之意，也就不会发明太多奇技、淫巧、诡计、权谋，因为这些都是不能通达自然之意的时候人们心思乱动的结果。人们的心思一旦乱动，出偏走邪，则智巧伪诈层出不穷，变得非常难以治理，所以不刻意让人们去遵循自然之意，他们不能自明，反而是不用心智，能够更好地治理人民。

把握明了自然之意与不明自然之意之间的分寸，就是一种特别的治国法术。自明自然之意的人要用不让民众了解自然之意的方式治理，才能让天下万民都和顺自然之意，回归到顺应自然的化境。天之自然之意以人为王，人通过其道德之意可以主宰天下。圣人领悟自然之意，能够以治术教化人民，但其用

---

[1] Hansen Chad, *Daodejing*: *On the Art of Harmony*, New York: Shelter Harbor Press, 2017, p.171.

术，实不得已。儒家注重公共秩序和价值；道家注重个体价值的实现；法家注重治术的效用。顺应自然之意，则君为民之心，为天地之心，血液为其和气，起心动念不离太和元气生生自然之意。

第六十六章　谷王善下

江海所以能为百谷王者,以其善下之,故能为百谷王。①
是以圣人欲上民,必以言下之;欲先民,必以身后之。②
是以圣人处上而民不重(zhòng),处前而民不害。是以天下乐推而不厌。③
以其不争,故天下莫能与之争。

【译】

江海所以能够成为百川归附的汇聚之所,是因为它善于处在百川的下位,因而能够成为百川之王。

因此,圣人要居于人民之上,必须要对人民言辞谦下;要想居于人民之前,必须要退让于人民之后。

所以,圣人虽然居于人民之上,而人民并不觉得是负累;居于人民之前,而人民并不觉得有妨害。天下的人民都乐意拥戴他而不会嫌弃。

正因为他不与人民争名夺利,所以天下没有人能够与他相争。

【注】

① 百谷王:百川峡谷所归附而有王者气象。"百谷"字面是众多山谷,其实是山谷里的无数小河汇流而成。

② 圣人:一本无此二字。"后"是说明把自己的利益放在他们的后面。

③ 重：累、不堪重负；刘殿爵译为"burden"[1]较贴切。乐推：一作"乐进"。圣人虚怀若谷，无为而治，虽处上位，但百姓自然生活，并没有什么负担，圣人能以后为前，自然不妨害百姓。

【明意】

随顺自然之意会很自然地采取谦柔居下的姿态，也因为如江海在百川之下谦逊柔顺，所以才能成为百川之王，好像统御众流一般。圣人需要让心思意念皆顺从自然之意而谦下，才能保有人民之上的位置，在起心动念时把自己放在人民之后，才能在人民之前。并不是圣人有想居于人民前面的意念，而是人民都推圣人到他们的前面，因为人民感受到圣人心意发动之处不跟他们相争，而是念念利乐群生，所以就要圣人居于他们之前，从而才成就了"圣人"之名。

圣人顺应自然之意而为，在上位不让民众感到压力，居于人民之前人民不觉得妨碍，这都是因为在他的意识境遇当中一直把人民当作自己意念生发的场域。治理国家的人能够顺从自然之意，而不把自己的私心私念放在前面，才能让民众心意顺从，从而使天下百姓之心皆向自然之意靠拢理顺。故为政之要在于顺百姓之心，让百姓之心思皆顺自然之意。

---

[1] D. C. Lau, *Lao Tzu: Tao Te Ching*, London: Penguin, 1963.

第六十七章　不肖三宝

天下皆谓我"道"大,似不肖(xiào)。①夫唯大,故似不肖。若肖,久矣其细也夫(fú)!②

我有三宝,持而保之:一曰慈,二曰俭,三曰不敢为天下先。③慈,故能勇;俭,故能广;不敢为天下先,故能成器长(zhǎng)。④今舍慈且勇,舍俭且广,舍后且先,死矣!⑤

夫慈,以战则胜,以守则固。天将救之,以慈卫之。⑥

【译】

天下人都说我讲的"道"大而无当,似乎什么都不像。其实,正因为它大,所以才没有什么具体事物可以跟它相比。如果它像某一样东西的话,那么"道"早就变成微不足道的东西了。

我有三件法宝,要小心执守而且保全它:第一是慈爱;第二是俭啬;第三是不敢与天下人争先。因为关爱人民,所以才有勇气勇往直前;因为俭啬则能蓄精积德,所以才能推广大方;因为不敢与天下人争先,所以反而能够得到拥戴,成为万物之长。现在如果舍弃慈爱而勇往直前,舍弃俭啬而推广大方,舍弃退让而力求争先,这些都是通往死亡之路。

三宝之中,慈爱最重要,用慈爱之心来征战就能够胜利,用来防守就能巩固。天要救助一个人,会赋予他慈善的德性,好像得到天的佑护。

【注】

① 我道大：道即我，我即道。"我"不是老子用作自称之词。不同本子有出入，从含义来说，"我"大不如"道"大。董平认为"我"本古注，误入正文。[1]

② 肖，相似之意。"似不肖"意为不像具体的事物；一说，没有任何东西和我相似。若肖，久矣其细也夫：道如果类似于任何具体物，道就"小"了，不再"大"了。以上这一段，陈鼓应疑是它章错简，但帛书甲乙本有，所以董平不同意。[2] 老子此处反驳一般人认为道太大的看法，认为大到无法成为任何具体事物才是好的。道不可能像任何事物，否则就偏离全章宗旨。

③ 三宝：三件法宝，或三条原则。"宝"直译为"treasures"，张钟元译为"essentials that I value and maintain"[3] 贴合原意。俭：啬，保守，有而不尽用。

④ 慈故能勇：关爱人民所以能有一往无前的勇气。慈就是悲悯良善，是保存己意并与他人之意共同创生的根基。俭故能广：俭啬才能蓄精积德，所以能推广大方，以意念微小的变化应对环境巨大的变化。因为意识保持俭啬开放，所以能最大广度地维系意识能量。"为天下先"是争先居于天下人的前面。器，指万物；"器长"为万物的首长之意。君主仁慈、慈悲为怀才有无限的勇气，近似于孟子："仁者无敌。"（《孟子·梁惠王上》）内在修德，德厚而广，从而能够推出外在的推广大方，后面君主才能广大。后面的主语是君主，前面也应该是君主。三件不肖之宝，老子认为它们都有好处。老子意识到争先出头容易被打击和毁灭，所以特别强调自我保存的智慧。

⑤ 且：取。这是从反面论证。

---

[1] 董平：《老子研读》，中华书局2015年版，第249页。
[2] 同上书，第250页。
[3] Chang Chung-yuan, *Tao: A New Way of Thinking. A Translation of Tao Te Ching*, New York, 1975.

⑥ "以战则胜"一本作"以阵则亡"。慈爱体现在念念之中。心意发动，皆以充满慈爱为理想状态。此处，天意通于自然之意，通于慈仁之心意，是自助者天助之意。人的慈心和慈善的行为能够感天动地，于是遇到绝境的时候，让他的心意充满慈爱，从而不仅能够自助，天也会来护佑他，救助他。河上公注："天将救助善人，必与慈仁之性，使能自营助也。"这与《系辞传》"天之所助者，顺也；人之所助者，信也"意义相通。通常的翻译，如"天要援助谁，就用柔慈来保护他"等显得天有意志，并不合适。这是继续从正面论证。

【明意】

自然之意与道一样，不是什么具体的事物，也不像什么具体的物件，因为一像某事或某物就具体化了，就落实了，就失去其本真状态的浑融与真朴性了。要保持对自然之意的领会，需要认识到孝慈本身是一种自然的情感，是自然之意仁爱维度的展现；二要认识到天地之道的简约，以简约为原则，一切都以最简化、最精炼、最有效率的方式存在。越简单，越安宁，越平和，越低卑，表面上居于能量最低的位置，其实都有着最高的能量级别，因其自然而有无坚不摧的内在精神意志力量。

因为得到了自然之意慈爱的一面，反而可能用爱来征服天下，战无不胜，攻无不克，因为内心顺应自然之意而充满慈爱之心，反而可以让自己的自由意志通于天地，起心动念都好像得到天的佑助。孝慈之心是来自天地自然的一种情感，是对天地养育自己的生命，父母养育自己生命的一种感恩与回馈。其中天地之慈，通过父母之慈表现出来。一个人应该能够感知和认知到孝的本体先在性，并把这种孝心与孝行作为一生思想意识生发的原点。因为慈孝之心通于天地，所以每念之间孝慈之心发动都是通天地的心念。

对父母和祖先的感恩就是对天地的感恩，就是对与生俱来的生命本源的护念和回向，让天地因我的心思意念而彰显。让顺应自然的慈孝之爱实化为人的精神活动与创造，而与天地生生之境连贯融通。通于天地自然之意的慈爱思想，是对来自天地之生成力和创生力的体察和反馈，这是一种深沉广博的慈爱，因其没有任何确定的对象，所以反对有特定对象的刻意和偏私之爱，这种深沉的爱是无反思的，无偏差的。虽然第五章强调不仁之慈，但这恰好说明本章的慈是来自天地自然之意的天然之慈，是天地之慈，是"道—慈"，而与儒家仁爱他人的仁慈，即"人—慈"有所区别。

第六十八章　用兵不争

善为士者，不武；善战者，不怒；善胜敌者，不与；善用人者，为之下。①

是谓不争之德，是谓用人之力，是谓配天，古之极也。②

【译】

善于做将帅的，修道贵德，所以不会好勇斗狠；善于领兵打仗的人，心念契合天道，不生邪念，所以不会轻易发怒；善于克敌制胜的人，用兵如神，避敌锋芒，所以不与敌人正面冲突；善于用人的人，对人态度谦逊卑下。

这叫作不与人争的操守，这叫作运用人力的方法，这叫作符合天道自然的规则。这是自古以来用兵之"道"的终极原则了。

【注】

① "士"即武士，这里是将帅、军事将领之意。"善为士者"为善作将帅的人。"不与"意为不争，通过不正面冲突而胜，如 Arthur Waley 译文 "the greatest conqueror wins without joining issue"[1]。恰如河上公注"言贵道德，不好武力"，当以德服人。此"德"来自于长期对"道"的领受和修持，道体充盈，便身有德光，虽然含敛内守，意念发动却穿透物事，意震其境。

---

[1] Arthur Waley, *The Way and Its Power*, *A Study of the Tao Te Ching and Its Place in Chinese Thought*, Grove Press, 1934, 1958.

主体的意识善于化解情境中对手的锋芒。

② "用人之力"是运用人力；董平认为"力"为"功"，指善于处人之下，能收到用人的功效。[1]"配"是合，"极"是法则，原则，道理。"配天古之极"是符合自古以来最根本的原则，一说自然的道理。一说"古"字是衍文。运兵的神妙化境是配天的奇境和绝境，犹如鬼斧神工，非人力所能安排。运用天地自然之意运化世间纷争，改变阴阳。

【明意】

顺自然之意的用人法则，以将帅的自然之意，是不用武力，而成就战功。顺应自然之意的将军不会有怒的念头，能顺应自然之意而克敌的，不会与敌人正面交锋，因为自然之意总是以自身之存有为前提才能领会，所以不会轻易放弃自身的实存。

不在乎身体，等于把身体置于危殆之地，都是完全不明白自然之意的生生不息，要以身体的实有之境为创生的情境（context）。生之境为意之情境。

善护自然之意者，自然善护自然之身，能够随时良好的守持自然之身者，自然能够让自然之意得到守持而长养。

本章谈论的虽是用兵之道的不争之德，但其基础是保身进而存养自然之意的哲学。心意一动，便能接通天地自然之善，心意运天地之善，而成就大业，故无往而不成。修持自然之意有成之士，虽然晦迹韬光，意念已发似如未发，却能意物一如，物我融贯，心通万有，意震寰宇。

---

[1] 董平：《老子研读》，中华书局2015年版，第253页。

第六十九章　哀慈者胜

用兵有言："吾不敢为主，而为客；不敢进寸，而退尺。"①
是谓行（xíng）无行（háng），攘无臂，扔无敌，执无兵。②
祸莫大于轻敌，轻敌几（jī）丧吾宝。③
故抗兵相若，哀者胜矣。④

【译】

兵法家曾经说过："我不敢主动挑起战端以兵伐人，而宁愿被迫应战、后发制人；不敢轻进一寸，而宁愿退避一尺。"

这就叫作虽然摆开战阵，却不发动攻势，好像没有战势一样；虽然要挥动手臂，却不先动手，好像没有手臂可举一样；虽然面临敌人，却无意为敌，好像没有敌人可打一样；虽然手握兵器，却持若无物，好像没有拿着兵器一样。

祸患再没有比轻视敌人，又轻易与人为敌更大的。如果轻易与人为敌，那几乎就要把我"不争"的法宝都丧失殆尽了。

所以，两军势均力敌的时候，被迫应战的哀伤之兵（因为重视对手）容易获得胜利。

【注】

① "用兵有言"是古来善于用兵的人说的话。"为主"是主动进攻，进犯敌人。"为客"是被动退守，不得已而应战。此章讲战略，不仅仅是战术，如果理解为退避三舍就是战术了。因为战争不是获得利益的合理手段，故不取，应当以不战应战。

② 行，行列，阵势。"行无行"意为：虽然有阵势，却像没有阵势可摆；一说可列阵也不列阵以战。让敌人入于虚无之阵，让其无处用其强力，因为没有应战的对象，这就是以无敌来应敌。如果不发动攻势，阵势就是和平的阵势。"攘无臂"意为虽然要奋臂，却像没有臂膀可举一样。伸出正义的拳头，却好像连拳头都没有握着一般。"扔无敌"意为虽然面临敌人，却像没有敌人可赴，好像抓住的是思想的敌人。一说大道化有敌为无敌的境界；一说可以奋臂相争但并不愤然攘臂相向；一说虽有刀枪可执却不动用。[1]"兵"是兵器；"执无兵"意为虽然有兵器，却像没有兵器可执。也可理解为拿着的是道德的武器。

③ "轻敌"不仅是轻视敌人，更是不轻易挑起战端。轻敌就容易失败，而失败就会丢失三宝，因此将"engage in war lightly"[2]和"take on an enemy too easily"[3]结合起来看比较全面。轻敌者会丧失"不争"的法宝，而哀兵不敢轻敌，所以不丧失"三宝"。

④ "抗兵相若"意为两军相当。"哀"有闵、慈意。慈悲不如哀痛，慈悲的将帅能够团结士兵奋勇杀敌，但慈悲可以是平时的，哀痛肯定是受到攻击之后的正义之师。哀者表示不轻敌，不冒进，被迫应战的哀兵不敢轻敌，而在哀悲之中可能调动巨大的意能，接续自然之意的强大能量。

【明意】

战争是需要非常严肃对待的事情，备战要顺天道才能得天佑，即使得到天之庇佑仍要非常忧虑、敬畏，坚守不出，才能有备无患，即使抗兵相加，仍无形无相，犹若空城计。老子主张以退为进，所以用兵的自然之意是心意制胜。当实力相当之时，悲

---

[1] 参黄克剑《老子疏解》，中华书局2017年版，第647页。

[2] Chang Chung-yuan, *Tao: A New Way of Thinking. A Translation of Tao Te Ching*, New York, 1975.

[3] D. C. Lau, *Lao Tzu: Tao Te Ching*, London: Penguin, 1963.

哀之心可以化为巨大的战力，所以不可轻敌，不可轻易挑起战端，不敢自以为主而顺应自然，战于无形之战阵中方能成功。

　　哀兵尊重对手，以慈悲为怀，宁愿被迫应敌，那样哀心强大，可以调动人的潜能，但真正开战却不轻举妄动。而要化巨大的自然之意于无形之战中，仿佛无意为敌，仿佛没有出手，那都是因为不轻敌才能设置的无形之阵。所以真正的战争与冲突都要化解在无形的自然之意中。军争之意，争于无形之意，这是争的最高境界。所以不应于有形有质的手段上、形质上争高低，而要在是否顺应自然之意的境界上见高低。

第七十章　被褐怀玉

吾言甚易知，甚易行。天下莫能知，莫能行。^①
言有宗，事有君。夫唯无知，是以不我知。^②
知我者希，则我者贵。^③是以圣人被（pī）褐（hè）怀玉。^④

【译】

我的言论很容易理解，很容易实化践行。可是天下竟没有人能理解，又没有人肯照着去做。

言论以自然之意为宗旨，行事以无心顺化为根据。正由于人们不理解"道"，因此没法理解我。

能理解我的人很稀少，能取法于我的人就更难能可贵了。因此圣人不得不穿着粗布衣服，外同尘俗；怀里揣着美玉，内守其真。

【注】

①　"吾言"即"道言"（daoing），在道之言，"以道观之"那种从道而出的言说（dao-speaking）。"行"是实化践行，既是实行，这是对一般人说的；也是施行，这是对掌权者来说的。有道之言犹若光明坦途，容易知道了解，也容易践行，自然无为，无须矫饰。

②　言有宗：言论以自然之意为主旨。事有君：办事以无心顺化为根据。一本"君"作"主"。"君"指有所本。无知：指别人不理解道；一说指自己无知。"不我知"即不知道。

③　则：法则。此处用作动词，意为效法，取法。

④　被褐：被，穿着；褐，粗布。怀玉：玉，美玉，此处引申怀藏着对自然之意的真实领悟。"无知"是批评人们不理解"道"，而不仅仅是不了解我上面的言论。圣人不得不言论同俗，似与日常言论没有区别，但圣人于日用的常言之下言语之间内涵大道，可是一般人不容易了解的。正如第七十八章"正言若反"所提示，正道以反常的方式提醒人们去观察和体知，因为正面的教导令人避而远之，需要用日常自然的，看起来反常的方式，来引导人们于起心动念之间顺从天地自然之意。

【明意】

"我"观于自然之意的意念和理解本来都是那么简易直接，容易理解，也易于行动，可是天下却没有人能够了解，更没有人去行动。顺应自然之意之说法，是以天地自然之意为基础的，所有的事都应按照自然之意来实行与展开，可是因为绝大多数人不能理解自然之意，所以他们也无法理解"我"对自然之意的领会与把握。

能够理解"我"所意会的自然之意的人少之又少，能够意会并以此而行动的就更加难得。所以通于自然之意的圣人，他们外表与常俗之人无异，甚至更加粗俗，但心之意念皆在自然之意中，所以总是像怀藏宝贝一样。

对自然之意的这种自信，因为意念通于天地而很难让一般人理解，也无法要求一般人理解。对超言绝象的世界带有超越意味的自信，可以拒绝世俗的相知与交流。

第七十一章　病病不病

知不知，上；不知知，病。①
夫唯病病，是以不病。②
圣人不病，以其病病，是以不病。③

【译】

知道大道，但认为自己还有所不知，这是很高明的。不知道大道，却自以为知道大道的，这是求知的弊病。

人们只有把（自以为知道）的弊病当作弊病，才能没有弊病。

圣人没有弊病，正是因为他把求知的弊病当作弊病，所以才没有弊病。

【注】

①　注家们一般对此句有两种解释。一说知道却不自以为知道，一说知道自己有所不知。即使自己有所知，但明白自己对道仍然有所不知。"上"一本作"尚"。"不知知"是不知"道"却自以为知"道"，自以为是的"知"是真病，有点类似于苏格拉底的说法，如林振述（Paul J. Lin）译文 "He who does not know but pretends to know is sick"[1]。宇宙浩瀚，人生无常，有

---

[1]　Paul J. Lin, *A Translation of Lao Tzu's Tao Te Ching and Wang Pi's Commentary*, Ann Arbor, MI: Center for Chinese Studies, University of Michigan, 1977.

谁能真正知"道",当自己认为知"道"时,就已经偏离大道,不再在常道之中了。"道"到底是可以知道还是不可以知道呢?老子认为,"道"不存在知道与不知道,"道"是超越认知行为和一切试图知道("道")的努力的,所以"道"就是无知,也只有无知才是认识"道"的唯一方式。"无知"便是道,自然本身就是混沌无知的。

② "病"是毛病,引申为不知道的缺点。"病病"前一"病"字为动词,指责之意;"病病"是把(不知道的)病当作毛病(who recognizes sick-minded as sick-minded)。这句是讲一般人,后句显得圣人比一般人高明,因为圣人是主动做到。所以本句当理解为只有把(自以为知道的)弊病当作弊病,才能没有弊病。陈鼓应等认为,"夫唯病病,是以不病。"当在最后[1],但放在最后只是强调,未必需要。通行本在前,先说一般道理,再说圣人,意思可通。同样的结构后一章也出现了:夫唯不厌,是以不厌。是以圣人自知不自见,自爱不自贵。

③ 得道之人心念广大,能够始终保持慎重谦下的态度,虽然有所知,但不唯我独尊。此章符合三段论的推论。

【明意】

通晓大道是对求知的要求。知道自己对于自然之意缺乏了解,这已经是很高明了。如果不知道自己不了解自然之意,而把自己的主观意念当作自然之意,这就会变成病痛一样的麻烦了。

对无知的意念是一种知解,也是一种敬畏。意识到自己知识的边界,也意识到自然之意的超言绝相,不易为正常的心思范畴所解读,不要另外设定一个自知的意会状态。知道自然之意的分寸本身是对自然之意理解到位的表示。如果对自然之意无所见,当然也就难以意会自然之意的分寸。

---

[1] 参陈鼓应注译《老子今注今译》(参照简帛本最新修订版),商务印书馆2003年版,第320页。

在《申辩篇》中，苏格拉底通过"认识自己"发现了自己的无知，这种无知是对上帝智慧的无知，而老子认为，知识应该是关于大道，即自然之意的意会，而我们关于大道，基本上不可能获得任何确定性的知识，而一切宣称自己已经获得关于大道的确定性知识的人，都是真正有问题的。

了解事物的本然状态，心与物都通乎天道自然而生，所以能够不病，保持行云流水，云淡风轻的意境。这是心无挂碍的禅宗之境，也是道意之境。

第七十二章　爱民保身

民不畏威，则大威至。①
无狎其所居，无厌其所生。②夫唯不厌，是以不厌。③
是以圣人自知不自见（xiàn），自爱不自贵。④故去彼取此。⑤

【译】
当人民不畏惧统治者的威迫时，那么真正的威胁就会随之而来了。

不要打断人民的日常生活，使他们不得安居，不要阻塞人民谋生的道路，使民不聊生。只有不压迫人民，人民才不厌恶统治者。

因此，圣人不但（对道）有自知之明，而且也不自我显耀；有自我收敛之心，也不自以为高贵。所以要舍弃后者［自见（自我表现）、自贵（自我尊贵），陷民于不安］，保持前者［自知（大道）、自爱（自我收敛），无为处下］。

【注】
①　第一个"威"指统治者的权威、威势连带出来的威压和威慑。"民不畏威"意为百姓们不畏惧统治者的威压政策。第二个"威"是威胁，"大威"就是真正的威胁（董平），一说指人民的反抗斗争，即危险和祸乱如影随形（任继愈、陈鼓应）。高亨认为理解为"大威止"（威望就停止了）更好一点。

②　"狎"通"狭"，意为压迫、逼迫。"无狎"即不要逼迫

的意思。"厌"是压迫、阻塞的意思；一说厌倦，也通。

③ 第一个"不厌"指不压迫人民，一说通"压"，压迫。[1]第二个"不厌"的"厌"指人民对统治者的厌恶进而反抗斗争。较为合适的英译如"And for the very reason that you do not harass them. They will cease to turn from you."[2]

④ 自知：体认道体，对道的玄德有所体悟的人。不自见：不自我表现（自己对道体的体认），不自我显示（自己顺道的修为）。"爱"即"啬"，收敛，保养；"自爱不自贵"指圣人但求自我收敛，心意向内；而不求自显高贵，心意外驰。

⑤ "去彼取此"是指舍去（偏离自然之意的）"自见""自贵"，而取（悟道在道的）"自知""自爱"。《道德经》中三次提到这四个字，大道无为，自然能顺因取舍，而人因有欲望和主观意识，却不懂得取舍，经常适得其反，处于颠倒之中。老子将大道意会出的两种力量列举出来，使人们认识清楚，天道到底在何方，如何真正达到生命真谛，不仅会取舍，还要能舍取。

【明意】

心思意念通达自然之意的圣人，对自然之意的意解有其分寸，有自知之明，所以不会自我显耀，知道心意当如何自我收敛，而不会过分地看重自己，让心意驰放。在引导民众顺从自然之意过程之中，需要培养民众对于他们所不知的自然之意的敬畏之心。如果没有这种敬畏之心，人们不在意自然之意，就会心智散乱，无法形成合力。

要让人们顺应君主的自然之意，需要人们对君主的威势有臣服之心。没有畏惧威势之心，人们的心思意念很难顺从君主所领会的自然之意，也就容易心思散乱而造成混乱。这种敬畏之心首

---

[1] 黄克剑：《老子疏解》，中华书局2017年版，第666页。

[2] Arthur Waley, *The Way and Its Power, A Study of the Tao Te Ching and Its Place in Chinese Thought*, Grove Press, 1934, 1958.

先是对天地自然之意,即"道德之旨,神明之务,太和之心,天地之意"的敬畏之心,要"太上畏道,其次畏天,其次畏地,其次畏人,其次畏身"(《指归》)[1]。正是有这样的敬畏之心,所以下一章才明确指出,无论是过勇还是过敢,都是违背天道、不敬畏天和道才敢的。

人在天地自然之意面前,如果有一点点争强好胜之心,就要遭受天谴,为天道所伤。所以领会和贯通天地自然之意,在引导民众的过程中,需要有一种特殊的、对人民是否顺服自然之意的自知之明。这种明是心意发动,不仅仅是对自己当下意念的关照,而且是对万民之意的关照,即心思发动之间容纳万民,敬畏民众。一切都要从自己当下的意念发动状态出发,担心自己的意念出偏,反而不会受到他人的威吓;担心自己意念控制力量不足,反而不会受制于人。可见,人在天地之间的成败存亡,都系于当下起心动念的一念之间,能否每时每刻合乎天地自然之意。

---

[1]《老子》,(汉)河上公注,(三国)王弼注,(汉)严遵指归,刘思禾校点,上海古籍出版社 2013 年版,第 190 页。

第七十三章　天网不失

勇于敢则杀，勇于不敢则活。①此两者，或利或害。②天之所恶，孰知其故？是以圣人犹难之。③

天之道：不争而善胜，不言而善应，不召而自来，繟（chǎn）然而善谋。④天网恢恢，疏而不失。⑤

【译】

依法治国，敢于大胆、主张严刑峻法的人就倾向于动用刑杀，敢于胆小、主张宽容利世的人就倾向于放人生路。这两种做法，或宽或严，但都既有利，也有害。天也觉得两种做法都不好，可谁知道是什么缘故？因此圣人也很犯难。

用天道治国的好处在于：不去争斗而能很顺利地取胜，不用言说而能得到很多人的响应，不发出召唤而万物自然来归顺，宽缓无心、无思无虑却善于妥善谋划。天道的罗网广大无边，网眼虽然宽广稀疏，但什么也不会漏失。

【注】

①　"勇"是用于顺道而行，随顺自然之意，保守德性，独立不俗，和而不同。"敢"是自恃勇敢、坚强而逞血气之勇；"不敢"指自居柔弱、软弱而谦虚退避，一说审时度势，筹划周密[1]。"勇于敢则杀，勇于不敢则活"通常译为勇于坚强就会死，勇于柔

---

[1]　任法融：《道德经释义》，东方出版社2017年版，第165页。

第七十三章　天网不失

弱就可以活命，但这样说似乎不准，跟后面圣人都觉得难对应不上。可见，这两句的一般译法不合章节主旨和上下章的逻辑，其实，勇于不敢也要勇气，指的是治国之时，勇于宽容待民，勇于放人生路，与勇于杀人对应。"杀"是私意乱动，不顺自然之意而伤身，于事不成；"活"是公意无私，随顺自然之意而保身，于事有成。

② 或利或害：一般译为勇于柔弱则利，勇于坚强则害。这种译法也无法跟后面圣人之难相呼应，其意思应该是，这两种做法，都有利也都有害。

③ 奚侗、马叙伦、高亨、高明、陈鼓应认为"是以圣人犹难之"此句已见于六十三章，帛书甲、乙本无此句，董平也认为不应该在本章[1]。此说是基于此章讲柔弱之利、谦退之益，而不是天道生杀之理。考之河上公注、严遵《指归》、王弼注，都是从治国是"杀身"还是"活其身"的角度来展开的，所以才会"言圣人之明德犹难于勇敢，况无圣人之德而欲行之乎？"（河上公注），王弼注文字和意思近似，说明他们都认为本章主要是讨论"天地之道，生杀之理"（《指归》）[2]的。

④ "天之道"指自然大道，天地自然之意。老子认为，用天道治国，优于各家如儒（仁义礼智）、兵（武力）、法（法术势）治国，因为后面提及近似"法网恢恢疏而不漏"之意，此处可以理解为专门说明用天道治国优于依法治国。"繟"帛书甲本作"弹"，乙本作"单"；"繟然"是安然、坦然，表达顺应自然之意那种宽缓无心无思无虑的化境。王弼注："垂象而见吉凶"，天道自然显像，人意会其象，便知吉凶，好像一种意念对天地之象的先行领悟一般，不是意念对事物变化之后再做出的价值评判，圣人意会天道之吉凶而做出艰难的取舍，是圣人具备通

---

[1] 董平：《老子研读》，中华书局2015年版，第263页。
[2] 《老子》，（汉）河上公注，（三国）王弼注，（汉）严遵指归，刘思禾校点，上海古籍出版社2013年版，第192—193页。

天察地的智慧，让天地自然之意于人事上彰明显像，可见，圣人之意，都是天地自然之意的实化和显现。

⑤ "恢恢"是恢宏而无限广大、宽广无边。"天网恢恢"指天道囊括一切，没有天道不能包含的内容。英译中张钟元译文"the net of naure is all-embracing"[1]较合原意。天道自然之意宏大宽疏，无形无相，有形之物与无形之思显现于万物之中。这里"天网"当指天地自然之意的感通之网遍及所有。"疏而不失"是虽然天道之网眼宽疏但什么都不漏失。就好像《周易·系辞》所言："易无思也，无为也，寂然不动，感而遂通天下之故。"天网无形无状，自然而然，万物皆属于道，都在天网之中，就是圣人也难于把握，不是不会把握，而是不去把握，一切顺万物生生的自然之意。

【明意】

顺从自然之意的人不会以身犯险，因为其一是行动之前深知意之存在根基；其二，知道勇力犯险，其实在意念上都是对双方共同的伤害。何以见得？因为下面这段话：天道即自然之意，是不争才能善于取得胜利。因为不言不动，心念不发才能得到更多的感应。因为没有起召唤之心，所以才能自然来到。如果有了召唤之意，反而未必有那么多的感应。

天道即自然之意的这种特点，放到人间成事与争斗之上，就是越是不去与人争的人反而容易获胜，特别想计较短长、争强好胜的人，反而无法达到胜利的目的。不去感应的意念之力往往有特别大的感应之力，因为人们之心思意念如影随形，自然聚拢，所以心意的回转与影响，好像天地之间一张无边无际的意念感通之罗网，只要随顺自然之力的就有巨大的感通之力。看起来网眼宽大，好像自然之意之间虚而无形，无法捉摸，可是它们之间的

---

[1] Chang Chung-yuan, *Tao: A New Way of Thinking. A Translation of Tao Te Ching*, New York, 1975.

感通那么如影随形，天衣无缝，甚至可以超越时空的阻隔而发生深刻的感通，好像产生心意联通的意丹一般。

圣人在天道面前，也殊为犯难，因为除了执行天道的倾向，别无选择。"天网恢恢疏而不失"这句常用来警告罪犯的话，在这里是警告一切人的起心动念，都要遵从天道，包括圣人在内，即使一点点心思意念出偏，也不可以心存侥幸，因为天道明察秋毫，不会遗漏。诚如《指归》所言："天之所恶，不敢活也；天之所佑，不敢杀也；天之所损，不敢与也；天之所益，不敢夺也。"[1]可见，即使有圣人的圣智，也丝毫不敢偏离天地自然之意。

本章的教导，绝不是柔弱谦退那么单薄，而是人的心意在天地自然之意面前，不敢有分毫偏邪，绝不可以过勇或者过敢的那种战战兢兢、如履薄冰之感慨。这样的教导，对于掌握民众命运的统治者来说，不仅仅是应当，而且是必须，是定言命令，因为天道自然之意已经宣示了其极其明显的倾向，过勇过敢不仅都将招致天之所恶，而且可能为天所伤（下一章），前后章节之间，义理融贯之天衣无缝如此，不也正是作者心意绵密，皆出天机，而仍然无所逃于天地之间之象吗？

---

[1]《老子》，(汉)河上公注，(三国)王弼注，(汉)严遵指归，刘思禾校点，上海古籍出版社2013年版，第194页。

第七十四章　惧死伤己

民不畏死，奈何以死惧之？① 若使民常畏死，而为奇者，吾得执而杀之，孰敢？②

常有司杀者杀。③ 夫代司杀者杀，是谓代大匠斫（zhuó）。夫代大匠斫，希有不伤其手矣。④

【译】

人民如果不害怕被处死，君王用死亡来恐吓他们又有什么用呢？如果君王能够让人民真的害怕被处死，对于为非作歹的人，君王就把他们抓来杀掉。那么谁还敢继续为邪作恶呢？

天行有常，其自然之意有主管兴替杀伐的向度。君王如果代替有力主管刑杀的天道去杀人，就如同代替技艺超凡入圣的木匠去砍劈木头，凡是代替技艺高超神妙的木匠去砍斫木头的人，很少有能不砍伤自己手的。

【注】

① 此句常作此解：人民饱受统治者的苛政暴行，以致到了不畏惧死亡的地步。此解有理，但不是本章的重点，本章的重点在后面，统治者不可违背天道而逼民走上绝路，否则必遭天道的"反噬"。

② "奇"是奇诡、诡异，"为奇"指行为奇特，作恶多端的人。执：抓来拘押。

③ 司杀者：指天，天道，天行之常，如陈荣捷译文"master executioner (Heaven)"[1];一说指专管杀人的人;一说指国家设置的法制机构。

④ 斫:砍、削。河上公认为司杀者是天,代司杀者是人君。这是认为天道本身有杀伐的功能,天道虽自然无为,但在生养万物的同时,也收摄当死之物,在这个意义上,天道也可讲成有为司杀,只是这种讲法在一定程度上神化了天,以为天不但能够分辨善恶,而且能够掌管刑杀,天道也不再纯粹地自然无为了。不过,天道的自然无为,从来都不是无所作为,天道既生养一切,又杀伐一切,本是无所不为,所以不能从字面的无为来理解,而当从无不为的角度来理解。但老子指出,如果人代天杀,不但不合适,还会遭到报复。人君立刑杀机构代自己杀伐,则不是顺从自然之意而杀罚,不但有为,而且境界降低,不合于道(大匠)的境界,那么伤及自身是迟早的事情。

【明意】

君王顺应自然之意,无为而治,则随顺自己的本分,不可越俎代庖。如果有为,就是去代木匠砍木头,其结果是违背自己的自然之意,而可能使身体受伤。身体受伤之后,人的意念也随之受伤,人需要看护好自己的自然之意,前提是看护好自己的身体,不要以身犯险,不要做可能伤害自己身体的事情。因为身体作为意念创生之境,一旦受伤,意念的创生之境就难顺从原生的自然之意,就可能有所偏离,意念依境而偏,就很遗憾了。

每个人、每个生物来到世间,因其自然之意的延续而有自然之命,如果要改变他人、他物的自然命运,也是以改变自身的自然之意、自然命运为代价的。所以不是你应该改的自然之意与其自然之命,就应该应运而生,顺应自然,无为而成。天道自然之意顺从天道阴阳交替的节奏,其中有天道杀伐兴替的部分,都是

---

[1] Wing-tsit Chan, *A Source Book of Chinese Philosophy*, Princeton: Princeton University Press, 1963, p. 173.

自然之意本身可以意会的部分。人君不可以用自己的主观意愿去代替天道的兴衰,应该把杀伐的任务交给天道自然,否则自己以身犯险去杀伐,改变自然运行的节奏不说,还伤害自身的身体,进而改变扭曲原先自然之意的生存之境,偏离自然之意生生的自然进程,这是不合适的。

好的人君能够领悟和顺应天道,不作大匠人。对于那些不怕被处死的人,人君不可亲自出手,而要交给国家设立的专管刑杀的机构去执行杀人的任务。这是自然之意的分支,让不同的人去扮演特定的角色,执行特定的任务。君臣之分也是如此:"是故帝王之道,无事无为,目无所视,耳无所听,心无所图,口无所言;前后左右各有所任,因应以督,安其成功。"(《老子指归》)[1]顺应自然之意来治国,如借天地自然之力,不必于两难之中选其一,而是从容中道,自然无为而大为,不落杀活、利害之两难选择,而任其自然生灭、成坏,而能成就大事,是天道于人间治国,无往不胜的化境。

---

[1]《老子》,河上公注,王弼注,严遵指归,刘思禾校点,上海古籍出版社2013年版,第196页。

第七十五章　勿以生为

民之饥，以其上食税之多，是以饥。民之难治，以其上之有为，是以难治。① **民之轻死，以其上求生之厚，是以轻死。**②
夫唯无以生为者，是贤于贵生。③

【译】
人民之所以遭受饥荒，是由于在上的统治者吞吃赋税太多，因此人民才陷于饥饿。人民之所以难于管治，是由于在上的统治者多事妄为，因此人民就难于管治。人民之所以轻生赴死，是由于在上的统治者一味满足私欲，奉养丰厚，因此人民轻生赴死。

那些恬淡无欲，放弃一味满足欲望来追求生活享受的做法，比起搜刮民脂民膏来厚养生命的做法要高明。

【注】
①　有为：统治者强作妄为，苛捐杂税，决策无常。无为是顺其自然，有为当然就不自然。与陈荣捷译文"does too many things"[1]相比，"interfere"更能体现因统治者的妄为而使人民不能顺应自然之意生活的状态。

②　以其上求生之厚：由于统治者横征暴敛，民脂民膏搜刮尽净，奉养自己的生命过于丰厚奢侈。王弼本无"上"，陈鼓应

---

[1] Wing-tsit Chan, *A Source Book of Chinese Philosophy*, Princeton: Princeton University Press, 1963, p. 174.

据傅奕本补[1]。董平据帛书甲、乙本认为不必改动[2]。

③ 无以生为：不因为纯粹求生而有所作为，即恬淡无欲，无所作为，不用过分奢侈丰厚的奉养来养活自己机体和生命。贤：胜过、超过；"贵生"是厚养生命；董平认为"贤于"是"善于"，"贵生"是老子本意[3]，可备一说。这是希望统治者不以纯粹求生为生的欲望和目的，导致民众无法生活。

【明意】

身体固然为心意创生之境，所以要多加护持，但如果奉养过分，尤其是用搜刮民脂民膏的方式来过分奉养，就走向了养生的反面。"生生趋利，为死之元也；无身去利，为生之根也"（《老子指归》）[4]因为养自身之意不宜伤民众之身，进而伤民众之意，所以养生很重要的意义是养身，养身源于爱身，但老子认为，要以无身之意来爱身，才能真正保有生机，也就是说，统治者要放下自己的身体，不去搜刮民财来奉养自己的身体，而是用生意去奉养民众，让民众的自然之身、自然之意得以自然成长，这样才能真正养自己的身，从而延伸身之生机和生气。

通于自然之意的得道者，知道身体的奉养是一个与天地阴阳之气交互的过程，要使自己的身体得到好的奉养，就要让周围人的身体也得到生养。如果不让周围人的身体得到生养，周围人的生气就不会来涵养你，那样你的生养也就受到影响了。所以自然之意的涵养需要创造一个适于生养自然之意的情境，让自然之意于一个生机盎然之境中生发创生，让每时每刻的自

---

[1] 陈鼓应注译：《老子今注今译》（参照简帛本最新修订版），商务印书馆2003年版，第330页。

[2] 董平：《老子研读》，中华书局2015年版，第268页。

[3] 同上书，第268页。

[4] 《老子》，（汉）河上公注，（三国）王弼注，（汉）严遵指归，刘思禾校点，上海古籍出版社2013年版，第200页。

然之意有充分饱满的生命能量。道家的生机比儒家多一层境界的意味，儒家悟得的天地自然生生之机，落实于"开物成务"的人间世事上；道家领悟生生的天道，用以保持身体的生机，与外境和谐生生，这更多是境界意义的，因为道家既无所谓开物，也无所谓成务，只想"与道为人，与天地友，长生久视"（《老子指归》）[1]，无论开物，还是成务，都在无为之中为，有为如若无为，以无为的心意境界有所作为。

---

[1]《老子》，（汉）河上公注，（三国）王弼注，（汉）严遵指归，刘思禾校点，上海古籍出版社2013年版，第200页。

第七十六章　强死柔生

人之生也柔弱，其死也坚强。①草木之生也柔脆，其死也枯槁。②故坚强者死之徒，柔弱者生之徒。③

是以兵强则灭，木强则折（shé）。④强大处下，柔弱处上。⑤

【译】

人活着的时候身体是柔软的，死了以后身体就变得僵硬。草木活着的时候是柔软脆弱的，死了以后就变得干硬枯槁。所以坚硬而刚强的东西属于死亡的类型，柔软而谦弱的东西属于生存的类型。

因此，兵力强盛了就会遭到灭亡，树木强大了就会遭到摧折砍伐。凡是强大的，总是处于下位，凡是柔弱的，反而居于上位。

【注】

① 生命过程之道都是如此，开始柔弱，后来坚硬。"柔弱"指有机体活着的时候是柔软的；"坚强"指有机体因为情欲发动，气血流失，筋骨逐渐僵硬，最终没有生命气息之后身体就变成僵硬的了。

② 草木：一本在此之前有"万物"二字。柔脆：指草木形质的柔软脆弱。枯槁：用以形容草木的干枯。万物有生命时都是柔软的，无生命之后，都枯干坚硬。

③ "徒"是"类"；"死之徒"是属于死亡的一类；"生之徒"是属于生命的一类。

④ 兵强则灭，木强则折：王弼本作"兵强则不胜，木强则兵"。"兵"意难通，不取"用兵逞强"之意，因为参照"木强则折"，老子强调内因，而不是外因，强调客观规律，而不是主观问题。

⑤ 强大即木之本，柔弱则木之枝条，王弼注清楚。

【明意】

从木本强大居下，枝条柔弱居上可悟"强人不得为王，强木不得处上"（《老子指归》）[1]，人当自居柔弱以保生机，因保有生机方能维持在生命活力的优势状态。自然之意在其生生不息的时候，是软弱而有活力的。比如草木，阳力拉升上扬的时候，生生不息，而自然之意不断新生新成。

在天地之间阴阳之气不停地交流而保有生机。一旦草木枯萎，则其气与天地之间的阴阳之气不再交换，马上僵硬、脆弱，一切机体都是这样。阳力在其中拉升阴质，则生生之力显现彰明，一旦阳力不再有力，阴力立即下坠萎蔫、枯脆，不再是有生的机体了。阴阳交感之力，在一切机体上的显现都是如此，可谓是有机体生机的本质。阳气在机体中的表现为神明，即自然之意的意识显化，能够收摄转化外物，化外境的能量为内在的意识能量，涵养能量低者足以养生善死，容光焕发；高者足以神游四海，超越世间，以致精神万古不毁，为后世神明与智慧之源泉。

所以通达自然之意的人，意会自己的自然之意接续天机，从而每时每刻能够保持自然之意的生生不息，不会因周围情境的变化而有丝毫伤害生生之气的私心。正是因为知道如何保持自然之意的生生不息，也善于创造一个生生不息的身体关联之情境（body-in-creativie-context），机体的阴阳之气时刻交流，保养和气，随顺自然之意而生长发育。

---

[1] 《老子》，（汉）河上公注，（三国）王弼注，（汉）严遵指归，刘思禾校点，上海古籍出版社2013年版，第203页。

第七十七章　损余补缺

天之道，其犹张弓与（yú）？高者抑之，下者举之，有余者损之，不足者补之。① 天之道，损有余而补不足。② 人之道则不然，损不足以奉有余。③

孰能有余以奉天下？唯有道者。是以圣人为而不恃，功成而不处（chǔ），其不欲见（xiàn）贤。④

【译】

天道的作用，不是很像开弓射箭吗？弓箭抬高了就往低压一压，弓箭压低了就往高抬一抬。拉得过满了就减点力量，拉得不足了就增点力量。天道的作用是减损有余的，增补不足的。可是现实社会的人治之方却不是这样，要减损不足的，来增补供奉有余的人。

那么，谁能够减损有余的，去奉养天下人的不足呢？只有得道的人才可以做到。因此，圣人作育万物而不自恃己能，成就万物而不自居其功，不愿意显现自己的贤能。

【注】

① "张弓"可有两解，一是施弦或者上弦于弓；一是开弓射箭[1]。这里主要是用张弓来比喻政治公平。弯弓射箭要想射中，必须不高不低，不张不弛，恰到好处。"与"通"欤"，

---

[1] 参黄克剑《老子疏解》，中华书局2017年版，第703页。

助词。

② 天之道：王博认为，老子剔除了传统天道观念中的神意内容，发展出了天道自然的观念。[1]《谦卦·彖》："天道亏盈而益谦，地道变盈而流谦，鬼神害盈而福谦，人道恶盈而好谦。"《丰卦·彖》："日中则昃，月盈则食，天地盈虚，与时消息。"说的都是天道的自然公平。

③ 人之道：指现实社会不合理的人治之方。既然大道自然，不分好坏优劣，那么，不合理的人治就是"人之道"，是人有意为之的道，不再是道自然流行的本然状态了。人道应该合于天道，这是《道德经》的基本思路，跟《周易》"推天道以明人事"的思路一致。

④ 帛书甲本作"孰能有余而有以取奉于天者乎？"乙本作"夫孰能又而有以取奉于天者？""见"即"现"，显现，展示；"见贤"就是把自己的贤才展示于天下，老子认为这是违背天道的，贤不是多财，是贤能，是善，不宜显现，否则招人妒忌，招天妒忌，要担心天道降下的祸殃。

【明意】

正如《中庸》借助射箭的比喻"射有似乎君子。失诸正鹄，反求诸其身"一样，老子认为，社会公平公正的合理分寸掌握在施政者、掌权者的手中，是统治者的心意状态决定其施政是否能够达到目标。当然，这里的目标是静止的靶子，等于把社会公平、秩序和程序正义的目标看作静止的，其实，这也是一个假定，而且这个假定有不少问题。这种把社会公平正义的理想静止化来思考的方式，与罗尔斯的"无知之幕"假定异曲同工，都希望每个人得到公平的对待，每个人都有公平的生存权、发展权，可是，面对现实，这只能是纯粹理想的假定状

---

[1] 王博：《老子思想的史官特色》，文津出版社1993年版，第52页。

态，因为社会阶层和利益的复杂程度，导致公平正义的状态其实是不断变化的，公平正义的现实状态更多的是动态的博弈和平衡状态。也就是说，理想的社会政治公平受制于历史与现实、经济与身份等复杂因素的困扰，很难固化为一个静止的目标，更不是一个统治者心正或者弯弓射箭的姿势正确，用力得当，效果就必然精准命中的，也不是一个"无知之幕"这样的理论假定就有助于解决现实困境的。

这样的理论与现实之间的矛盾与困境从古至今都不易化解。老子和《周易》一样，诉诸天道的自然损益，以表达对人间无论如何损益都不可能公平正义的不满。如今"人之道"没有变化，看起来自由竞争，骨子里弱肉强食，人在现实社会生活中的道都是自私的，益了还要增益，损了别人还要继续伤害他人，于是社会越来越没有公平正义。老子期待理想的社会当中，天地能够起作用。至少，如果统治者希望实现善治，就必须顺从天道，但这种天道不是因为对人间公平的绝望而诉诸宗教性的、外在的、超越的、好像上帝给出的天国秩序，而是天地自然之意，虽然人间看不到公平正义，但不必绝望，人间处处可以有天道，人念可以回到天道。老子和《周易》都对人的意念之间，可以瞬间让天道彰显充满信心。

天地自然之意在生生不息的过程之中，有能力及时地自我调整，自我损益，从而达到与周围情境的自然平衡与和谐。通于天地自然之意的圣人顺从天地之生意而修为成事，所以不会自以为是，以为天地万物的生成是由于自己的创造和成功，即使个人有所成功也不宜认为是自己的努力所致，而应认为是自然之意生成发展的自然结果，所以得道之人不会故意彰显自己的贤明，因为人的心思、智巧、德性在自然成事的过程当中只是起辅助的作用，而不是起主导的作用，更担心因为自己显露聪明才智，善德贤能，不仅仅招来他人的妒忌和敌意，甚至可能招来天妒天谴，被天道平衡。这时候的"天"不是一个人格神，而是一个无形意的有意志者，它可能会在人间重新起到平衡作用，实现天地之"和"，即重新的平衡。所以有道的人顺自然之意而建功立业，成就事业于无形之状，建立功名于虚无之中，寂寞空虚，不着行迹，如天地生物，无形无相，无影无踪。

第七十八章　弱水胜强

天下莫柔弱于水，而攻坚强者莫之能胜，以其无以易之。①弱之胜强，柔之胜刚，天下莫不知，莫能行。②

是以圣人云："受国之垢，是谓社稷主；受国不祥，是为天下王。"③正言若反。④

【译】

天下没有比水更柔弱的东西了，而攻坚克强的能力却都无法胜过水，是因为水（柔中带刚）不能被任何东西改变。弱小能胜过强大，柔软能胜过刚硬，天下没有人不知道这个道理，但是没有人能践行它。

所以圣人这样说："能承担全国的污垢和屈辱，才配做社稷的主人；能承担全国的灾殃和祸患，才配做天下的王者。"正面的话听起来好像在反着说一样。

【注】

① "易"是改变，一说替代、取代，无法改变更符合水的本性。"无以易之"意为没有什么能够改变它（的方向）。帛书甲、乙本"其"前有"以"，表原因，意思更明了。水柔中带刚，无论任何东西都无法改变水向"下流"的倾向，水的内在能力、韧性很强大，而物之间比的是内在的能力和韧劲，而不是表面的刚柔强弱。《周易》坎卦也说明水柔中带刚，坎卦中间的刚爻象征坎水有坚强柔韧的意志力。

② 柔弱胜刚强是需要时势条件的，老子只是强调内在的能力区别，而没有强调外在的时势条件，当然，带有鼓励弱者，或者要求强者知道守弱的好处，也有领悟后自己去创造一定的外在时势条件的意思。

③ 垢，屈辱。"受国之垢"意为容受国人对他的诟病和羞辱。"不祥"是灾难和祸害。"受国不祥"意为承担全国的祸难。统治者当有天道一般宽广的胸怀，能够经受一切磨难，承担一切苦难的磨砺。正言若反：正面的话好像反话一样，如陈荣捷英译"straight words seem to be their opposite"[1]。

④ 老子的正言合道，总是用否定的方式表达出来。"反者道之动"，"道言"本身就当反着说。

【明意】

柔弱之所以能胜刚强，是因为代表了自然之意的正当存在方式，也就是自然之意以柔顺弱势的方式自然而然地呈现出来，但正如水之下流无可改变，自然之意的发动中带出巨大的力量，只有通达自然之意的人才能意会这种无坚不摧的意志力。所以运用自然之意行于世间，虽处处谦柔居下，但可以无往不胜。

可是这样的道理真正能够实践的人很少很少。所以圣人会把通于天地的自然之意作为根本的状态加以持守，认为只有承担国家的污垢、屈辱、灾殃和祸患才反而可以具备真正领导邦国的心意之力。当国君发愿为民承担一切苦难，则百姓必然爱如父母，随如臣妾，赴汤蹈火，在所不辞。

领导力的刚强，不在表面的力量，而在与民同心，愿意为民承担一切苦难，引导百姓同仇敌忾，建立无坚不摧的心意共同体的力量。老子虽然没有明确的宗教悲剧情怀，但其对领导人自我牺牲的要求，几乎接近耶稣之死，虽然没有复活的神话，但要求

---

[1] Wing-tsit Chan, *A Source Book of Chinese Philosophy*, Princeton：Princeton University Press, 1963, p.175.

领导人在全国的诋毁诟病面前坚强如水而不死,那样才真正有可能成为社稷的共主。换言之,领导力的核心是置之死地而后生,向死而生,绝处逢生,必须成为领导意念创生的合理情境,也就是说如阳意创生需要以阴质为情境,领袖的意念阳光需要以全国人民心思意念的阴霾为其情境。这个如水之就下的情境,当中涵纳了全国人民心意所有负面的能量,领袖的心意才能真正铸就正面的力量——顺应人民的自然之意。

第七十九章　天与善人

和大怨，必有余怨，安可以为善？①
是以圣人执左契，而不责于人。②有德司契，无德司彻。③
天道无亲，④常与善人。⑤

【译】

一般人调和深重的怨恨，必然还会留下残余的怨恨，这哪里能够算得上是好事呢？

因此，圣人手里虽然拿着放贷的契约，但并不拿着凭证向债务人讨债。有"德"之人只是主管契约，宽厚而不向人索取，无"德"之人就像掌管税收那样计较苛刻。

天道对任何人都没有偏爱，永远佑助有德的善人。

【注】

① 虽然一般人与圣人不同，但调和深重的积怨，很难算是妥善的办法。陈柱、严灵峰、陈鼓应以为"报怨以德"原在六十三章内，但据上下文意应在本章内[1]。董平不同意[2]，今从。

② 契：契约，债权人拿着的借据。责：索取所欠。

③ 司彻：掌管税收的官职。"彻"是取、剥之意，指周代

---

[1] 参陈鼓应注译《老子今注今译》（参照简帛本最新修订版），商务印书馆2003年版，第341页。

[2] 参董平《老子研读》，中华书局2015年版，第276—277页。

④ 无亲：没有偏亲偏爱。英译多为"favorite"，Arthur Waley译为"without distinction of persons"，类似于第五章"圣人不仁，以百姓为刍狗"。《周书》："皇天无亲，惟德是辅"，说天道自然没有偏私，没有西方上帝那样的主宰者给出律法之意。

⑤ 善人：善良善意之人。只要起心动念皆顺天地自然之意，即得天地自然之善，则天道自然佑助，如有神助，如《周易·大有·上九》"自天佑之，吉无不利"所言，天道公平，无有亲疏，一切好坏都是自己造成的，好自为之，坏自为之，上天有好生之德，善有善报恶有恶报，心意为善，如有天助，自求多福；心念为恶，天则无助，自承恶果。

【明意】

有德之人顺应自然之意而起心动念，不会以债务的凭证作为索取的依据，因为知道自然之意没有太多的严苛计较。天道自然回转，得失皆有天意。所以要把得失之心轻轻放下，即使有怨恨也可以顺其自然。

刻意修补怨恨并不能达到目标，不必总觉得自己是受伤的一方，因为天道好坏没有偏失，一定会给予必要的公平，所以只要顺应天道自然之意，成就天道自然之善。顺应天道自然之意的人时刻护持天道自然之善，不会介入怨恨、讨债这样伤害善德的计较之中。其化境是意念未动而天下响应，号令未出而万物随顺，民心相应，如响随声，如影从形，善念在左，则民心响应在右。

因为觉得会倾向于相信天道的自然状态没有偏私，所以觉得没有必要介入分别之意。意念不介入分别才能成就全德，这是天道自然之意的应有之意，可是却很难把握好其中的分寸。可正因为难，所以领悟自然之意的圣人，要尽力护持维系成全天道自然之善，起心动念无所分别，皆在天道自然之善的原生本体状态之中，以此作为意念创生之境（context of intentitional creativity），成就意念创生而全善的生命。

第八十章　小国寡民

小国寡民^①。

使有什伯（shí bǎi）之器而不用，使民重死而不远徙。^②虽有舟舆，无所乘之；虽有甲兵，无所陈（zhèn）之。^③

使人复结绳而用之。^④甘其食，美其服，安其居，乐其俗。^⑤邻国相望，鸡犬之声相闻，民至老死不相往来。^⑥

【译】

国土要小，人民要少。

即使有十倍百倍的人工器具，也不去使用它们；使人民爱惜生命，而不轻易向远方迁徙。虽然有船只车辆，却没有必要去乘坐；虽然有铠甲兵器，却没有战事去排兵布阵。

使人民好像回复到远古结绳记事的自然状态之中。人民觉得自己吃的饭菜香甜，自己穿的衣饰美观，自己住的房子安适，自己过的风俗喜乐。邻国接壤相互望得见，鸡鸣狗叫的声音相互听得到，但人民从生到死，一辈子不必互相往来。

【注】

① "小"通常理解为"使……变小"；"寡"是"使……变少"，表示老子的倾向性，认为要使国家变小，使人民稀少，但此解未必合适。"小国寡民"当然可以理解为一种理想的社会状态，即国小民少则民风醇厚，易于无为而治。但应该不是真的要把国家变小，人民变少，而是说，不管多大的国家，都应该按

照国家很小，人民很少的理想治国方式，也即无为而治的治理方式来统治。可见老子反对大国主义，霸权政治。由此可见，"小国寡民"不是真正的国小民少，而是要进入善治的状态，让天下人民之心尽皆归附。

② 使：即使。什伯：十倍百倍，意为极多；什伯之器：各种各样的人造器具，不仅仅包括兵器，应该包括"家什"，即人民生活的各种用具；黄克剑认可明释德清解"器"隐喻贤能之人[1]，但人造器具不必引申为贤人，故不取。重死：看重死亡，即不轻易冒着生命危险去做事。徙：迁移、远走。人民乐于生活在自己的国家，不离开故土，为了享受有道之君的善治，宁愿肝脑涂地，也不离开父母之邦。

③ 舆：车子。甲兵：用于战争的武器装备。陈：通"阵"，陈列，引申为布阵打仗。圣人顺自然之意治国理政，人民都不去远方，所以没有必要乘车坐船；圣人之治足以转死器为生力，化干戈为玉帛，所以不会引发战争，也就没有战场去排兵布阵，当然不会让百姓轻易死亡，人民都安居乐业，没有生命危险，于是民意强固，天下归心。

④ 结绳：文字产生以前，人们以绳记事。《周易·系辞下》："上古结绳而治。"君心唯顺自然之意，简单明了，民心更加简单，唯顺君心，有利不迁。这是一种假设的理想状态，不应理解为要求人们必须回到那样的上古时代去生活，而是好像生活在一种极度简朴的时代。

⑤ 甘其食，美其服，安其居，乐其俗：使人民自己觉得吃得香甜，穿得漂亮，住得安适，过得习惯。人民精神强固，魂魄合一，性命双全，无欲则刚，民与君同生共死，也就对他国他事无所用心。人民的心意不流于身外的物欲，反而能够与统治者齐心协力，以统治者的心意为心意，全民众志成城的时候才是国家真正强大和强盛之时。

---

[1] 参黄克剑《老子疏解》，中华书局2017年版，第738页。

⑥ 有道的社会，有良好的基于自然之意的公共秩序，既然每个人都安分守己，醇美和平，也就没有交流和交往的必要。这与儒家"大道之行也，天下为公"致力于建构公共秩序的大同理想很不相同，因为大同要求大家都去私为公，有以公压抑甚至压制私的倾向，而且历史上，虽然为了这种大同理想前赴后继，但基本上难以成功，反而不断上演假公之名灭私之实的悲剧。反观老子的恬淡安适，除了有美学的意味之外，更有救人于欲望之水火的深慈大悲之心。这里，理想社会中人与人之间互相不打扰的状态，如 Jerry C. Welch 的译文"they will not bother them, coming and going"[1]体现的是老子认为的大道流行的状态。

【明意】

顺天道自然之意而统治，是为了实现善治，即统治者与百姓的意念皆善的境界得以彼此成全，互相成就。理想的状态是大家相安无事，不生机心，不用人造的器物，而一切应因自然，才是真正自然而然的自治状态。一旦人与天地自然之物，与动物之间回到一种原生质朴的生活情境当中，那么所有人与事的人造之意都自然消解，回归顺应自然之意。

人民和统治者的一切都要因应自然之意而生、而长、而动，没有太多的造作，没有窃取或强加的私心私意。自然之意通过国家的自然状态得以实化。当然，这种说法的理想化色彩非常明显，那就是心意回归自然，其实需要一些文明进步之后无法回去的条件，而事实上回去的可能性也微乎其微。但不能理解为，既然文明的发展使人们偏离自然之意，那么在现代生活中，人们就无法回复和领悟自然之意，这样就把现代文明与自然之意彻底对立了。应该说，这样对立性的理解是偏颇的。现代文明固然人为的成分多一些，但人并未完全丧失回复与理解自然之意的能力，

---

[1] Jerry C. Welch, *The Tao Te Ching by Lao Tzu*, Mawangdui version, 1998, http://spirit-alembic.com/thou.html.

人们仍然可以保有和体察心思意念与自然相通的状态。

达到善治的国家，是因为统治者顺应天道自然之意来治国，不仅自己的国民甘俗美服乐俗，而且能够吸引他国人民风闻而至，争相亲比。可见，人心顺乎天道，则天下归之，可以跨越天险地阻，甚至可以成为治世之楷模，跨越历史时空，引万世之民敬仰不穷。

通常认为，最后一句是"一辈子不互相往来"，其实应该理解为"一辈子不必互相往来"。"一辈子不互相往来"这种事实描述，基本上不可能发生，虽然文义上夸张，故意造成特殊的效果。其实还是需要回到自然之意的角度来看。这是因为，人生存的情境，本身就是自然之意发动的场域，一切顺生顺死，那么人与人之间的交流，从自然本体上看，都是"不必"的，也就是从道的终极状态来看，都是没有意义的，所以怎样都好，不必刻意求个体之间的感通和交往，由此当然可见老子反对儒家对人伦的执着，不把此生维系关系、建功立业看作人生价值的立足点。

道家把人生的自足自乐建立在顺道而行上，儒家把人生价值的实现可能寄托在与此生同行的人际关系和社会生活之中。可见，道家与儒家看待生命价值的角度明显不同，对儒家而言，仁爱他人是定言命令，是生命的应当；对道家而言，顺应自然才是定言命令，仁爱既可能伤害他人，也可能伤害自己，所以自己顺自然之意而行最为紧要。

第八十一章　天道生生

信言不美，美言不信。^①善者不辩，辩者不善。^②知者不博，博者不知。^③

圣人不积^④：既以为（wèi）人，己愈有；既以与人，己愈多。^⑤

天之道，利而不害。^⑥圣人之道，为而不争。^⑦

【译】

信实在道的话不华美，华美的话不信实在道。善为道者不巧辩，巧辩的人并不善于行道。有真正关于道的知识之人，不会卖弄广博；卖弄广博的表面知识之人，不可能拥有关于道的真知。

得道的圣人对于外物没有任何占有之心：越是帮助别人，自己越是充足；越是给予别人，自己越是丰富。

天之道，造福万物而不伤害它们。圣人通天而顺自然之意，施助万物而不与万物相争。

【注】

① 信言：信实之言，（得道之人，德性深厚，德行圆满，其说的都是）真实可信的话不需要华美的文饰。孔子曰："巧言令色，鲜矣仁。"（《论语·学而》）修饰得过分华丽的言辞，动听的辞气，其实未必真实可信。

② 善者：通常理解为言语行为善良的人，但应该是善（于为）道者才更合适。善道之人，德充其身，含敛光华，不辩而通

天地。即"动合天心,静得地意,言无不通,默无不利,谓之善"(《老子指归》)[1]。张钟元译文"One who is proficient does not depend on verbal disputation"[2]能够传达这种意味。"辩"是巧辩、能说会道。专注体悟于实践自然之意的得道之人,不在乎言辞的华美,不在乎他人的误解,自然在道,自然行善,不与外人争辩。

③ "博"是在表面的、现象界的知识方面显得广泛而渊博。"知"是关于道的真知,是穿透现象看透终极实在的自然之意的本真的"知",得道的"知"。真正领悟自然之意之人,未必具有广博的现象之知,而广于闻见之知的人,未必对自然之意有体悟和真知。孔子说:"吾有知乎哉?无知也。有鄙夫问于我,空空如也,我叩其两端而竭焉。"(《论语·子罕》)庄子说:"吾生也有涯,而知也无涯。"(《庄子·养生主》)求道之人,体悟自然之意,而不在乎表面广博的见闻之知。

④ "圣人"是通达自然之意的有道之人;"不积"是不积聚和蓄积外物,对外物没有占有的欲望。有道之人,达道而虚,与物无对,无从自私,也无须储集私"己"之物。

⑤ 圣人语默动静,皆如天行,意念发动,及于万物,称物平施,竭己为人,生人成己。因其为人,而能成己,如天助人,生人生物,成己成物。

⑥ 圣人通达自然之意,即天道自然生长成就之意,普施博化,利益群生,万物因圣人之意,自然生长发育,而感受不到伤害之意。

⑦ 圣人之为道,自然在道,念念不离自然之意,其语默动静,本身就是天道的显明,其深契道体如此之深,意念发动如此之明,意通于道,光明朗照。

---

[1] 《老子》,(汉)河上公注,(三国)王弼注,(汉)严遵指归,刘思禾校点,上海古籍出版社2013年版,第216页。

[2] Chang Chung-yuan, *Tao: A New Way of Thinking. A Translation of Tao Te Ching*, New York, 1975.

【明意】

关于大道的言说，或者自然之意的言说，平淡无奇，从容中道，不需要华美的辞藻，不需要动听的音调。在道之言，不务华美，也不辩明，因为心意专注于自然之意的正道，而不思外求，即使被误解，也不辩诬，不让自己的心思意念被邪魔外道引诱偏离。治国之人，要在持道，意念发动，必达全境，不务外知，不求博识，不可为私意牵绊。

通达自然之意的圣人，意念之发，及于宇宙之全体，明体达用，动与天行，静合地势，没有私欲，没有己念，不辨名实，不求道德，自然在道，进退从容。自然之意利人、利物，而无害人、害物之意。人们顺天地自然之意，成就天地自然之善，可以非常完美，可堪比于亚里士多德的至善境界。《道德经》以求天道之至善为终，圣人之道顺天地自然之意，成就天道自然之善，只为善而不分别、不争斗。因此，圣人修道可以说是自然之意的领悟、积存和完成。

天道生生，圣人生人。天地之道，生人养人，圣人顺应天地自然之意，就是为了成就天道自然之善，一种无分别的、全然至善的、由后天反先天的自然之善。圣人无私无我，为道行道，与天地合德，与万物齐通，通达天地自然之意，本身就是念念成就天地自然之善。这就是《道德经》哲学的根本落脚点：顺应天地自然之意，成就天道自然之善。

参考文献

一 中文文献

安乐哲、郝大维:《道不远人——比较哲学视域中的〈老子〉》,何金俐译,学苑出版社 2004 年版。

陈鼓应注译:《老子今注今译》,中华书局 1984 年版。

陈鼓应注译:《老子今注今译》(参照简帛本最新修订版),商务印书馆 2003 年版。

陈鼓应主编:《道家文化研究》(第十五辑),生活·读书·新知三联书店 1999 年版。

陈鼓应、白奚:《老子评传》,南京大学出版社 2001 年版。

崔大华:《庄学研究》,人民出版社 1992 年版。

陈霞:《道家哲学引论》,中国社会科学出版社 2017 年版。

常青:《〈道德经〉在英美的复译与嬗变》,鞍山师范学院学报 2018 年版第 3 期。

曹峰:《中国古代"名"的政治思想研究》,上海古籍出版社 2017 年版。

曹峰:《老子永远不老——〈老子〉研究新解》,中国人民大学出版社 2018 年版。

董平:《老子研读》,中华书局 2015 年版。

杜保瑞:《反者道之动:老子新说》,华文出版社 1997 年版。

[德]汉斯-格奥尔格·梅勒(Hans-Georg Moeller):《〈道德经〉的哲学:一个德国人眼中的老子》,刘增光译,人民出版社 2010 年版。

丁四新：《郭店楚墓竹简思想研究》，东方出版社2000年版。
丁巍："老学典籍考：二千五百年来世界老学文献总目"国家社科基金项目（97BTQ004），《自然·和谐·发展：弘扬老子文化国际研讨会论文集》，中州古籍出版社2006年版。
傅佩荣：《傅佩荣译解老子》，东方出版社2012年版。
高亨：《重订老子正诂》，古籍出版社1956年版。
高明：《帛书老子校注》，中华书局1996年版。
贡华南：《味觉思想》，生活·读书·新知三联书店2018年版。
辜正坤译：《道德经：附楚简〈道一生水〉：The Book of Dao and Deh (with the Bamboo Slip-text: The Great One Begot Water)》，中国出版集团，中国对外翻译出版公司2006年版。
黄克剑：《老子疏解》，中华书局2017年版。
《老子》，河上公注，王弼注，严遵指归，刘思禾校点，上海古籍出版社2013年版。
楼宇烈：《王弼集校释》，中华书局1980年版。
楼宇烈：《老子道德经校释》，中华书局2008年版。
李零：《郭店楚简校读记》，北京大学出版社2002年版。
李零：《人往低处走：〈老子〉天下第一》，生活·读书·新知三联书店2014年版。
罗义俊：《老子译注》，上海古籍出版社2012年版。
刘笑敢：《老子古今：五种对勘与评析引论》，中国社会科学出版社2006年版。
罗安宪：《老庄论道》，沈阳出版社2012年版。
《哲学研究》编辑部编著：《老子哲学论集》，中华书局1959年版。
赖贤宗：《道家诠释学》，北京大学出版社2010年版。
李佳蔚（李冲）：《中西比较视域下女性意象词与"道"的关系》，中国人民大学哲学院2016年硕士论文。
李艳：《20世纪〈老子〉的英语译介及其在美国文学中的接受变异研究》，湖北人民出版社2009年版。

林语堂：《老子的智慧》，陕西师范大学出版社2006年版。

（明）王夫之：《老子衍》，中华书局1962年版。

（明）憨山：《老子道德经解》，崇文书局2015年版。

马恒君：《老子正宗》，华夏出版社2014年版。

马祖毅、任荣珍：《汉籍外译史》，湖北教育出版社1997年版。

饶宗颐：《老子想尔注校正》，上海古籍出版社1991年版。

任继愈：《老子绎读》，北京图书馆出版社2006年版。

任法融：《道德经释义》，东方出版社2017年版。

（宋）苏辙：《道德真经注》，华东师范大学出版社2010年版。

宋常星：《道德经讲义》，台北：三民书局1970年版初版。

［德］叔本华：《作为意志和表象的世界》，石冲白译，商务印书馆2009年版。

唐明邦：《论道崇真集》，华中师范大学出版社2006年版。

王中江：《老子》，国家图书馆出版社2017年版。

王博：《老子思想的史官特色》，文津出版社1993年版。

温海明：《儒家实意伦理学》，中国人民大学出版社2014年版。

吴根友：《道家思想及其现代诠释》，上海交通大学出版社2018年版。

（汉）严遵：《老子指归》，王德有点校，中华书局1994年版。

（元）吴澄：《道德真经注》，文渊阁四库全书本。

朱谦之：《老子校释》，中华书局1984年版。

张其成：《张其成全解道德经》，华夏出版社2017年版。

张祥龙：《海德格尔思想与中国天道：终极视域的开启与交融》（修订第三版），中国人民大学出版社2011年版。

郑开：《道家形上学研究》（增订版），中国人民大学出版社2018年版。

Arthur Waley译：《道德经》中英对照版，外语教学与研究出版社1999年版。

二 英文文献

Arthur Waley, *The Way and Its Power, A Study of the Tao Te Ching and Its Place in Chinese Thought*, Grove Press, 1958.

Chang Chung-yuan, *Tao: A New Way of Thinking. A Translation of Tao Te Ching*, New York, 1975.

Wing-tsit Chan, *The Way of Lao Tzu*, translated, with introductory essays, comments, and notes, New York, St. John's University Press, 1963.

Hansen Chad, *Daodejing: On the Art of Harmony*, New York: Shelter Harbor Press, 2017.

D. C. Lau, *Lao Tzu: Tao Te Ching*, London: Penguin, 1963;

D. C. Lau, *Tao Te Ching*, Hong Kong: Chinese University of Hong Kong Press, 2001.

Charles Q. Wu, *Thus Spoke Laozi: A New Translation with Commentaries of Daodejing*, Honolulu: University of Hawaii Press, and Beijing: Foreign Language Teaching and Research Press, 2016.

Charles Muller, *Tao Te Ching, Introduction and Noted by Yi-Ping Ong*, New York: Barnes & Noble Classics, 2005.

http://www.marxists.org/reference/archive/lao-tzu/works/tao-te-ching/tao.htm.

https://terebess.hu/english/tao/_index.html.

James Legge, *The Texts of Taoism: The TaoTeh King (Tao Te Ching); The Writings of Kwang-dze (Chuang Tzǔ)* 2 vols. Oxford: Clarendon Press, 1891.

Jerry C. Welch, *The Tao Te Ching by Lao Tzu, Mawangdui version*, 1998, http://spirit-alembic.com/thou.html.

Yutang Lin, *The Wisdom of Laotse*, New York: Random House, 1948.

Paul J. Lin, *A Translation of Lao Tzu's Tao Te Ching and Wang Pi's*

Commentary, Ann Arbor, MI: Center for Chinese Studies, University of Michigan, 1977.

Roger Ames and David Hall, *Making This Life Significant: A Philosophical Translation of Daodejing*, New York: Ballantine Books, 2003.

Robert G. Henricks, *Lao Tzu's Te-Tao Ching: A New Translation Based on the Recently Discovered Ma-Wang-Tui Texts*, New York: Ballantine, 1989.

Robert G. Henricks, *Lao Tzu's Tao Te Ching: A Translation of the Startling New Documents Found at Guodian*, New York: Columbia University Press, 2000.

Isabelle Robinet, *Taoism-Growth of a Religion*, Stanford: Stanford University Press, 1997.

Red Pine, *Lao-Tzu's TaoTeChing* (with selected commentaries from the past 2,000 years), Port Townsend, Washington: Copper Canyon Press, 2009.

Stephen Addiss and Stanley Lombardo, *Tao Te Ching, Lao-tzu*, Introduction by Burton Watson, Boston & London: Shambhala, 2007.

Stephen Mitchell, *The Tao Te Ching by Lao Tzu*, 1988.

Victor Mair, *Lao Tzu Tao Te Ching: The Classic Book of Integrity and the Way: A New Translation based on the Recently Discovered Ma-Wang-Dui Manuscripts*, Bantam Books, 1990.

Wing-tsit Chan, *A Source Book of Chinese Philosophy*, Princeton: Princeton University Press, 1963.

后　　记

　　书成之时，回忆今生与《道德经》最早的缘分，当在我年幼之时，跟随家父记诵一些《道德经》的名言警句，小时候虽然知道有这本书，但对"道"总是懵懵懂懂。不过，"道"很早就向我开启了无限可能性，在广袤无限的宇宙时空中，在五彩缤纷的大自然中，在浩瀚无边的知识海洋中，在活色生香的生活中，我都在搜寻和体悟"道"的踪影。记得自己从中学到大学时代，《道德经》一直是给我的哲学灵性以巨大启发的书，而真正震撼的感受，是在华东师范大学辅修哲学，受高瑞泉教授导读启发，一读之下，豁然贯通，当下昭昭朗朗，感通证悟大道的实存。从那种证悟之感开始，还曾有多次接引自己当下身意归于通天自然之意的震撼体悟，伴随着自己后来多年阅读、学习、研究和重译、注释、书写《道德经》的字里行间。从读这部书的第一刻开始，到这部书稿交出去给出版社的瞬间，《道德经》都是一部带有"天书"意味的"道"经，是需要"心意合天"才能读得通灵透亮的经典。

　　《道德经》哲学之建构和完成，得益于很多学界师长的帮助。首先，20世纪90年代在燕园中多次拜访求教过陈鼓应先生，其《老子今注今译》可谓当代研究道家的入门必读书，上过许抗生老师、李中华老师的《道德经》课程和王博老师的《庄子》课程，而之前在鹭岛多次结缘的厦门大学中文系王玫教授，以及后来出家的张维（虚古道人）等师友，他们的道家风度对于自己亲近《道德经》多有启发。其次，很多师长在不同程度上接引过自己对《道德经》的研究，其中台湾太一道院黄胜得院长在北大期间设立"道家奖学金"，是对后生晚辈学习道家道教莫大的鼓励和帮助。仍然记得跟北大同学李虎群（现中国政法大学哲学系教授）、柯小刚（现同济大学哲学系教授）、陈振宇（现华夏出版社总经理，副社长）等一起反复背诵《道德经》的日子；与1994年一起考入北大的同学聂保平、聂清、赵海峰的交流，多年之后回味起来，仍然充满道家气象；还有向学长杨立华、郑开、姜长苏请教道家义理的时光，都永远定格在美丽的燕园……青春不再，永逝不返，但关于大道的探索和回应，伴随着自己的青葱岁月，构成时间与大道之间美妙的经验和回忆之"门"。再次，夏威夷大学求学期间，在安乐哲教授翻译《道德经》的研讨班上收获良多，受其引领，对于《道德经》的英译和相关中国哲学经典在海外的传播有了较为深入的理解和切实体会，当时有机会和研究《庄子》的同学 John Trowbridge（乔中哲）一起参与了王蓉蓉（Robin Wang）教授主编《中国经典中的女性主义》一书关于《周易》和道家部分文献的翻译工作。

2006年回国在中国人民大学任教之后，受教研室诸同仁张立文、宋志明、向世陵、罗安宪、彭永捷、杨庆中、干春松、曹峰、刘增光和国学院林光华等的影响，对于《道德经》一直留意，多次开课讲解中英文《道德经》，并曾指导研究生以《道德经》相关题目为题做论文，教学相长，收获良多。教学科研之余，一直有建构《道德经》哲学的想法，也受学界这些年道家研究风起云涌的感召，参加过一些相关的学术研讨会。蒙何建明、张雪松等教授邀请，得以去武当山、崂山、青城山、白云观、东岳庙等道教圣地教学参访。此外，写作过程当中，与黄胜得、孙晶教授等参访台湾道教宫观，与马恒君教授一起参访香港多处道教宫观等，都对于深化此书初稿多有助益。

对《道德经》经文进行整体性重新翻译的工作开始于2015年3月。2015年8月，我在贵阳孔学堂与研究生李芙馥和李佳蔚

（冲）一起研讨《道德经》版本和义理等问题，对白话文初译稿进行讨论和润色，并基本改定白话译文。哲理部分的初稿（即《明意》部分）草于2016年春在美国罗耀拉大学访学期间，也是构思"意本论"的关键时期，王蓉蓉教授的支持构成我完成"意本论"体系的重要因缘，其时林语堂、陈鼓应、刘笑敢、江非诸家《道德经》相关著作对我也多有启发。初稿完成之后，在讲课和讲学期间断续修订，中间多次参加道家研讨会，参与陈霞、谢路军、赵薇等教授举办的相关学术活动，与华夏易道研究院学友王眉涵、江向东、刘娜以及众多业界师友们论学研讨，此过程收获良多，也对义理提升多有启发。同时期的"道德经明解"群、"明诚精舍"群等群里师友们的交流讨论也使我多有收获。除了网络虚体之间的交流外，今生见过众多古今石刻《道德经》中，宽厚里水边有刻写三年而成的《道德经》石刻，可能是除传世名刻之外，是我所见实体《道德经》石刻当中印象最为深刻的。

关于《道德经》版本辨析的著作很多，也多有分析精准到位之作。本书一开始就以哲学创构为主，对于版本源流和文字辨析主要以文字明晰、义理通透、哲理融贯为准，除此之外，对各家版本和中英文译本都不做刻意的褒贬和取舍。本书自觉在方法论上有所创新，新方法论对于本书突破古今中外各家注释得失有相当帮助。本书的写作过程，其实是一个不断面对、突破并穿越古今中外各家注本的过程，先是在白话翻译经文的时候，体会到古今各家注本在措辞和用字上的毫厘得失，推敲考订，如琢如磨，有时经年累月难以敲定；之后在建立"意本论"系统初稿的时候，突破各家对《道德经》既有的哲学诠释，一意融贯，涵摄中外；进而通过重写注释，先突破当今各家主要的注本，体会他们的得失，之后深入历代传世之本的高妙境界，常有如获至宝、神交古代圣哲的兴奋感，和因为义理的通透领悟引发的自我实现高峰体验。

《道德经明意》能够成书的这几年之间，要感谢王利明、李筑、徐圻等帮助我在孔学堂挂职和研修，感谢王蓉蓉教授 2016 年邀请我成为美国罗耀拉大学的 Malatasta 访问学者，这些机缘带来的良好研修条件极有助于集中精力完成书稿。与写作过程相伴的良辰美景，定格在花溪河畔的孔学堂、从前 LMU 校长 Robert B. Lawton 公寓俯瞰太平洋和洛城全景，北美多地、欧洲多国旅行中改稿之时那种光影变幻，道贯古今的梦幻体验，令人心醉神迷，永生难忘。特别感谢郝立新、韩东辉、王宇洁、王易、姜国华、周之江、肖立斌、牛喜平、李焕梅等师友们不同程度的支持和关照，得以助成在世界各地的大学讲学访问之余修改成书。在写作《道德经明意》的这些年当中，我的研究生韩盟、寇哲明（Benjanmin Coles）、孙世柳、秦凯丽、王鑫、李占科、贡哲、周俊勇、赵晨、关欣、尹海洋、陈迪芳、胡继月、刘科迪等对书稿的编辑和修改都有所贡献。感谢中国人民大学哲学院相关领导帮助此成果得到中国人民大学 2019 年度"中央高校建设世界一流大学（学科）和特色发展引导专项资金"支持，感谢常青邀请我成为教育部"《道德经》在英美的译介与译评研究"（14YJC740005）课题组成员。同时也要感谢多年来家人们的无怨支持，助我抵御人世间的风雨，安心思考和写作。最后要感谢中国社会科学出版社凌金良、伊岚、朱华彬诸位编辑为此书得以顺利出版付出的辛劳。

镜天斋主人
2015 年 3 月草于齐州
2015 年 8 月译于贵州
2016 年 3 月解于加州
2018 年 4 月注于欧洲
2018 年 8 月改于槟州
2018 年 12 月成于齐州

壬寅再记

今天，中国哲学正处于如何通过与西方哲学对话才能重构自身并登上世界哲学论域的时代，中国哲学研究应该如何返归古老的哲学文本，继而进行理论创新，可以说是这个时代哲学创造的重要主题之一。《道德经》是中国最古老和最诗化的哲学文本之一，也是历代大多数哲学家进行哲学创构的首选。一个时代的《道德经》解释是否能够推陈出新，往往预示着那个时代的哲学思想是否能够有新的创见。本书在比较哲学视域下，基于对《道德经》不同版本的文字考辨，建构以"自然之意"为中心的意哲学系统，力图开创当代中国哲学研究的新进路。作者立足经文作哲学注解，使此书成为创构意本论哲学系列著作的首作。小书问世之后，引发了一些关注、评论和研讨，在此重申该书被讨论较多也容易误会的几个地方。

首先，该书是哲学创构之作，力求从"自然之意"意本论哲学出发，对《道德经》哲学推出新解。因此不当对本书文本作宗教意味的理解，不应把"天"理解为主宰之天，不可把"道"理解为犹太-基督宗教的上帝和人格神。虽然经典文本的诠释可以见仁见智，但将关于《道德经》的哲学与宗教解释做出区分是作者进行理论创构时的内在意识。

当代学人要发展中国哲学，就要对传统经典进行哲学解释，力图开出新的意义系统，本书做的正是返本开新的经典解释工作。当然新解与经典的本意交织在一起，难解难分。没有本意，就没法推陈出新，但不能说，推出了新意就一定会曲解本意。

《道德经》哲学研究不能绕开文本取舍问题，这方面本书以哲学义理为重心，在文本取舍和诠释方面都有"意哲学"特色。本书在翻译和注释当中，常用互文见义的方法，用不同的词表达"意"与"义"的不同方面，有些意思需要通过同时做动词和名词的表达方式来体现。法国哲学家对于"意"特别关注，他们在消化和转化德国现象学的过程中，提出了有法国味道的现象学思想，这种视角对解读经典之"意"特别有参考价值。本书从"意"的角度对《道德经》的"道"哲学进行重构，转化为"意本论"哲学体系，并努力推陈出新。

其次，这是一部比较哲学视域中的中国哲学著作，所以"意本论"的建构多在回应西方哲学问题意识，通过译、注、意诠释系统再造《道德经》的哲学。作者反对简单套用西方哲学的问题或逻辑框架，反对将《道德经》哲学生吞活剥、生搬硬套放进西方哲学问题框架当中的做法，而希望通过借助意本论来诠释和解读《道德经》的深层哲理，在意义的生发和澄明过程中回应西方哲学问题意识，实现沟通和对话，从而建构具有原创性的哲学理论。如果从"中国哲学问题意识"角度提出追问，如"意本论"的"本"是道论，还是本体论问题？"意"是认识还是存在？是价值的根源，还是形而上的本原？本书每章梳理吸收中外《道德经》注解，对文本展开哲学思辨，在阐发的基础上检证思考，从而努力"做中国哲学"，让《道德经》哲学实现哲学化（philosophizing）的突破，进而推动中国哲学国际化。

"道本体"和"意本体"是一元、而非二元的。从工夫论的角度来看，领悟"意本论"既需要当下呈现，又要直入本体，即本体即功夫。"意本体"有多个面向，既是生生本体，又有价值维度，如"无为之意"。在文本中"意"呈现出不同维度的"依境而生"，而核心仍然在"意本"。作者借用西方哲学问题意识来延伸《道德经》哲学根本问题，化出基于"意"的全套哲学论说。"意"是一元的、当下呈现的，是一种玄妙的生成，可以通过敞开"玄意门"而显现。但理解这种显化和生成，需要反对神秘主义，其工夫虽然接近于禅宗"顿教"，但这种"顿教"领悟并不能脱离"渐教"修行工夫。

最后，正是因为该书是一部哲学著作，所以不是运用历史学、文学、文献学、考古学、文字学等其他研究方法的作品。虽然研究《道德经》的角度可以五花八门，但作者坚持《道德经》的落脚点在哲学，且其哲学思想通过通行本基本足以表达，所以考古文献的成果仅供参考。虽然很多学者依托出土文献修改通行本，其学术努力也多有新见，但新造文本的义理和哲学建构的空间，却往往未必优于通行本。作者认为，理解《道德经》的哲学思想不必过度拘泥于出土文献的新发现，既要综合关于最新出土文献前沿成果的考证和诠释，又不宜偏离原作哲学内涵的本意。

如今小书得以再次印刷，感恩几年来与多位师友的讨论和教正。2021年夏，受姜丹丹、贡华南和柯小刚等诸位教授邀请和安排，在上海举办了《道德经明意》系列读书活动。5月27日在青浦古典学舍开"门"见"道"、5月28日在赤峰路古典精舍开设座谈会，在与北大同学、同济大学哲学系主任柯小刚的来往论学之中，自然之意的奥妙之门逐渐开启。5月30日晚在钟书阁静安店与姜丹丹、贡华南、丁耘、何心鹏（Volker Heubel）等做读书分享活动。贡华南从"意味"的角度谈对"意本论"的理解；丁耘通过对"意"的不同层次进行区分，展开对"意"的分析；何心鹏从跨文化视角对"意本论"进行评论。6月2日下午在上海交通大学举办"道意与道体——《道德经》意哲学工作坊"，陈嘉明、姜丹丹、贡华南、何心鹏、方旭东、余治平、杜保瑞、胡建升、樊沁永、郭美华、刘梁剑等友人参加讨论；6月3日上午在上海交通大学人文学院做讲座，与杜保瑞深入交流；下午主讲华东师范大学校庆70周年学术讲座，与贡华南等讨论《道德经》意哲学之味，也交流意哲学与味哲学之间的同异。

《道德经》的注本很多，但基于体"道"而做哲学建构的著作较少。如果王弼化"道"为"无"，本书就要化"道"为

"意",以为新"意"。感谢《孔学堂》《江西社会科学》《船山学刊》等刊物发表讨论意哲学的文章;与张发贤、陈德明、陈建洪、王堃、邓联合、秦继明、陈欣雨等的交流讨论让我受益良多。感谢詹石窗、宋崇道道长、谢清果共同主编的《中华老学》集刊发表我和柯小刚的对话,以及尹海洋、武刚刚、郑鹤杨、刘端俊、耿领(丁来)、秦凯丽、刘科迪、王蕾、王硕、陆建华等的评论。感谢秦凯丽、胡继月、刘科迪等对小书认真校对修改。感谢赵晨、黄天夷、袁传志、徐萃、鲁龙胜、关欣等协同翻译安乐哲先生序言初稿,这让我回忆起二十年前在夏威夷大学和他一起研读《道德经》英文译文的情景。夏威夷大岛奔涌的活火山曾给过我"自然之意"的震撼和领悟,也给了我铺陈和建构"自然之意"意本论的绝妙体验根基。总之,"自然之意"时刻新生新成,明《道德经》之"意"是"自然"之本"意"随着时空不断延展的自然而然的过程。

镜天斋主人
壬寅年春夏之交